|||||||||||||||||||||||
D1747308

Theodor-Heuss-Anlage 12
D-68165 Mannheim
Telefon: +49/621/86298-0
Telefax: +49/621/86298-250

Mario Pufahl / Guido Happe

Innovatives Vertriebsmanagement

Mario Pufahl / Guido Happe

Innovatives Vertriebsmanagement

Trends, Branchen, Lösungen

Bibliografische Information Der Deutschen Bibliothek
Die Deutsche Bibliothek verzeichnet diese Publikation in der Deutschen Nationalbibliografie;
detaillierte bibliografische Daten sind im Internet über <http://dnb.ddb.de> abrufbar.

1. Auflage August 2004

Alle Rechte vorbehalten
© Betriebswirtschaftlicher Verlag Dr. Th. Gabler/GWV Fachverlage GmbH, Wiesbaden 2004
Lektorat: Manuela Eckstein

Der Gabler Verlag ist ein Unternehmen von Springer Science+Business Media.
www.gabler.de

Das Werk einschließlich aller seiner Teile ist urheberrechtlich geschützt. Jede Verwertung außerhalb der engen Grenzen des Urheberrechtsgesetzes ist ohne Zustimmung des Verlags unzulässig und strafbar. Das gilt insbesondere für Vervielfältigungen, Übersetzungen, Mikroverfilmungen und die Einspeicherung und Verarbeitung in elektronischen Systemen.

Die Wiedergabe von Gebrauchsnamen, Handelsnamen, Warenbezeichnungen usw. in diesem Werk berechtigt auch ohne besondere Kennzeichnung nicht zu der Annahme, dass solche Namen im Sinne der Warenzeichen- und Markenschutz-Gesetzgebung als frei zu betrachten wären und daher von jedermann benutzt werden dürften.

Umschlaggestaltung: Nina Faber de.sign, Wiesbaden
Satz: ITS Text und Satz Anne Fuchs, Pfofeld-Langlau
Druck und buchbinderische Verarbeitung: Wilhelm & Adam, Heusenstamm
Gedruckt auf säurefreiem und chlorfrei gebleichtem Papier
Printed in Germany

ISBN 3-409-12560-4

Vorwort

Die Komplexität des Vertriebs ist in den letzten Jahren stark gestiegen. Die Anforderungen an die Vertriebsmanager durch neue Konzepte und Techniken sind hoch, und deren Bewältigung insbesondere mit Blick auf die Zukunft fällt immer schwerer. Umsatzdruck, Effizienzsteigerungen in den Vertriebsprozessen und die gleichzeitige Beherrschung von neuen Technologien kennzeichnen die tägliche Vertriebspraxis von heute.

Neue Trends, die das Unternehmen, die Produkte oder die Mitarbeiter selbst betreffen, müssen von den Vertriebsverantwortlichen rechtzeitig erkannt und operativ umgesetzt werden. Die Umsetzung muss im Kontext einer wirtschaftlichen Globalisierung erfolgen, darf jedoch gleichzeitig nicht die lokalen Bedürfnisse der Kunden aus den Augen verlieren.

Die Bewältigung der Anforderungen an einen modernen Vertrieb werden in diesem Buch mit dem Begriff **Innovatives Vertriebsmanagement** umschrieben. Es wird ein umfangreiches Bild der unterschiedlichen Teilbereiche des Vertriebs gezeichnet, und den einzelnen Trends werden konkrete Lösungsvorschläge aus unterschiedlichen Branchen gegenübergestellt. Wichtig ist hierbei, nicht nur die Rahmenbedingungen des Unternehmens und die Markteinflüsse auf die Produkte zu betrachten, sondern insbesondere die Mitarbeiter einzubeziehen.

Ein innovatives Vertriebsmanagement hat unterschiedliche Aufgaben zu erfüllen, um den Vertriebsmanagern in der Praxis zu helfen. Es muss Antworten auf folgende Fragestellungen geben:

- ▶ Welche Trends sind aktuell im Vertrieb zu beachten?
- ▶ Wie sind neue Managementphilosophien und -methodiken im Vertrieb anzuwenden?
- ▶ Welche Informationstechnologien sind im Vertrieb sinnvoll und nützlich?
- ▶ Ist ein Vertrieb zwingend durch die eigene Organisation abzudecken, oder gibt es die Möglichkeit, einen Vertrieb ganz oder teilweise auszulagern?
- ▶ Welche Vertriebskanäle sind sinnvoll, und wie können diese integriert werden?
- ▶ Wie können die Mitarbeiter qualifiziert werden, um den künftigen Anforderungen des Vertriebs zu genügen?

Das vorliegende Buch bietet Antworten auf diese und weitere Fragen, wobei ein besonderes Augenmerk auf der Praxis liegt. Zu diesem Zweck enthalten die einzelnen Kapitel Fallbeispiele und/oder Checklisten, um den Brückenschlag zur praktischen Anwendung durch den Leser zu vollziehen. Das Buch liefert Anhaltspunkte, um die Erfahrungen aus anderen Organisationen in die eigene Unternehmenspraxis zu übertragen und zu nutzen. Experten aus kleinen, mittleren und großen Unternehmen schildern Lösungen aus verschiedenen Bereichen des Vertriebs.

Das Buch richtet sich in erster Linie an Entscheider aus Vertrieb und Marketing, die Vertriebstrategien definieren und deren operative Umsetzung begleiten. Es soll als Entscheidungshilfe und Nachschlagewerk dienen und in einzelnen Bereichen des Vertriebs Impulse geben, die richtigen Entscheidungen zu treffen.

Düsseldorf/München, Juli 2004　　　　　MARIO PUFAHL und GUIDO HAPPE

Inhalt

1 **Einleitung** 9

2 **Aktuelle Trends im Vertrieb**
   Mario Pufahl (eC4u) 11
   Trendbereiche 11
   Trendbeispiele 12

3 **Branchen- und Unternehmenstrends** 23
   Globales Multi-Channel-Management in der Luftfahrtindustrie
   Claudia M. Hügel (Deutsche Lufthansa AG) 25
   Erschließung überregionaler Märkte im Automobilvertrieb mittels Internet
   Heiko Gövert (Gövert GmbH) 35
   Internetnutzung in der Immobilienbranche –
   Eine empirische Studie
   Matthias Neu (Fachhochschule Darmstadt) 45
   Minimierung von Kosten und Risiken mittels Sales-Outsourcing
   Wolfgang Ober (European Access Group GmbH) 55
   Vertriebsoptimierung in Banken: Ein Ansatz für das Retailgeschäft
   Christoph von Stillfried (zeb/sales.consult) 63
   Effizienteres Kampagnen-Management durch unterstützende DWH- und CRM-Systeme – Ein Beispiel aus der Energiewirtschaft
   Thomas Zwippel (saracus consulting GmbH) 75
   Consumer Relationship Management – Vom Konsumenten lernen
   Joachim Bochberg (Henkel Wasch- und Reinigungsmittel GmbH) .. 86
   Vertriebssteuerung mit der Balanced Scorecard
   Guido Happe (Kienbaum Executive Consultants GmbH) 100
   Business Performance Management
   Bodo Herlyn (Orenburg Deutschland GmbH) 115
   Telesales als Erfolgsfaktor in einer neuen Vertriebsstrategie
   Hannes Haefele (Oracle Deutschland GmbH) 126

4   Produkt- und Dienstleistungstrends — 145

Open Source CRM – Neue Wege bei Unternehmensanwendungen
Christoph Mueller (CRIXP Corporation) — 146

Erhöhung des Produktnutzens durch Applikations- und
Anwendungsberatung in der Spezialchemie
Heinz-Ulrich Stolte (OPC – Organisations & Projekt Consulting GmbH) — 152

Differenzierung durch Multi-Channel-Service
Frank Baumgärtner (TellSell Consulting GmbH) — 161

Kundenwertorientierte Preisfindung –
Ein Beispiel aus der pharmazeutischen Industrie
Martin Baumann (Capgemini Deutschland GmbH) — 176

5   Personentrends — 189

Blended Learning – Effiziente Mischung für Mitarbeiterqualifizierung
im Vertrieb
Felicitas Schwarz (Thomson NETg) — 190

Zukunftsweisende Mitarbeiterprofile
Oliver Barth (Kienbaum Executive Consultants GmbH) — 199

Glaubwürdigkeit im Vertrieb – Chancen zu mehr Erfolg
Harry Wessling (axentiv AG) — 212

6   Herausgeber und Autoren — 225

Einleitung

Es gibt viele Konzepte wie Customer Relationship Management, Business Intelligence oder Outsourcing, denen sich ein Manager im Vertrieb stellen muss. Die Herausforderung für das Vertriebsmanagement ist, die unterschiedlichen Themen in ihrer gesamten Breite zu durchdringen und anschließend zu analysieren, ob sich Vorteile für das eigene Unternehmen ergeben.

Die gestiegene Komplexität des Unternehmensumfelds bedingt, dass ein erfolgreiches Vertriebsmanagement neuere Philosphien wie Customer Relationship Management oder Technologien wie Data Warehousing einschließt, ohne den Blick für ein effizientes Vertriebscontrolling mittels Business Performance Management zu verlieren. Ein modernes Vertriebsmanagement sollte daher ganzheitlich und gleichzeitig offen für neue Trends und deren Bewältigung sein.

Wir definieren den Begriff ***Innovatives Vertriebsmanagement*** als eine Klammer um unterschiedliche Themenbereiche des Vertriebs. Kurzum, ein innovatives Vertriebsmanagement integriert neue Methoden und Technologien, um die Herausforderungen eines künftigen Vertriebs proaktiv anzugehen. Zentrale Fragestellung hierbei ist: Was muss ein Manager bedenken, wenn er sich für die Zukunft des Vertriebs rüsten will?

Um diese Fragestellung zu beantworten, sind unterschiedliche Teilbereiche und Aspekte des Vertriebs einzubeziehen:

1. Aktuelle Trends

Der Vertriebmanager muss analysieren, welche Trends existieren und ob diese einen Einfluss auf sein Unternehmen haben.

2. Neue Methodiken und Ansätze

Sind die wesentlichen Trends identifiziert, gilt es, Methoden und Ansätze auszuwählen, um den Trends wirkungsvoll zu begegnen und die Trends proaktiv zu nutzen.

3. Best Practices aus unterschiedlichen Industrien

Selbstverständlich sind nicht nur die eigenen Ansätze zu verfolgen, sondern gute Ansätze aus anderen Unternehmen zu adaptieren. Diese müssen identifiziert und auf Tauglichkeit im eigenen Unternehmen überprüft werden.

4. Technische Lösungen

Für spezielle Fragestellungen im Vertrieb ist eine technische Unterstützung unumgänglich, um eine Effizienzsteigerung zu erreichen. Der Vertriebsmanager muss geeignete Lösungen sichten, beurteilen und umsetzen.

Dieses Buch hilft den Vertriebsentscheidern bei der Bewältigung der dargestellten Fragestellungen. Das erste Kapitel zeigt die Ergebnisse einer Umfrage, die eigens für dieses Buch mit Vertriebsentscheidern aus unterschiedlichen Branchen durchgeführt wurde. Es werden zehn wichtige Trends identifiziert, die als Grundlage der folgenden Kapitel dienen. Grundsätzlich wird zwischen Unternehmens- und Branchentrends, Produkt- und Dienstleistungstrends sowie Personentrends unterschieden. Das zweite Kapitel ist den Unternehmens- und Branchentrends gewidmet. Hier erläutern Autoren, wie ein Vertriebsmanagement auf die heutigen Rahmenbedingungen reagieren kann. Im dritten Kapitel werden Antworten auf Produkt- und Dienstleistungstrends gegeben, bevor im vierten Kapitel die Menschen, sowohl Vertriebsmitarbeiter als auch Kunden, im Mittelpunkt der Betrachtung stehen.

Die unterschiedlichen Kapitel enthalten Lösungen von verschiedenen Unternehmensberatungen und Industrieunternehmen aus Branchen wie Banken, Energie, IT-Dienstleistung, Konsumgüter und Luftfahrt. Themen wie Business Performance Management, Blended Learning, Multi-Channel-Management, Outsourcing und Telesales werden betrachtet und für den Leser aufbereitet.

Sie erfahren, wie die einzelnen Themen in der Praxis angegangen werden und wie Probleme gelöst werden können. Sinnvolle Beispiele und Checklisten helfen Ihnen, die dargestellten Ergebnisse im eigenen Unternehmen umzusetzen und Methodiken zu transferieren.

Wir danken allen Autoren herzlich für die Bereitstellung ihrer Beiträge. Darüber hinaus bedanken wir uns bei den Menschen, die uns bei diesem Buch begleitet und unterstützt haben. Ein besonderer Dank gilt unseren Lebenspartnern und Familien. Für die freundliche Betreuung seitens des Gabler Verlags danken wir Frau Manuela Eckstein.

Aktuelle Trends im Vertrieb

Mario Pufahl (eC4u)

1. Trendbereiche

Eine überdurchschnittliche Umsatz- und Gewinnerzielung ist davon abhängig, ob die Kundenkontakte intensiviert oder erneuert werden und das Produktportfolio die Marktbedürfnisse trifft. Jeder Vertriebsmitarbeiter – vom Vorstand bis zum Außendienst – muss daher neue Trends erkennen, um seinen persönlichen und den unternehmerischen Erfolg künftig zu sichern.

Die Trends, die für den Vertrieb eine hohe Bedeutung haben, sind in unterschiedlichen Bereichen und Ebenen zu finden:

- **Branchen- und Unternehmenstrends** können nur vereinzelte Unternehmen oder eine Gruppe von Unternehmen betreffen. Beispielhaft sei eine Gesundheitsreform genannt, die Auswirkungen auf die Gesundheitsindustrie wie Pharmaunternehmen, Krankenkassen, Krankenhäuser, Apotheken und Ärzte hat. Die Unternehmen reagieren auf veränderte Rahmenbedingungen.

- **Produkt- und Dienstleistungstrends** entstehen, wenn durch äußere Rahmenbedingungen eine erhöhte Nachfrage nach einem Produkt oder einer Dienstleistung erzeugt wird. Beispielhaft sei das Drei-Liter-Auto angeführt. Der Trend zu mehr Umweltbewusstsein hat die Nachfrage nach einem eigenen Fahrzeugtyp hervorgebracht. Nicht alle Fahrzeughersteller im Markt waren von diesem derivaten Trend zum sparsamen Fahrzeug betroffen, sondern nur die Hersteller, die ihre Produkte in einem Niedrigpreissegment anbieten.

- **Personentrends** betreffen die Menschen direkt. Die vorgenannten Trends sind abgeleitete Trends, die aufgrund menschlicher Bedürfnisse entstehen. Das gesteigerte Umweltbewusstsein begründete beispielsweise den Produkttrend in Form von Drei-Liter-Fahrzeugen.

Nachstehend werden wichtige Trends in den einzelnen Trendbereichen identifiziert, die den Erfolg eines innovativen Vertriebsmanagements beeinflussen oder sogar begründen. Nicht alle Trends sind überschneidungsfrei den einzelnen Bereichen zuzuordnen. Die Relevanz der einzelnen Trends wurde durch eine Online-Umfrage bei Vertriebsentscheidern und -mitarbeitern validiert.

Das Ergebnis der Umfrage ist nicht repräsentativ, gibt aber erste Anhaltspunkte über die Bedeutung der identifizierten Trends in der Praxis.

2. Trendbeispiele

Branchen- und Unternehmenstrends

Trend 1: Globalisierung

Der Trend zur Globalisierung ist aufgrund eines intensiveren internationalen Wettbewerbs entstanden. Große Unternehmen richten sich auf den globalen Wettbewerb ein, indem sie mit prall gefüllter Portokasse eigene Landesgesellschaften gründen oder bereits am Markt etablierte Unternehmen kaufen.

Die globale Präsenz der Unternehmen hat weitgehenden Einfluss auf das Marktverhalten der großen Unternehmen: die Ressourcen werden global beschafft und genutzt.

Globale Ressourcenbeschaffung

Früher war es sehr aufwändig, die Bestellmengen von Unternehmen zu bündeln. Die Logistik war noch nicht so weit vernetzt und modernisiert, diese Bestellungen abzuwickeln. Zudem waren die Kosten der Nachfragebündelung oft höher als der generierte Nutzen. Heutzutage wird die Nachfragebündelung insbesondere von großen Unternehmen genutzt, die ihren Einkauf zentralisieren oder so vernetzen, dass die Nachfrage zu großen Mengen zusammengefasst werden kann. Die Vorteile liegen auf der Hand: höhere Rabatte bei gleichzeitig geringen Bestellkosten.

> *Beispiel: Globale Ressourcenbeschaffung in der Automobilindustrie*
>
> *Die Automobilindustrie macht weltweite Ausschreibungen auf gemeinsamen Auktionsplattformen wie Covisint (http://www.covisint.com). Produkte werden auf der Plattform in bestimmten Qualitäten und Mengen nachgefragt. Die Zulieferer müssen ihre Angebote in einer Auktion online und in Echtzeit abgeben.*

Globale Ressourcennutzung

Die Unternehmen agieren global, also müssen auch die Mitarbeiter flexibel einsetzbar sein oder zumindest ohne Reibungsverluste arbeiten, um die Vorteile der Globalisierung zu nutzen. Die Mitarbeiter werden zu diesem Zweck technologisch vernetzt, um einen optimalen Arbeitsfluss zu gewährleisten.

Beispiel: Globale Ressourcennutzung

In einem Verkaufsprojekt werden Unterlagen für eine globale Ausschreibung vorbereitet. Es gibt drei Arbeitsschichten in unterschiedlichen Erdteilen: Europa, Asien und USA. Durch die unterschiedlichen Zeitzonen kann immer von einem Team an den Unterlagen gearbeitet werden, während andere Teams schlafen. Während der Arbeitszeit besteht also kein Kontakt zwischen den Teams, die Arbeiten werden nur mit einem Fortschrittsvermerk in die neue Region geschickt.

Trend 2: Erhöhte Markttransparenz durch neue Technologien

Die neuen Technologien erlauben es Unternehmen, Informationen über den relevanten Markt und dessen Marktteilnehmer schneller als früher zu generieren. Mittels Data Mining können Trends früher erkannt werden, und eine höhere Markttransparenz ist erreichbar, wenn die verfügbaren Informationen aus dem Internet oder von der Marktforschung gezielt aufbereitet werden. Marktinformationen, die früher erst nach Tagen oder Wochen generiert werden konnten, sind heute auf Knopfdruck per Data Warehouse oder Internet verfügbar und können unmittelbar genutzt werden.

Beispiel: Geschäftsindizes

Die allgemeinen Markttrends werden durch Geschäftsindizes belegt. Diese Zahlen, die eine Trendprognose der Unternehmen unterstützen, waren früher schwierig zu beschaffen, da oftmals keine Ansprechpartner bekannt waren und/oder die Daten mühselig zugekauft werden mussten. Heute sind die Informationen zu Datenanbietern mühelos über Metasuchmaschinen im Internet abrufbar, und die Auswertungen stehen – teilweise gegen Entgelt – zum Herunterladen bereit (vgl. beispielsweise http://www.destatis.de).

Das Internet erlaubt darüber hinaus schnelle Information über Wettbewerber. Die gängigen Metasuchmaschinen (das sind Programme, die das Internet nach Informationen in Sekunden durchforschen) ermöglichen eine effiziente Analyse der Wettbewerbsbewegungen. In Kombination mit eigenen Informationen, die durch die Vertriebsmitarbeiter generiert werden, eine sinnvolle und kostengünstige Alternative.

Trend 3: Outsourcing

Der Druck der Märkte und der Shareholder hat die Manager für Outsourcing sensibilisiert. Warum eigene Mitarbeiter teuer beschäftigen, wenn die gleiche Leistung mit derselben Qualität auch zugekauft werden kann? Outsourcing ist sowohl für die Unternehmen, die Geschäftszweige einem anderen Unternehmen anvertrauen, als auch für den Dienstleister, der die Leistung erbringt, vorteilhaft. Eine so genannte Win-Win-Situation für die Partner. Warum ist das so?

Beliebte Bereiche für Outsourcing sind die Informationstechnologie (IT) oder Call Center. In der IT werden langfristige Verträge mit Dienstleistern abgeschlossen, die beispielsweise ganze Rechenzentren für die Firmen unterhalten. Die Server werden nicht mehr von eigenen Mitarbeitern gewartet, sondern vom Fremdanbieter. Nach diesem Prinzip funktioniert auch das Outsourcing von Call Centern. Die Kunden bemerken nicht, dass sie nicht mit einem Mitarbeiter des kontaktierten Unternehmens telefonieren. Die richtige Kundenansprache inklusive Firmenname wird aufgrund der angewählten Rufnummer erkannt, und die Illusion ist perfekt.

Trend 4: Neue Methoden der Kundenanalyse und -ansprache

Kundenanalysen sind bereits in Form von ABC-Analysen seit Jahren bekannt, bringen aber den Managern keine neuen Erkenntnisse mehr. Neuartig sind umfassende und auf die Zukunft gerichtete Kundenanalysen. Hierbei werden die gewonnenen Daten systematisch genutzt, um neue Daten zu gewinnen oder die Kunden gezielter zur Umsatzgewinnung anzusprechen.

In einem innovativen Vertriebsmanagement wird ein verbessertes Wissen um die Kundenbedürfnisse durch neue Technologien wie Data Warehouse, OLAP (Online Analytical Processing) und Data Mining geschaffen (vgl. Pufahl, 2003):

- ▶ Ein **Data Warehouse** ist eine Sammlung von Daten aus verschiedenen Unternehmensbereichen, die in einer bestimmten Struktur gehalten wird, um sie besser aufbereiten zu können. Von einem **Data Mart** wird gesprochen, wenn nur Daten eines Bereichs, wie beispielsweise dem Vertrieb, vorgehalten werden. Ein Data Warehouse kann demnach mehrere Data Marts umfassen.

- ▶ **Online-Analytical-Processing (OLAP)** sorgt für eine effiziente Datenauswertung, indem diese Technik dem Benutzer erlaubt, die Daten des Data Warehouse auszuwerten und gezielte Steuerungsinformationen für das Vertriebsmanagement zu generieren.

- ▶ **Data Mining** forscht nach Datenzusammenhängen, daher sind die Anwendungsmöglichkeiten im Vertrieb vielfältig. Häufig wird es genutzt, um das Management bei der Kundensegmentierung, Erkennung von Up- oder Cross-Selling-Potenzialen oder der Früherkennung von Abwanderern zu unterstützen. Ein Data Mining eignet sich insbesondere, um das Management effizient bei seiner strategischen Tätigkeit zu unterstützen.

One-to-One-Marketing ist das Resultat der vorgenannten technischen Möglichkeiten. Briefe, die „sehr geehrte Damen und Herren" in der Anrede enthalten, sind tabu. Der Trend geht zu immer mehr Wissen über den Kunden und seine Bedürfnisse. Die Daten, die durch Data Mining generiert wurden, können in die Kundenansprache durch Kampagnen einfließen. Die Kampagnenstreuung wird minimiert, indem die Kunden zuvor selektiert und gruppiert werden. Dies reduziert gleichzeitig die Kampagnenkosten (vgl. Stokburger/Pufahl, 2002).

Trend 5: Effizienzsteigerung durch Prozess- und Kostenoptimierung

Während es in den 90er Jahren noch Business Process Reengineering hieß, so sind es nun Customer Relationship Management (CRM) und Sales Force Automation (SFA), unter denen die Vertriebsprozesse optimiert werden. Während CRM eine Philosophie ist, die den Kunden in das Zentrum des Unternehmens und somit auch der Prozesse stellt, strebt SFA eine technologische Prozessoptimierung an.

Beide haben aber eines gemeinsam: Sie nutzen neue Technologien, um die Effizienz des Vertriebs zu steigern. Die zahlreichen CRM-Suites von Siebel, SAP, Chordiant, Oracle etc. besitzen ein Baukastensystem, in dem die wesentlichen Vertriebsprozesse bereits vorgegeben sind. Diese können individuell auf die Unternehmensbedürfnisse zugeschnitten werden und dadurch die Effizienz steigern.

Viele Unternehmen nutzen die Software von etablierten Anbietern bereits. Der Trend ist also nicht mehr taufrisch. Neu ist allerdings die Breite des Einsatzes wie auch erste Ansätze, die Effizienzsteigerungen für die Unternehmen messbar zu machen.

Die Kosten für einzelne Projekte und Angebote werden strenger überwacht, und man versucht, die Reisekosten weitergehend als in der Vergangenheit zu analysieren. Die Reiserichtlinien werden nach Kosteneinsparpotenzialen durchforstet, und alle Positionen, die keine direkte Wertsteigerung versprechen, eliminiert. Dies ist auch in gekürzten Marketing- und Werbeetats sichtbar.

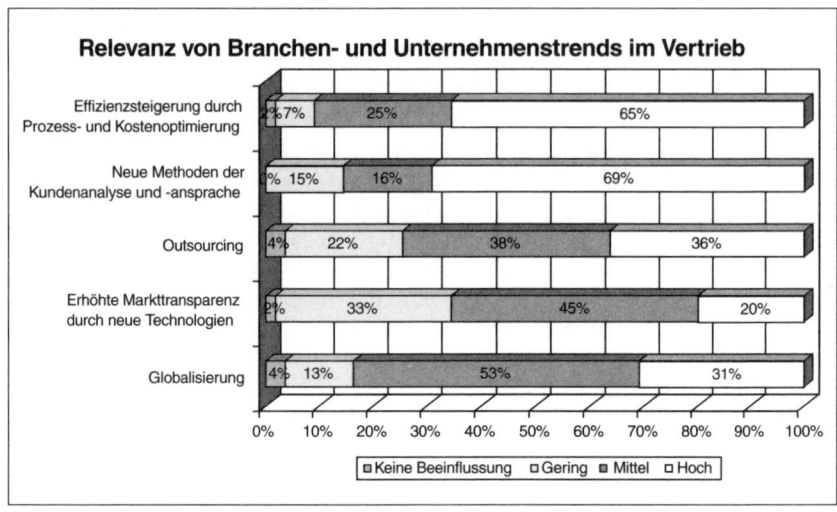

Abbildung 1: Umfrageergebnis Branchen- und Unternehmenstrends

Produkt- und Dienstleistungstrends

Trend 6: Kürzere Produktlebenszyklen

Die Kunden fordern immer häufiger innovative Produkte, wodurch die Unternehmen gezwungen sind, sich mit immer schneller wechselnden Modellen um die Käufergunst zu bemühen. Dieser Kreislauf stellt den Vertrieb vor eine große Herausforderung: Wie sollen die Kundenwünsche früh erkannt werden, und wie können die gewachsenen Investitionskosten auf eine kürzere Marktpräsenz verteilt werden?

Das Investitionsrisiko für neue Produkte nimmt besonders bei hochwertigen Gütern tendenziell zu. Kleinere Unternehmen sind von dem höheren Risiko verhältnismäßig stärker betroffen, da keine oder nur geringe Risikostreuung innerhalb des Produktportfolios erfolgen kann. Eine Fehlentscheidung im Vertrieb kann daher weit reichende Folgen für das gesamte Unternehmen haben, wenn die Markttrends falsch gedeutet wurden und Rücklagen keine Fehlentwicklung kompensieren können. Die großen Unternehmen können fehlgeschlagene Produkteinführungen mit Gewinnen anderer Produkte abfedern. Sinkende Margen erhöhen das Risiko allerdings auch für große Firmen.

Kooperationen bieten eine Möglichkeit, den verkürzten Produktlebenszyklen zu begegnen, da durch sie Investitionskosten auf mehrere Schultern verteilt werden. Das Erscheinungsbild der Endprodukte ist unterschiedlich, allerdings sind der Kern und damit verbundene Basisfunktionalitäten gleich. Insbesondere in investitionsintensiven Branchen wie der Automobilindustrie wird auf die gemeinsame Entwicklung von Produktkernen gesetzt.

Beispiel: Automobilindustrie

Die Firmen Volkswagen und Porsche kooperierten bei der Entwicklung der Geländewagenmodelle Touareg und Cayenne. Der technische Kern der Fahrzeuge ist mit Ausnahme der Motoren weitgehend identisch. Die Fahrzeuge unterscheiden sich hauptsächlich in Design und Motorisierung.

Bei geringwertigen Wirtschaftsgütern ist das Investitionsrisiko abhängig von einer Vielzahl von Faktoren. Wichtig sind das Marktvolumen, die Marktanteile und die Produktdichte. Eine fehlgeschlagene Markteinführung wird bei hohem Marktvolumen und hohem Marktanteil besonders negativ zu bewerten sein.

Trend 7: Höhere Wertigkeit von Dienstleistungen

Die Bedeutung der Dienstleistung nimmt in Deutschland überproportional zu, da Produktionsstätten zunehmend ins Ausland verlegt werden. Grundsätzlich werden unentgeltliche und entgeltliche Dienstleistungen unterschieden:

- **Unentgeltliche Dienstleistung:** Viele Unternehmen in der Konsumgüterbranche gehen dazu über, den Konsumenten zusätzlich unentgeltliche Dienstleistungen zur Verfügung zu stellen, um sich vom Wettbewerb abzugrenzen. Nahrungsmittelhersteller wie Barilla oder Dr. Oetker haben erkannt, dass Rezepte im Internet einen Zusatznutzen stiften und Kundenbindung erzeugen. Noch sind die Communities unentgeltlich, aber wie lange noch?

- **Entgeltliche Dienstleistung:** Eine Dienstleistung wird vom Kunden nur honoriert, wenn der Wert als angemessen empfunden wird oder die Dienstleistung nicht unentgeltlich zu beziehen ist. Viele Software-Unternehmen haben sich beispielsweise dazu entschlossen, Schwierigkeiten bei der Installation oder der Handhabung über eine entgeltpflichtige Hotline zu bewältigen. Die Kunden können ihre Probleme gegen eine geringe Gebühr mit einem Experten lösen.

Die Differenzierung über unentgeltliche Dienstleistung gelingt in der Regel nur so lange, bis die Wettbewerber nachziehen. Wird eine Dienstleistung besonders gut von den Kunden angenommen, so kann deren kostenfreie Bereitstellung auch eine Übergangsform zum selbstständigen Produkt darstellen. Aktuell gibt es beispielsweise den Trend, viele Inhalte im Internet mit einem Preis zu versehen. Eine anfangs unentgeltliche Dienstleistung in Form von Software-Support muss mittlerweile auch beim Neukauf eines Computers bezahlt werden. Es handelt sich daher um ein selbstständiges Produkt, das im Bündel mit dem Computer vertrieben wird.

Trend 8: Kunden-/wertorientierte Preisfindung

Die kundenorientierte Preisfindung ist eine Konsequenz der Globalisierung. Die hohe Produktdichte und der steigende Wettbewerb um die Käufergunst erfordern neue Vertriebsansätze. Die Unternehmen gehen dazu über, die Frage nach der Preiswürdigkeit eines Produkts zu stellen. Die zentrale Frage ist: Wie hoch ist die Preisbereitschaft der Kunden für ein Produkt?

Für die Neueinführung von hochwertigen Produkten in der Autoindustrie oder bei Industriegütern nutzen die Unternehmen zunehmend eine Methodik, die als „Target Costing" bezeichnet wird. Diese Methode wurde in Japan entwickelt, um die Preisbereitschaft der Kunden in ein marktfähiges Produkt einfließen zu lassen (vgl. Coenenberg, 1999). Das Target Costing nimmt an, dass der Markt den Produktpreis bestimmt. Der Vertrieb und andere Unternehmensbereiche wie die Fertigung haben sich auf diese Marktgegebenheit auszurichten, in dem sie ihre Kosten senken, bis der Marktpreis erreicht oder unterboten werden kann.

Eine andere Möglichkeit der kundenorientierten Preisfindung sind Auktionen. Die Preisbereitschaft der Kunden wird mittels Abgabe von Geboten bis zum Auktionsende ermittelt. Die höchste Preisbereitschaft ist der Marktpreis zu diesem Zeitpunkt.

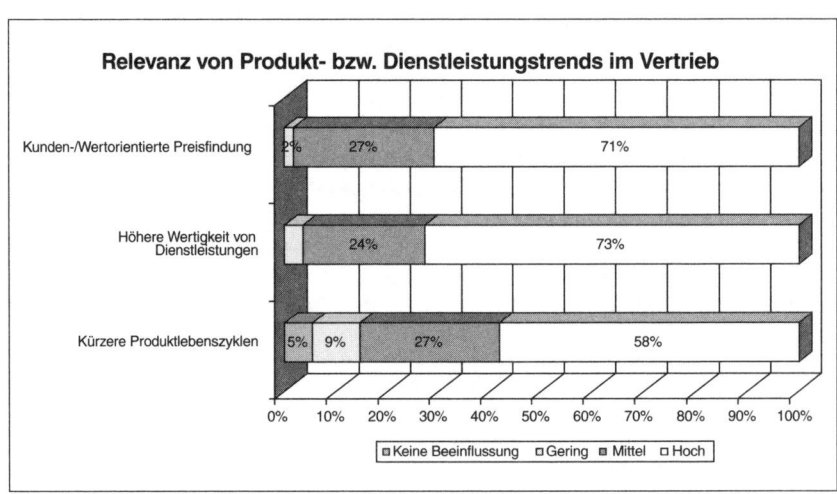

Abbildung 2: Umfrageergebnis Produkt- und Dienstleistungstrends

Die zentrale Fragestellung für den Vertrieb ist: Welche Methoden der kundenorientierten Preisfindung existieren, und wie können diese effizient genutzt werden?

Personentrends

Unter dem Oberbegriff „Personen" verbergen sich sowohl Kunden als auch Mitarbeiter. Beide Gruppen sind als Personen zusammengefasst, da einzelne Personen gleichzeitig sowohl Kunde als auch Mitarbeiter sein können. Beispielsweise ist ein Mitarbeiter einer Lebensmittelkette auch Kunde, wenn er seine Lebensmittel nach Feierabend im Laden einkauft.

Trend 9: Work-Life-Balance

Der Begriff Work-Life-Balance beschreibt das Bedürfnis, ein ausgewogenes Verhältnis zwischen Arbeits- und Freizeit herzustellen. Der Faktor Freizeit nimmt tendenziell an Bedeutung zu. Philosophisch betrachtet gibt es zwei Alternativen: *arbeiten, um zu leben* (These 1) oder *leben, um zu arbeiten* (These 2). Aktuell liegt These 1 voll im Trend. Menschen achten wieder auf ihre Gesundheit und möchten mehr Zeit mit ihrer Familie verbringen. Die Freizeit erhält eine Art Opportunitätskostenfaktor: wird ein Stück der kostbaren Freizeit geopfert, so muss der Kosten-Nutzen-Effekt hoch sein, beispielsweise durch Überstundenvergütung. Diese zusätzlichen Erträge werden wieder in die Freizeit investiert, beispielsweise in einen schönen Urlaub oder ein opulentes Essen.

Ein Lösungsansatz für eine bessere Work-Life-Balance ist Telearbeit. Hierbei arbeiten die Mitarbeiter beim Kunden (mobile Telearbeit) oder zu Hause (heimbasierte Telearbeit). Ein fester Arbeitsplatz im Unternehmen existiert nicht mehr. Telearbeit unterstützt die Work-Life-Balance, wenn Freizeit geschaffen wird, indem tägliche Fahrzeiten und unproduktive Kaffeepausen mit Kollegen vermieden und diese Zeiten für sinnvolle Freizeitaktivitäten genutzt werden. Die Unternehmen profitieren ebenfalls von Telearbeit, da sie Lohnnebenkosten einsparen.

Telearbeit bedroht aber auch gleichzeitig die Work-Life-Balance, da die Mitarbeiter der Gefahr ausgesetzt sind, dass sich ihre sozialen Kontakte zu Kollegen verringern.

Trend 10: Wertewandel

Die Rahmenbedingungen einzelner Personen werden immer instabiler:
- Existiert die Firma, von der ich das Produkt kaufen möchte, morgen noch?
- Werde ich in einem Jahr noch meinen Job haben?
- Kann ich langfristig meine Arbeit ausüben oder hindert mich eine Krankheit daran?
- Wie viel Geld bleibt mir im Alter?

Diese und weitere Fragestellungen beschäftigen Kunden und Mitarbeiter. Insbesondere bei Marktunsicherheiten nehmen Sicherheit und Werte einen höheren Rang ein, da sie Orientierung bieten. Ein Unternehmen ist daher attraktiv, wenn es seinen Mitarbeitern Anerkennung, Sicherheit und langfristige Perspektiven gibt (vgl. Hewitt, 2002).

Die Loyalität zu einzelnen Unternehmen nimmt sowohl bei Kunden als auch bei Mitarbeitern ab, da die Menschen das Gefühl abnehmender Sicherheit und Werte in ihrem Gesamtumfeld haben. Das veränderte Verbraucherverhalten bringt neue Ansprüche mit sich, auf die der Vertriebsmitarbeiter eingehen muss (vgl. Schüller/Fuchs, 2002):

- die so genannten „Smart Shopper" suchen ständig nach exzellenten Produkten zu möglichst niedrigen Preisen,
- die „Anspruchsdenker" suchen nach Top-Qualität und Premiumservice,
- die „Variety Seeker" suchen nach Abwechslung – man geht zu Aldi oder Lidl einkaufen, fährt Jaguar und trägt eine Rolex-Uhr.

Der Vertrieb ist noch aus einer anderen Richtung mit dem Wertewandel konfrontiert: Mitarbeiter wechseln heutzutage öfter das Unternehmen. Die lebenslange Firmenzugehörigkeit ist eher die Ausnahme. Dies ist sowohl in zunehmenden Firmenpleiten als auch im Trend zum Jobwechsel als Karriereschritt begründet. Zudem verlangen Mitarbeiter einen anspruchsvollen und abwechslungsreichen Job, der aber trotzdem viel Freizeit und ein hohes Gehalt beinhaltet. Wird das Unternehmen diesen Ansprüchen nicht mehr gerecht, so wird einfach gewechselt. Zugegeben, der wirtschaftliche Abschwung hat den Wechsel erschwert. Viele Mitarbeiter sind aber schon in Lauerstellung, um bei der nächsten Gelegenheit die Gunst der Stunde zu nutzen. Insbesondere für hochqualifizierte Mitarbeiter ist es einfacher als früher zu wechseln, da die Unternehmen mit der Unterstützung von Personalberatungen aktiv nach ihnen suchen.

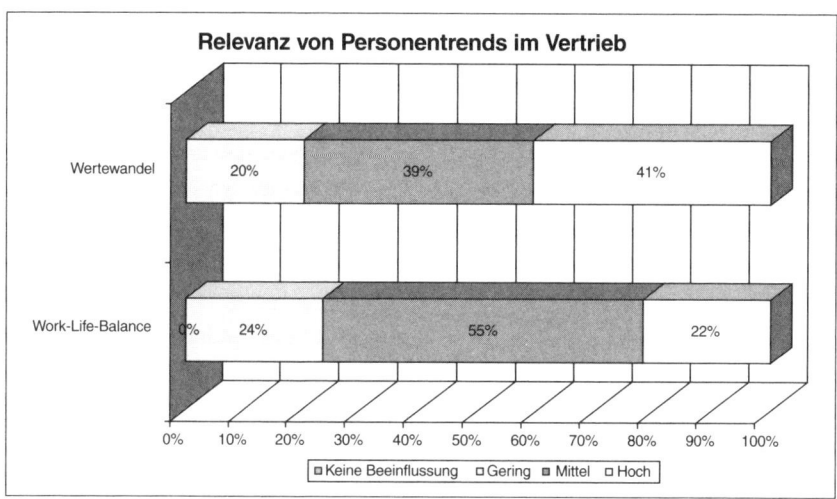

Abbildung 3: Umfrageergebnis Personentrends

Literatur

Backhaus, K./Erichson, B./Plinke, W./Weiber, R.: Multivariate Analysemethoden, Berlin 2000.

Belz, C./Bussmann, W. u.a.: Vertriebsszenarien 2005 – Verkaufen im 21. Jahrhundert, St. Gallen/Wien 2000.

Coenenberg, A.: Kostenrechnung und Kostenanalyse, Landsberg am Lech 1999.

Hewitt Associates: Attraktive Arbeitgeber – Die Hewitt-Studie 2002, unter http://www.bestemployers.de.

Meffert, H.: Marketing: Grundlagen marktorientierter Unternehmensführung, Wiesbaden 2000.

Pufahl, M.: Vertriebscontrolling, Wiesbaden 2003.

Schüller, A./Fuchs, G.: Total Loyalty Marketing, Wiesbaden 2002.

Stokburger, G./Pufahl, M.: Kosten senken mit CRM, Wiesbaden 2002.

Branchen- und Unternehmenstrends

Trend 1: Globalisierung

Globales Multi-Channel-Management in der Luftfahrtindustrie
Claudia M. Hügel (Deutsche Lufthansa AG)

Trend 2: Erhöhte Markttransparenz durch neue Technologien

Erschließung überregionaler Märkte im Automobilvertrieb mittels Internet
Heiko Gövert (Gövert GmbH)

Internet-Nutzung in der Immobilienbranche – Eine empirische Studie
Matthias Neu (Fachhochschule Darmstadt)

Trend 3: Outsourcing

Minimierung von Kosten und Risiken mittels Sales-Outsourcing
Wolfgang Ober (European Access Group GmbH)

Trend 4: Kundenansprache und -analyse

Vertriebsoptimierung in Banken: Ein Ansatz für das Retailgeschäft
Christoph von Stillfried (zeb/sales.consult)

Effizienteres Kampagnenmanagement durch unterstützende DWH- und CRM-Systeme – Ein Beispiel aus der Energiewirtschaft
Thomas Zwippel (saracus consulting GmbH)

Consumer Relationship Management – vom Konsumenten lernen
Joachim Bochberg (Henkel Wasch- und Reinigungsmittel GmbH)

Trend 5: Effizienzsteigerung durch Kosten- und Prozessoptimierung

Vertriebssteuerung mit Balanced Scorecard
Guido Happe (Kienbaum Executive Consultants GmbH)

Business Performance Management
Bodo Herlyn (Orenburg Deutschland GmbH)

Telesales als Erfolgsfaktor in einer neuen Vertriebsstrategie
Hannes Haefele (Oracle Deutschland GmbH)

Globales Multi-Channel-Management in der Luftfahrtindustrie

Claudia M. Hügel (Deutsche Lufthansa AG)

1. Einleitung

Neben dem stationären Vertrieb von Flugtickets über eigene Kanäle sowie Reisebüros waren Buchungen und Ticketverkäufe über Call Center bereits seit 1992 möglich (in den USA sogar schon seit 1966). Im Jahr 1996 war die Deutsche Lufthansa neben L'Tur das erste Unternehmen in der Reiseindustrie, das die Vermarktung von Flugtickets über ein Internet-Portal in Deutschland anbot. Zu diesem Zeitpunkt wurde dieser Kanal im Wesentlichen zur Kommunikation und weniger als Absatzkanal genutzt. Der Kauf von Flugtickets ist bereits seit vielen Jahren über eine Vielzahl von Kanälen möglich, wenngleich die zunehmende Bedeutung des Multi-Channel-Managements erst Ende der neunziger Jahre diskutiert wurde und insbesondere in den letzten drei bis fünf Jahren in der Airline-Industrie ein beherrschendes Thema geworden ist.

Getrieben wurde dieses Thema anfangs in erster Linie aus Kosten- und Effizienzgründen, da die Vertriebskosten je nach Definition bei den klassischen Fluggesellschaften zwischen 10 und 20 Prozent der Gesamtkosten liegen und man sich genau hier wesentliches Einsparpotenzial erhoffte.

Heute steht beim Thema Multi-Channel-Managemet vielmehr der Kunde im Vordergrund: einerseits um ihm die Möglichkeit zu geben, über seinen präferierten Kanal einzukaufen, andererseits aber auch aus der Notwendigkeit heraus, die über die Kanäle verstreuten Kundendaten zu managen.

Mit dem verstärkten Aufkommen der Low Cost Airlines hat das Internet beim Kunden als Absatzkanal an Akzeptanz gewonnen. Dennoch wird bei den klassischen Fluggesellschaften heute noch der größte Teil des Umsatzes über Absatzmittler wie beispielsweise Reisebüros, Veranstalter oder auch Consolidators getätigt. Durch die Ausweitung des Airline-Eigenverkaufs über Call Center und eigene Internet-Portale hat der Anteil des Direktvertriebs maßgeblich zugenommen und somit auch die Chance, erheblich mehr Kenntnis über den reisenden Kunden zu erhalten. Das ist wesentliche Voraussetzung, um im Airline-Bereich von einer stark produktionsorientierten hin zu einer stärker kundenorientierten Ausrichtung zu gelangen.

Daher unterscheiden wir, wenn wir vom Kunden sprechen, zwischen einerseits den Absatzmittlern und andererseits dem Endkunden. Innovative Vertriebstrategien, und so auch Multi-Channel-Management, beschäftigen sich intensiv mit dem Management der Kundendaten, die sich entlang der Kanäle, der Absatzstufen sowie der geografischen Segmentierung befinden. Somit stellte sich für Lufthansa die Frage: Was bedeutet Multi-Channel-Management in der Airline-Industrie konkret und wie kann ein Management über verschiedene Kanäle bei der Fülle und Streuung der Kundendaten effizient umgesetzt werden? Spätestens zu diesem Zeitpunkt kommt dann die Frage nach der „richtigen" Organisation auf. Heute sind die für Multi-Channel-Management notwendigen Daten in unterschiedlichen Abteilungen vorhanden. Kurzfristig können diese beispielsweise in Form eines Projekts erhoben werden. Langfristig stellt sich aber unweigerlich die Frage, welche Organisationsform das Umsetzen eines Multi-Channel-Managements am besten unterstützt. Denn eines ist klar: Der Wettbewerb zwischen den Kanälen um ein und denselben Kunden wird eher zu- als abnehmen.

Eine Vielzahl von Industrien hat klassische Produkt-Markt(Kunden)-Matrizen entwickelt. So wurden bestimmte Produkte für wohldefinierte Kundengruppen entwickelt, über unterschiedliche Absatzkanäle vertrieben, und sogar vertriebskanalspezifische Produkte existieren. Für uns stellte sich die Frage, ob wir einerseits unser Produkt „Flugreise" derart segmentieren und mit bestimmten Kundensegmenten verbinden können (Reise von A nach B in Klasse xy zu unterschiedlichen Preisen) sowie andererseits spezifische Kanäle eindeutigen Kundensegmenten zuordnen können. Sollte eine derartige Zuordnung gelingen, würde dies die Frage aufwerfen, wie diese Kanäle gemanagt werden können und sollen, wobei wir dann wieder beim Eingangsthema Multi-Channel-Management sind. Nach welchen Kriterien sollen die Kanäle gesteuert werden, und liegen all diese Steuerungskriterien transparent vor? Multi-Channel-Management fokussiert stark auf die abstrakten Vertriebskanäle. Diese Vertriebskanäle werden allerdings durch das Verhalten und die für den Kunden kaufbeeinflussenden Faktoren geprägt. Somit tut man gut daran, bei der Diskussion um Vertriebskanäle nicht die dahinter stehenden Kunden zu vernachlässigen, die aus unterschiedlichen Gründen den einen oder den anderen Absatzkanal bevorzugen. Diese Gründe gilt es herauszufinden und die eigenen Produkte entsprechend zu gestalten. Nur wenn dies gelingt, kann Multi-Channel-Management erfolgreich umgesetzt werden. Somit handelt es sich bei der zweidimensionalen Produkt-Markt-Matrix eigentlich um einen Kubus mit den Dimensionen: Kunde – Produkt – Absatzkanal. Damit dieser Kubus mit Leben gefüllt wird, dafür ist in der Regel viel Vorarbeit notwendig.

Darüber hinaus muss man sich die Frage stellen, ob ein globales Multi-Channel-Management erforderlich ist oder ob es genügt, auf dezentraler Ebene (beispielsweise auf Länderebene) Vertriebskanäle zu managen. Da es sich insbesondere bei den Direktverkaufs-Kanälen Lufthansa.com und dem Call Center um theoretisch weltweit einsetzbare Kanäle mit einer einheitlichen Technologieplattform sowie degressiven Kostenstrukturen handelt, wird schnell ersichtlich, dass diese nur optimale Kostenstrukturen erwirtschaften, wenn diese Kanäle auch zentral gesteuert werden. Zentrale Steuerung muss dennoch nicht heißen, dass auf „local touch" verzichtet werden muss.

Was genau bedeutet also Multi-Channel-Management, wie kann es fachlich und organisatorisch umgesetzt werden, bedarf es eines klar definierten „Produkt-Markt-Kanal-Kubus", und ist es überhaupt sinnvoll, einen globalen Multi-Channel-Management-Ansatz zu verfolgen? Wie die Lufthansa Passage Airline mit all diesen Fragestellungen umgegangen ist, soll im Folgenden näher dargestellt werden.

2. Ziele des Multi-Channel-Managements

Der Vertrieb einer Vielzahl von Unternehmen ist historisch meist regional unterteilt. So auch der Vertrieb bei der Lufthansa Passage: vom verantwortlichen Asia-Pacific Area-Manager bis hin zum Verantwortlichen einer Region in Norditalien. Dies führt in der Regel dazu, dass jeder Vertriebsverantwortliche seine Key Account-/Kanalstruktur entwickelt und pflegt. Die ist wiederum stark abhängig vom technologischen Entwicklungsstand des jeweiligen Marktes und der generellen Akzeptanz. So hängt die Reife der Vertriebskanalstruktur in der Reiseindustrie im jeweils betrachteten Markt stark vom technologischen Entwicklungsstand sowie der allgemeinen Akzeptanz unterschiedlicher Kanäle, beispielsweise im Einzelhandel, ab.

Beschäftigt man sich mit dem Thema Globales Multi-Channel-Management, steht man somit erst einmal vor der Herausforderung, eine weltweit gültige und sinnvolle Kanalstruktur zu entwickeln und in der Organisation zu verankern, sodass diese auch gelebt und gepflegt wird, ansonsten wird Multi-Channel-Management zur Makulatur. Eine eindeutige Kanalstruktur ist deshalb wichtig, da es gilt, die Effizienz und Effektivität einzelner Kanäle zu beurteilen. Dies gelingt jedoch nur, wenn man einer klar definierten Anzahl von Kanälen die durch sie verursachten Kosten sowie die über sie generierten Umsätze zuordnen kann. So, wie man früher mittels einer Kosten-Ertragsrelation sagen konnte, Land X performt gut, sollte es das Ergebnis eines transparenten Kanalmanagements sein, pro Land zusätzlich noch die Rentabilität und Effektivität einzelner Vertriebskanäle aufzeigen zu können. Das klingt fast trivial, ist in der Umsetzung aber durchaus anspruchsvoll, denn es bedeutet, dass die etablierten Controlling-Systeme nicht mehr ausreichen und die gesamte Erfassungssystematik weltweit geändert werden muss, will man nicht weiterhin fehleranfällige manuelle Schattensysteme auf Excel-Basis, die mit erheblichem Zeitaufwand erarbeitet werden müssen, aufrechterhalten.

Darüber hinaus bedeutet Multi-Channel-Management für uns, nicht nur Transparenz über Kosten und Umsätze, sondern auch Auskunft darüber, welcher Kunde über welchen Kanal wann und warum kauft. Weitere wissenswerte Aspekte sind beispielsweise die Identifikation zwischen Firmenkunden und Verkaufskanal, die kaufbeeinflussenden Faktoren für den Kunden sowie die Ausgestaltung des generellen Kaufverhaltens, um daraus weitere Hinweise zur Ableitung von Kundentypologie und -segmentierung erhalten zu können. Diese kann uns wiederum helfen, unsere Produkte kontiniuierlich zu verbessern und gegebenenfalls über unterschiedliche Vertriebskanäle zu steuern. Der intelligente Umgang mit Informationen wird zum essenziellen wettbewerbsentscheidenden Faktor in der Airline-Industrie. Eine wesentliche und bisher nicht ausreichend genutzte Quelle sind die Vertriebskanäle und die dahinterstehenden Kunden, wobei selbstverständlich die gültigen Datenschutzgesetze zu berücksichtigten sind.

3. Vertriebskanäle im weltweiten Multi-Channel-Management

Vor dem aufgezeigten Hintergrund, dem Wunsch mehr Transparenz über Vertriebskanäle und mehr Informationen über die Bedürfnisse unsere Endkunden zu erhalten, desweiteren ermutigt durch eine Vielzahl von Studien der *Gartner Group* und *Forrester Research,* die große Wachstumsraten der Direktkanäle in den Jahren 2000 bis 2005 vorsahen, haben wir uns 2001 entschieden, ein weltweites Vertriebskanal-Management einzuführen.

Im Rahmen einer Projektgruppe, bestehend aus zentralen Fachabteilungen (Vertriebsstrategie, Globales Key Account Management Online, IT sowie Controlling) und Einheiten der dezentralen Außenorganisation[1], wurden zwölf Vertriebskanäle definiert, die gleichsam in Online und Offline sowie in Direkte und Indirekte Kanäle unterteilt wurden (vgl. Abbildung 4).

Die Anzahl der Kanäle erscheint auf den ersten Blick sehr hoch, und es lässt sich hinterfragen, ob diese Unterteilung notwendig ist. Allein die Diskussion mit den Marktverantwortlichen hat ergeben, dass es je nach Vertriebskanal sehr unterschiedliche Steuerungsmöglichkeiten gibt. Da ein wesentlicher Aspekt des Multi-Channel-Managements die Steuerung ist, muss diesem Aspekt Rechnung getragen werden. Zur Steuerung der Vertriebskanäle gibt es verschiedene Steuerungshebel, die in den unterschiedlichen Kanälen in Bezug auf Kosten-, Umsatz-, Technologie- und Kundensteuerung auch unterschiedlich wirken. Im Rahmen des oben beschriebenen Projekts wurde entschieden, weltweit eine Unterteilung in zwölf Vertriebskanäle vorzunehmen. Der dezentrale Vertrieb hat darüber hinaus die Möglichkeit, innerhalb dieser zwölf Kanäle noch weitere Unterteilungen vorzunehmen, solange diese dann eindeutig den zwölf definierten zuordenbar sind. Diese Vertriebskanalstruktur ist verbindlich für die Märkte und muss von diesen gepflegt werden. Geprägt durch die zunehmende Globalisierung bilden sich auch in der Reiseindustrie immer mehr global agierende Player heraus.

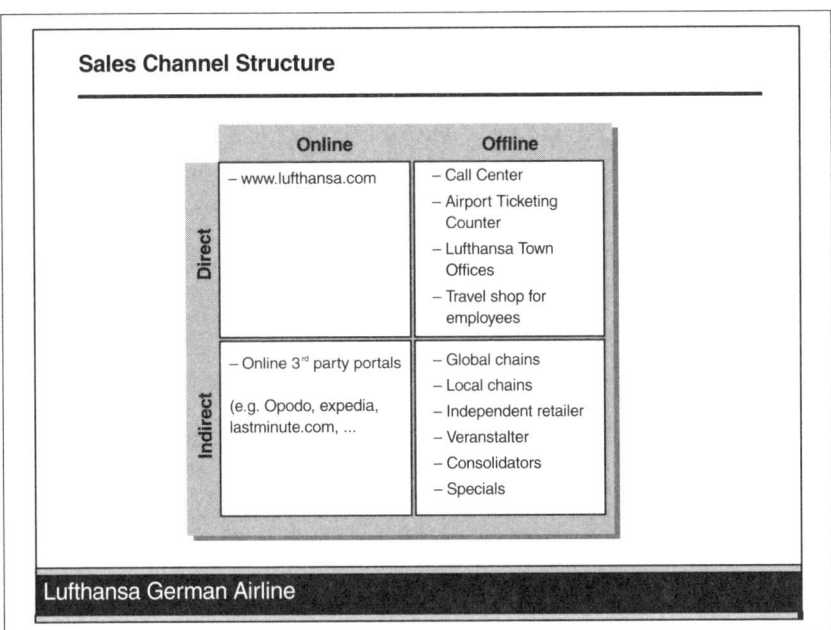

Abbildung 4: Vertriebskanäle der Lufthansa

4. Implementierung des weltweiten Multi-Channel-Managements

Für die Definition, Konzeption und Umsetzung eines effizienten und effektiven Multi-Channel-Managements sollten eineinhalb bis zwei Jahre kalkuliert werden, da einerseits die gesamte Vertriebsorganisation um eine Dimension erweitert wird, andererseits sich diese definitiv in den Vertriebssystemen wiederfinden muss, um steuerbar zu sein. Dies bedeutet auch Management-of-Change bei den Betroffenen. Der Vertriebsleiter eines Landes wird nicht mehr ausschließlich über eine Gesamtumsatzzahl oder ein Gesamtergebnis gemessen, vielmehr sollen gemeinsam auch übergeordnete Kanalziele erfüllt werden. Genau dieser Aspekt führt in der Regel zu erheblichen Diskussionen, da sie einen Eingriff in die Verantwortlichkeiten eines jeden Vertriebsleiters bedeuten. Außerdem stellte sich bei der weiteren Betrachtung heraus, dass es erhebliche Unterschiede in den Kanalstrukturen einzelner Länder gibt, die im Rahmen der Gesamtzielerreichung Beachtung finden müssen, da wir ansonsten am Kundenverhalten vorbei entwickeln und die Ressourcen nicht effizient auf die Kanäle verteilen.

Das Projekt bei der Lufthansa Passage wurde von einem virtuellen Team wie eingangs beschrieben durchgeführt. Dazu ist zu sagen, dass die Kollegen der Fachbereiche nie 100 Prozent an dem Thema gearbeitet haben. So lag der Lead im zentralen Vertrieb mit Unterstützung des Controllings. Die dezentralen Vertriebseinheiten sowie die IT-Fachabteilung arbeiteten im regelmäßigen Turnus mit im Rahmen von Workshops und Jour Fixes. Als dezentrale Vertriebseinheiten wurden die Märkte gewählt, die für Lufthansa eine große Umsatzverantwortung tragen und deren Kanalstruktur bereits relativ ausgeprägt ist. Um die Komplexität gering zu halten, wurden bewusst nicht alle Märkte am Anfang des Projekts involviert.

Im Wesentlichen bestand das Projekt aus fünf großen Arbeitsblöcken:

1. Definition der Vertriebskanäle und deren Umsetzung, d.h. Zuordnung von ca. 120 000 IATA Reisebüros weltweit zu den definierten Kanälen, Zuordnung des Revenues, Planung und Monitoring der Umsätze in den definierten Kanälen.

2. Definition kanalspezifischer Kosten nach dem Verursachungsprinzip, um Kanalrentabilitäten ableiten zu können und die Effizienz einzelner Kanäle nachhalten zu können.

3. Ableitung erster weltweiter Umsatzziele und Identifikation von geeigneten Maßnahmen, um diese Ziele zu erreichen und die Steuerbarkeit der Kanäle zu testen.

4. Definition und Umsetzung eines Fachkonzepts zur IT-Systemunterstützung in Verbindung mit dem vorherrschenden Datawarehouse.

5. Verankerung der Vertriebskanalziele in den Zielvereinbarungen der Vertriebsverantwortlichen.

Kommunikation

Die Kommunikation und das IT-Fachkonzept für die Systemerweiterung im Controlling wurden während des gesamten Projekts kontinuierlich und parallel bearbeitet. Wichtig und sicherlich wesentlicher Key Success Factor hierbei ist die permanente Einbindung aller betroffenen Abteilungen und Personen. Ohne eine systemtechnische Abbildung kann ein Monitoring und damit ein Management der Kanäle nur schwerlich gelingen. Ohne die Monitoringmöglichkeit können keine Vertriebskanalziele nachgehalten werden. Ziele, die nicht nachgehalten werden können, sind keine Ziele und werden nur schwerlich vom Management akzeptiert. Das wiederum würde dazu führen, dass Vertriebskanal-Management nicht gelebt werden würde.

Die Projektarbeit war stark durch eine Balance zwischen zentraler Konzeption und kontinuierlichem Feedback der Außenorganisation in Form einer Vielzahl von Workshops geprägt. Nur über die ständige Diskussion mit dem dezentralen Vertrieb konnten die Kosten verursachungsgerecht zugeordnet und valide Schlüsselungen erarbeitet werden. Die starke Einbindung des dezentralen Vertriebs war auch deshalb erforderlich, da schließlich mit dieser neuen Kanalstruktur weltweit gearbeitet werden muss und somit das „Not-Invented-Here-Syndrom" umgangen werden konnte.

5. Ergebnisse

Die systematische Beschäftigung mit dem Thema Vertriebskanal-Management hat vor allem zu einer erhöhten Transparenz der Vertriebskosten geführt. Vertriebskosten bestehen im Wesentlichen aus Grundprovisionen[2], Incentivezahlung, Vertriebsgemeinkosten[3], Kreditkartenkosten, CRS-Kosten[4]. Das Projekt hat gezeigt, dass sich je nach Vertriebskanal die Höhe der Vertriebskosten erheblich unterscheiden kann. Dies ist auch darauf zurückzuführen, dass die einzelnen Kostenarten in ihrer Höhe je Vertriebskanal variieren können. Ziel ist es, gezielt die unterschiedlichen Kostenarten in den Kanälen zu reduzieren. Dies ist teilweise zentral, aber auch dezentral möglich. So kann beispielsweise das Buchungsverhalten, das heißt wie oft ein Kunde bucht, ändert, streicht oder einen „No-Show"[5] produziert, ein wesentlicher Kostentreiber sein. Aufgrund dieser Kenntnis ist es möglich, gezieltes Vertriebskanal-Management in Form von Kostensteuerung über Kanäle zu betreiben. Dies kann dezentral erfolgen, indem dem Länderverantwortlichen monatliche Auswertungen über das Buchungsverhalten zur Verfügung gestellt werden. Es liegt dann in der Beurteilung des Länderverantwortlichen, inwieweit er hier Maßnahmen beim Absatzmittler ergreifen kann. Zentral hat die Erkenntnis dazu geführt, mit Providern gezielter Verträge schließen zu können, die Vertriebskanalspezifika berücksichtigen.

Das Projekt lieferte folglich die Vertriebskanal-Rentabilitäten pro Kanal. Diese werden seitdem quartalsweise erhoben und mit Umsetzung des IT-Fachkonzepts ab 2004 auch monatlich. Die Vertriebskanal-Rentabilitäten sowie die Umsatzentwicklung pro Kanal dienen als Grundlage für die Ableitung der langfristigen Vertriebskanalstrategie. Die so abgeleiteten Vertriebskanalziele finden Eingang in die Zielvereinbarungen des Managements. Mittels eines weltweiten monatlichen Monitorings kann die Zielerreichung verfolgt und gegebenenfalls entsprechende zentrale und dezentrale Maßnahmen initiiert werden, die die Zielerreichung unterstützen.

Organisatorisch findet Multi-Channel-Management seinen Niederschlag in der verstärkten zentralen Ausrichtung der Lufthansa Direktvertriebskanäle Lufthansa.com und Call Center sowie in der zentralisierten Verantwortung von globalen Accounts im Online- wie auch im Offline-Bereich. Zentralisierung im Lufthansa Passage Vertrieb funktioniert bisher sehr erfolgreich, wenn die dezentralen Einheiten dieses Organisationsverständnis spiegeln. So gibt es in den wichtigsten Online-Märkten je einen „E-Line Manager", der sich vor Ort zusätzlich um Lufthansa.com, Call-Center-Verkäufe und die anderen Online-Reiseportale kümmert. Diese Organisationsform entspricht der Philosophie des Lufthansa Passage Bereichsvorstandes[6] Thierry Antinori: „Glocal" – global und local zugleich.

Damit beantwortet sich auch die eingangs gestellte Frage, ob ein zentrales Vertriebskanal-Management notwendig ist. Ja, es ist notwendig, die Transparenz weltweit darstellen zu können, um weltweit einheitliche Vertriebskanäle wie Lufthansa.com und Call Center effizient steuern zu können. Dennoch ist die Bedeutung der unterschiedlichen Kanäle je Land sehr unterschiedlich und dem muss Rechnung getragen werden. So werden regelmäßig Workshops mit den größten Märkten zum Thema Vertriebskanal-Management durchgeführt, die dazu dienen, Best Practices auszutauschen. Wenn auch die Bedeutung der Kanäle in den einzelnen Märkten unterschiedlich ist, können doch „lessons learnt" auf diese Weise sehr gut ausgetauscht werden. Basis dieser Workshops bildet das weltweit erarbeitete Zahlenwerk.

Nach zwei Jahren Definition, Aufbau, Umsetzung und Übergang in die Routine betrachten wir Vertriebskanal-Management folgendermaßen:

> *„Das globale Vertriebskanal-Management entwickelt unterstützende Maßnahmen und Tools, mit denen es gemeinsam mit dem dezentralen Vertrieb optimale Vertriebskanal-Ergebnisse generiert. Optimale Vertriebskanal-Ergebnisse zeichnen sich durch hohe Kundenakzeptanz innerhalb der einzelnen Kanäle, Profitabilität durch Optimierung der Vertriebskosten aufgrund geschaffener Transparenz sowie eines effizienten und effektiven Mitteleinsatzes innerhalb der Kanäle aus. Dies wird durch eine einheitliche Vorgabe der weltweiten Kanalziele erreicht, wobei für den einzelnen Markt genügend Freiräume geschaffen werden, diese zielgerichtet umzusetzen."*

Entscheidend hierbei ist die Balance zwischen zentraler Top-down-Vorgabe und einem authentischen Bottom-up-Validierungsprozess mit den wesentlich betroffenen Einheiten. Der Schwerpunkt der zentralen Vorgaben wird sich auf die beiden Direkt-Vertriebskanäle – Lufthansa.com und Call Center – sowie auf die global agierenden Kanäle wie Internet-Portale und globale Reisebüroketten beziehen. Da die beiden Direkt-Vertriebskanäle durch degressive Kostenstrukturen und sprungfixe Technologiekosten geprägt sind, bedarf es zentraler Vorgaben, aber auch zentraler Unterstützung. Global agierende Reisebüro-Ketten müssen aus einer Hand bedient werden, dies erfordert ein einheitliches Ziel, das im Rahmen des Vertriebskanal-Managements festgelegt werden muss. Es liegt in der Verantwortung der Märkte, inwieweit die vorgegebenen Kanalziele in den jeweiligen Ländern umgesetzt werden können. Die Rolle des zentralen Vertriebs hierbei ist das kontinuierliche Monitoren und Aufzeigen der Lücken sowie eine systematische Diskussion und Unterstützung zur Erreichung des Vertriebsoptimums.

Dem aufmerksamen Leser wird aufgefallen sein, dass bisher nur drei von vier eingangs gestellten Fagen beantwortet worden sind: Was bedeutet Vertriebskanal-Management, wie kann dies organisatorisch umgesetzt werden, und sollen Umsetzung und Steuerung global oder dezentral erfolgen? Bisher unbeantwortet blieb, welche Informationen und Erkenntnisse wir aus der Umsetzung des Vertriebskanal-Managements über den Endkunden erhalten haben und wie wir die gewonnenen Informationen zum Nutzen des Kunden umsetzen können.

6. Ausblick

Identifikation und Schaffung von Transparenz über die Kanäle ist zwingende Voraussetzung für ein effektives und effizientes Customer Relationship Management (CRM). Vielfach wird CRM ohne fundiertes Wissen über die Profitabilität des Kunden „betrieben". Je nachdem, welchen Vertriebskanal der über CRM identifizierte Kunde benutzt, und je nach seinem individuellen Buchungsverhalten, verursacht er sehr unterschiedliche Kosten. Da die Vertriebskosten der klassischen Airlines bis zu 20 Prozent der Gesamtkosten ausmachen können, ist dies ein wesentlicher Parameter für die Konzeption und Umsetzung von CRM-Ansätzen. So sollte beispielsweise bei einer Customer-Lifetime-Value-Betrachtung unbedingt das Kaufverhalten des Kunden und seines präferierten Kanals einfließen. Ein Kunde, der beispielsweise hauptsächlich über Lufthansa.com oder das Call Center bucht und kauft, verursacht auf die Lifetime-Value-Betrachtung bezogen tendenziell geringere Vertriebskosten. Dieses wiederum müsste sich bezüglich der Profitabiliät des Kunden in seiner Segmentierung wiederfinden.

Wenden wir unseren Blick von der Kostensteuerung hin zur Umsatzsteuerung. Bekanntlich nutzt der reisende Kunde je nach Reiseanlass unterschiedliche Kanäle: die Dienstreise wird beispielsweise über ein Implant[7] gebucht, der kurzfristige Wochenendtrip mit alten Studienfreunden schnell über das Internet und der jährliche Familienurlaub mit drei Kindern wird seit Jahren beim Reisebüro um die Ecke gebucht. Es handelt sich um ein und denselben Kunden mit unterschiedlichen Bedürfnissen, die er über unterschiedliche Kanäle befriedigt. Dies eröffnet ein hervorragendes Cross-Selling-Potenzial, da der Kunde über drei unterschiedliche Kanäle mit uns kommuniziert und wir diesem Kunden entsprechende Angebote kanalspezifisch zukommen lassen könnten.

„Innovative Vertriebsstrategien" in der Airline-Industrie bedeuten, die Vielzahl der Vertriebskanäle effizient und effektiv zu nutzen, dort präsent zu sein, wo der Kunde das Produkt sucht. Eine Steuerung der Vertriebskanäle kann nur erfolgen, wenn die eindeutige Transparenz über die Profitabilität der Kanäle vorliegt. Steuerung erfolgt, wenn Vertriebskosten-Vorteile an den Kunden weitergegeben werden.

Es wird eine Herausforderung sein, die gewonnene Transparenz für ein effektives CRM zu nutzen, wo der Kunde und seine Bedürfnisse im Vordergrund stehen und das Kundenwissen zum Nutzen des Kunden eingesetzt wird. Der nächste Schritt im Rahmen des Vertriebskanal-Managements ist es, das aggregierte Wissen über die Profitabilität der Kanäle bis auf den Kunden pro Vertriebskanal herunter zu brechen.

Anmerkungen

1 Außenorganisation bezeichnet die dezentrale weltweite Vertriebsorganisation, die sich nicht im Headquarter befindet.

2 Grundprovision bezeichnet die in einem Land gezahlte Standardvergütung, die ein Reisebüro für den Verkauf eines Tickets erhält.

3 Unter Vertriebsgemeinkosten versteht LH Personal und Sachkosten.

4 CRS = Central Reservation System, wie Amadeus, Galilieo usw. Gebühren, die diese Reservierungssysteme von den Airlines für Buchungstransaktionen berechnen.

5 No-Show = Als No-Show bezeichnet man einen Passagier, der eine bestehende Buchung hat, die nicht storniert wurde, der Kunde aber nicht zum gebuchten Flug erscheint.

6 Herr Antinori ist Bereichsvorstand Vertrieb, Marketing und Produkt.

7 Implant = Ein Reisebüro, das i.d.R. ausschließlich für eine Firma arbeitet.

Erschließung überregionaler Märkte im Automobilvertrieb mittels Internet

Heiko Gövert (Gövert GmbH)

1. Herausforderungen des Automobilhandels

„Das erste Auto verkauft der Verkauf, das zweite die Werkstatt." Mit dieser Einstellung ist der automobile Einzelhandel lange Zeit an den Vertrieb seiner Fahrzeuge herangegangen. Wenn der Kunde einmal gekauft hatte und mit der Werkstatt zufrieden war, dann wurde er zum Stammkunden, der auch die nächsten Fahrzeuge bei seinem Händler kauft. Solche Kunden waren absolut loyal und nur durch mehrere große Fehler zu vergraulen.

Die heutige Zielgruppe verhält sich deutlich diffiziler. Wäre der langjährige Stammkunde prinzipiell immer noch bereit, bei dem Händler seines Vertrauens zu kaufen, ist es heute nicht unüblich, dass er von Jüngeren, wie beispielsweise seinem Enkel, angeregt wird, einen Preisvergleich über das Internet einzuholen. Stellt sich so heraus, dass das gleiche Fahrzeug woanders günstiger zu haben ist, wird in der Regel das günstigere Angebot wahrgenommen. Hinzu kommt, dass der Stammkunde seine langjährige Loyalität zum Händler kritisch hinterfragt und sich kognitive Dissonanzen einstellen können, die so genannte „nachträgliche Kaufreue".

Angesichts dieses Wandels kann sich kein Händler darauf verlassen, allein mit Stammkunden sein Geschäft zu machen. Es kommt vielmehr darauf an, beide Säulen – Verkauf und Service – so zu stärken, dass sie unabhängig voneinander profitabel sind.

Die aktuelle Situation im automobilen Einzelhandel ist durch einen starken Wettbewerb zwischen Händlern unterschiedlicher Herstellermarken (Interbrand), aber besonders zwischen Händlern gleicher Marken (Intrabrand) geprägt. Dieser extreme Wettbewerbsdruck und die veränderte Einkaufsphilosophie der Kunden hin zum „Smart-Shoppen" („Geiz ist geil") lässt die Bruttogewinne der Händler immer weiter sinken. So lag die durchschnittliche Umsatzrendite eines VW/Audi-Händlers in Deutschland 2002 bei 0,9 Prozent.

Zum gestiegenen Wettbewerbsdruck kommt auf der anderen Seite, dass der deutsche Automobilmarkt in den letzten zwei Jahren nicht nur stagnierte, sondern rückläufig war. Des Weiteren versuchen alle Hersteller, immer mehr Fahrzeuge direkt – am Handel vorbei – zu verkaufen (Belieferung von Behörden, Großkunden oder auch Verkauf über das Internet), sodass für die Händler insgesamt wesentlich weniger Verkaufseinheiten verbleiben.

Der betriebswirtschaftlichen Lehre folgend, sollte steigender Wettbewerbsdruck durch höhere Produktivität und Reduktion der Kosten ausgeglichen werden. Dies ist beim markengebundenen Handel derzeit so gut wie unmöglich, da sich die Hersteller durch die neue GVO (Gruppenfreistellungsverordnung) der EU gezwungen sehen, ihre an einen Händler- oder Servicevertrag gebundenen Standards deutlich anzuheben. Höhere Standards, wie etwa eine spezielle Architektur, bestimmte Möbel, höhere Anforderungen an den Ausbildungsstand der Mitarbeiter etc., bedeuten sehr viel höhere Kosten für den Handel, die auch nicht durch verbesserte Produktivität wieder kompensiert werden können. Die Lösung dieser Problematik sehen viele Händler, aber auch Hersteller, in der Zusammenlegung oder Zusammenarbeit von Betriebsstätten durch Kooperationen und Fusionen. Auf diese Weise können größere Einheiten mit einer besseren Kosten-Umsatz-Relation geschaffen werden, da unproduktive und administrative Arbeit effizienter wird und Synergieeffekte zum Tragen kommen.

Dieser Trend hat in den letzten Jahren zu einer starken Reduktion von Händlern und Händlerstandorten geführt. Die von den Herstellern forcierte Straffung des eigenen Händlernetzes und die damit verbundene Hoffnung, finanziell gesunde und wettbewerbsfähige Händler zu erhalten, hat sich nicht immer erfüllt. Den Vorteilen und Synergiepotenzialen größerer Betriebe stehen deutlich höhere Komplexitätskosten, in der Regel geringere Mitarbeiterbindung und Betriebsidentifikation, verbunden mit höherem Krankenstand und geringerer Produktivität sowie die Anonymisierung des Kunden entgegen. Gerade vielen großen Händlerketten geht es zurzeit finanziell derart schlecht, dass sie Insolvenz anmelden mussten oder von einem anderen Händler bzw. dem eigenen Hersteller übernommen wurden. Größe allein war, ist und wird nie ein Garant für den Erfolg sein. Vielmehr kommt es darauf an, die aktuellen Markttrends zu erkennen, sich darauf einzustellen und sie für sich zu nutzen.

Die oben beschriebene Ausgangslage zwingt jeden Händler dazu, die herkömmlichen klassischen betriebswirtschaftlichen Werkzeuge voll einzusetzen. So sollten die Abläufe und Prozesse im Autohaus sowie das Kostenmanagement optimiert und der Ausbildungsstand und die Sozialkompetenz der Mitarbeiter hoch sein. Des Weiteren sollten sämtliche Arbeiten kundenorientiert gestaltet werden und ein wirksames Customer Relationship Management (CRM) eingesetzt werden.

Trotzdem sind die so zu erzielenden Möglichkeiten beschränkt und unterliegen den Grenzen des Marktes. So ist es für jeden Händler ratsam, im traditionellen Geschäft Wege zu finden, die ihm einen Wettbewerbsvorteil – einen so genannten „komparativen Konkurrenzvorteil" (KKV) – bringen, der wiederum zu höherer Kundenzufriedenheit, stärkerer Kundenbindung und damit zu verbesserter Profitabilität und mehr Umsatz führt.

Die Vielfalt und Möglichkeiten, seinen Händlerbetrieb im eigenen Markt besser zu platzieren, sind unbegrenzt. Hier nur einige Beispiele:

- Aktives Erkennen und Umsetzen neuer Trends – beispielsweise die Nutzung des Internets,
- Reduktion der Vergleichbarkeit des Fahrzeugangebots für den Kunden – beispielsweise durch Auflegung von limitierten, exklusiven hauseigenen Sondermodellen oder Forcierung des finanzierten oder geleasten Ratengeschäfts,
- Entwicklung wirkungsvoller Kundenbindungsinstrumente – beispielsweise ein regelmäßiges Reifenfrühstück, das den Kunden zweimal jährlich zum Wechsel der Sommer-/Winterreifen angeboten wird und außerdem die Möglichkeit zur bequemen Einlagerung der Räder bietet,
- Weiterreichende Servicenagebote – wie Terminvereinbarung über E-Mail oder Fertigstellungsbenachrichtigung durch SMS und
- Mitarbeitermotivation und -schulung – dazu hat Volkswagen beispielsweise die interaktive Schulung (iTV) über **das** herstellereigene Intranet entwickelt, sodass Mitarbeiter direkt im Betrieb ohne zusätzliche Anreise- und Hotelkosten geschult werden können.

Die Vorteile und Alleinstellungsmerkmale der optimalen Nutzung des Internets werden im Folgenden im Rahmen einiger Beispiele und Vorgehensweisen aus der Praxis vorgestellt.

2. Optimierung des Automobilvertriebs mithilfe des Internets

Ein stagnierender Automobilmarkt, besser informierte Kunden und ein harter Verdrängungswettbewerb zwischen den Händlern und Marken: diese Einflussfaktoren zwingen jeden Händler dazu, sich durch komparative Konkurrenzvorteile (KKV) besser zu positionieren. In diesem Zusammenhang wird das Gebrauchtwagengeschäft zur Erreichung einer besseren Rendite ein immer stärkerer Faktor im Automobilhandel. Hier besteht zum einen die Möglichkeit, sich der totalen Produktvergleichbarkeit des Neuwagenhandels zu entziehen, und zum anderen, das eigenständige Unternehmertum gegen die Begehrlichkeiten des Herstellers aufrechtzuerhalten.

Es gelten die bekannten Regeln, dass das Angebot marktkonform sein muss und dass im Einkauf der Segen liegt. Erweitert wird dies durch die optimale Ausnutzung von Absatzkanälen, die auch überregional, bundesweit und sogar europaweit Kunden ansprechen.

Internetbasierte Marktanalyse

Um seinen Markt für Gebrauchtwagen zu analysieren, werden Informationen über die Kaufwünsche und -präferenzen der Kunden sowie das bestehende Gebrauchtwagenangebot der Wettbewerber benötigt. So genannte „Gebrauchtwagenumschreibungsstatistiken", die das Kraftfahrtbundesamt zur Verfügung stellt, liefern dem Händler die Informationen über Kaufpräferenzen.

Schwieriger wird es beim Angebot des Wettbewerbs. Hier war es früher notwendig, sich ein eigenes Bild des Angebots auf den Gebrauchtwagenplätzen zu machen. Heute bietet das Internet Möglichkeiten, diese Informationen wesentlich einfacher zu erhalten. Über die Homepage des Wettbewerbers oder sein Angebot in Internet-Gebrauchtwagenbörsen können fast alle im Angebot befindlichen Gebrauchtwagen erfasst, kategorisiert und ausgewertet werden. So erhält man ein sehr aussagekräftiges Angebotsbild des eigenen Marktes.

Gebrauchtwagenzukauf mithilfe der internetbasierten Gebrauchtwagenbörsen

Die so gewonnenen Informationen sollten zunächst zur Analyse der eigenen Marktposition genutzt werden. Hier ist zwischen Generalisten und Spezialisten zu unterscheiden.

Der Generalist bietet eine breite Palette von Modellen an, die sich über alle Klassen erstrecken kann. Eine solche Positionierung ist immer dann interessant, wenn das eigene Angebot sehr umfangreich ist, sodass möglichst jeder Kunde sein Wunschauto finden kann. Regional schwache Konkurrenz ist für den Generalisten ebenfalls förderlich, da die Ortsgebundenheit der Kunden ein wichtiges Kaufkriterium sein kann.

Der Spezialist konzentriert sich auf ein Modell oder eine Klasse von Fahrzeugen, in der er Kunden ein umfangreiches und vielfältiges Angebot bietet (beispielsweise Geländewagen oder Cabrios). Gerade in Ballungsräumen und für Händler mit weniger umfangreichem Angebot ist die Spezialisierung eine Chance, sich von der breiten Masse der Händler abzusetzen. Ein großes Risiko besteht allerdings im Verpassen von Markttrends und einem daraus bedingten Nachfragerückgang des Nischenprodukts, der die Existenz des Händlers gefährden kann.

Ist die eigene Stellung im Markt bekannt und die Entscheidung, ob Generalist oder Spezialist getroffen, müssen die entsprechenden Produkte eingekauft werden. Hierbei ist zwischen der Inzahlungnahme und dem freien Zukauf zu unterscheiden.

Die Inzahlungnahme geht immer mit dem Verkauf eines anderen Fahrzeugs einher, auf das ein gebrauchtes Fahrzeug in Zahlung genommen wird. In der Vielzahl der Fälle bieten Inzahlungnahmen wenig Handlungsspielraum für den Einkaufenden. Vielmehr kann nur entschieden werden, ob das Geschäft realisiert wird oder nicht. Hinzu kommt, dass die meisten Kunden sich über den Fahrzeugabgabepreis gut informiert haben, bevor sie ihr Fahrzeug einem Händler anbieten. Bei interessanten und gängigen Fahrzeugen haben sie meistens auch schon einen privaten Käufer gefunden, sodass dem Händler nur die schlecht verkäuflichen Gebrauchtwagen verbleiben.

Der Händler kann nur durch freien Zukauf ein interessantes und lukratives Sortiment vorhalten. Die Möglichkeiten des Zukaufs reichen vom Ersteigern bei Insolvenzen oder Auktionen über den Kauf von Leasing- und Mietwagenrückläufern bis hin zur internetbasierten Einzelsuche, worauf im Folgenden eingegangen werden soll.

Die in den vergangenen Jahren etablierten Gebrauchtwagenbörsen (http://www.mobile.de oder http://www.autoscout24.de) bieten die Möglichkeit, gezielt nach bestimmten Fahrzeugen zu suchen. Es ist möglich, eine Vielzahl von Kriterien, wie beispielsweise Marke, Modell, Erstzulassung, KM-Stand, Motorleistung, Farbe etc. auszuwählen und sich den vorhandenen Fahrzeugbestand der Börse anzeigen zu lassen. Die auf diese Weise selektierten Fahrzeuge sind für den zukaufenden Händler in der Regel uninteressant, da nur selten wirkliche Schnäppchen zu finden sind.

Der Einsatz so genannter „Such-E-Mails" führt in der Regel zu mehr Erfolg. Diese – von den Börsen angebotene – Funktion übermittelt dem Suchenden sämtliche, den vorgegebenen Kriterien entsprechenden Fahrzeuge zeitnah nach Eingabe des Anbietenden per E-Mail. Hierdurch wird sichergestellt, dass das Angebot aktuell und attraktiver ist. Eine noch umfassendere Alternative sind die so genannten „Webcrawler". Diese Suchmaschinen durchforsten ständig mehrere Gebrauchtwagenbörsen nach zuvor festgelegten Fahrzeugmodellen und Ausstattungen. Stoßen sie auf ein passendes Angebot, wird der Suchende per E-Mail informiert.

Dieser internetbasierte Zukauf hat den großen Vorteil der absoluten Flexibilität. Der Händler kann kurzfristig, ohne feste Bindungen und Abnahmeverpflichtungen, interessante Gebrauchtwagen einkaufen. Dem entgegen steht der Nachteil des hohen zeitlichen Aufwands, da jedes Fahrzeug einzeln beschafft werden muss. Dazu müssen mehrere Angebote ausgewertet und Anrufe getätigt werden, da nicht jedes Inserat vertrauenswürdig ist. Das ausgewählte Angebot muss auf Echtheit und Plausibilität überprüft werden, und schließlich ist hinsichtlich Preis und Abwicklungsmodalitäten Einigkeit zu erzielen. In den seltensten Fällen führt das erste Angebot zum Kauf. Selbst wenn alles einwandfrei läuft, kann es bei der Abholung immer noch Überraschungen geben, die das Geschäft platzen lassen. Unter diesen Gesichtspunkten bietet sich der internetbasierte Zukauf eher für kleine Mengen und spezielle Fahrzeuge an.

Erweiterte Absatzmöglichkeiten mithilfe des Internets

Nachdem in den vorherigen Abschnitten die Bestands- und Einkaufsseite durchleuchtet wurde, werden jetzt Möglichkeiten aufgezeigt, wie das Internet beim Absatz von Automobilen nützlich sein kann.

▶ **Erweiterung des Kundenkreises**

Durch Inserate in Gebrauchtwagenbörsen erreicht der Händler mit seinem Fahrzeugangebot deutlich mehr Kunden als durch herkömmliche Medien wie Zeitung oder Direktwerbung. Die Kunden werden in ihrer Suchphase angesprochen, wodurch Streuverluste reduziert werden. Die Häufigkeit von Kontakten mit potenziellen Kunden ist deutlich höher als bei Zeitungsinseraten. Hinzu kommt das sehr gute Preis-Leistungs-Verhältnis. Kostet ein durchschnittliches Zeitungsinserat, in dem einmalig für eine begrenzte Anzahl von Fahrzeugen geworben wird, in einer Auflage von 90 000 Stück circa 300 Euro, so liegt der Monatspreis für das Inserat bei http://www.mobile.de mit unbegrenzt vielen Fahrzeugen bei etwa 200 Euro.

Der große Vorteil europaweiter Inserate, wie sie die gängigen Gebrauchtwagenbörsen mittlerweile anbieten, ist die Abnabelung von lokalen bzw. regionalen Marktschwierigkeiten.

Beispiel

Einen weißen Golf in Deutschland zu verkaufen, ist fast nur über einen günstigen Verkaufspreis möglich, da Weiß eine wenig nachgefragte Farbe ist. Dies ist in Spanien anders. Dort ist die Farbe gängig, und über das Internet ist es leicht möglich, einen Kontakt herzustellen.

Dieser unschlagbare Vorteil ist allerdings kein Alleinstellungsmerkmal eines Händlers, sondern er steht allen interessierten Händlern europaweit zur Verfügung, was zu einer Preisvergleichbarkeit und -nivellierung führt.

Beispiel

Konnten früher Händler in ländlicher Lage tendenziell für ein vergleichbares Fahrzeug einen höheren Verkaufspreis erzielen als ein Händler in einem Ballungsraum, so unterliegen heute alle Händler der Vergleichbarkeit durch das Internet. Dies führt dazu, dass bei der Inzahlungnahme eine Preisorientierung am Angebot der Gebrauchtwagenbörsen stattfindet. Der dann kalkulierte Verkaufspreis entspricht nicht mehr den lokalen Besonderheiten, sondern dem „europaweiten" Internet-Angebot.

Gewinner dieser Entwicklung sind Händler, die in ihrem Gebiet aufgrund von schwacher Kaufkraft Fahrzeuge günstiger in Zahlung nehmen können sowie niedrigere Lohn- und Allgemeinkosten haben. Dies spiegelt sich in den Verkaufspreisen wider und bringt ihr Angebot in den preissortierten Ergebnislisten der Gebrauchtwagenbörsen ganz nach vorn.

▶ **Erweiterung der Zielgruppen**

Die bisherige Zielgruppe eines Händlers bestimmt sich aus allen potenziellen Käufern in der lokalen bzw. regionalen Umgebung. Diese definiert sich durch bestimmte soziografische Merkmale wie Kaufkraft, Kaufverhalten usw. Die Eigenschaften der Zielgruppe bestimmen das Angebot des Händlers.

Beispiel

Das Gebrauchtwagenangebot eines Händlers in Frankfurter Stadtlage kann durchaus sehr hochwertig (Porsche, Audi, MB etc.) sein, da in seinem Umfeld eine Zielgruppe mit hoher Kaufkraft wohnt. Dem entgegen wird ein Händler in ländlicher Lage in Mecklenburg-Vorpommern ein eher preiswertes Gebrauchtwagenangebot (Skoda, VW, Seat etc.) vorhalten.

Neben den Eigenschaften der Zielgruppe bestimmen Faktoren wie örtliche Lage und Bekanntheitsgrad des Händlers das Angebot.

Internet-Inserate bieten dem Händler die Möglichkeit, Zielgruppen weit über seine regionalen Grenzen hinaus zu erreichen. Die Beschränkungen, denen das eigene Gebrauchtwagenangebot unterlag, werden zum großen Teil aufgehoben.

Beispiel

Ein ländlicher Händler kann auch hochwertige und teure Gebrauchtwagen trotz seiner regionalen Beschränkungen vermarkten, da er über das Internet-Inserat Zielgruppen europaweit erreicht.

Seit Einführung der Gebrauchtwagenbörsen hat sich eine Nationalisierung und Internationalisierung der Gebrauchtwagenverkäufe ergeben, die zuvor nicht vorstellbar war. Selbst große Entfernungen werden von Kunden in Kauf genommen, wenn ein attraktives Angebot lockt.

Beispiel

So ist es nichts Ungewöhnliches, Dieselfahrzeuge der Golfklasse nach Italien und Spanien zu verkaufen, sportliche S-Modelle von Audi nach Schweden und in die Schweiz oder Luxuslimousinen nach Russland zu liefern.

▶ **Realisierung von Arbitragegewinnen durch optimale Preisvergleichbarkeit mithilfe des Internets**

Der Vertrieb von neuen Automobilen unterliegt EU-weit einheitlichen Regeln, die größtenteils durch die EU-Kommission in der aktuellen Gruppenfreistellungsverordnung (GVO) geregelt sind. Sämtliche Automobilhersteller sind danach verpflichtet, alle in der EU angebotenen Fahrzeuge jedem EU-Bürger in der individuellen Länderspezifikation zugänglich zu machen.

Beispiel

Ein englischer Kunde kann einen neuen Audi in Deutschland als Rechtslenker mit englischer Serienausstattung kaufen.

Diese so genannten Quereinkäufe oder Grauimporte bieten eine Reihe von interessanten Einkaufsmöglichkeiten für Automobilhändler. Hierbei ist im Wesentlichen zwischen steuer- und wechselkursbedingten Vorteilen bei EU-Neuwageneinkäufen zu unterscheiden.

Steuerbedingte Preisunterschiede

Die steuerbedingten Einkaufsvorteile resultieren zum einen aus der sehr unterschiedlichen Besteuerung von Konsumgütern innerhalb der EU (Mehrwertsteuer, Luxussteuer etc.) und zum anderen aus dem Herkunftslandprinzip, welches besagt, dass bei innergemeinschaftlichem, steuerfreien Erwerb (gewerblicher Handel) grundsätzlich die Steuer des EU-Landes zu zahlen ist, aus dem der Käufer kommt und in welches das Fahrzeug verbracht wird.

Beispiel

Jeder Däne bezahlt beim Kauf eines Neuwagens 20 Prozent MWSt. und 100 Prozent Luxussteuer zzgl. zum Nettokaufpreis des Wagens. Diese Steuerabgaben betreffen aber nur Inländer (Dänen). Kauft ein deutscher Händler einen Neuwagen in Dänemark, um ihn nach Deutschland auszuführen, bezahlt er nicht die dänischen Steuern, sondern nur die 16 Prozent MWSt. in Deutschland.

Die länderspezifischen Nettoverkaufspreise variieren aufgrund dieser Steuerunterschiede sehr stark. Hinzu kommen noch die unterschiedlichen Marktinteressen der Hersteller. So müssen diese beispielsweise ihre Fahrzeuge in Dänemark zu einem – im EU-Vergleich – sehr niedrigen Nettoverkaufspreis anbieten, um sie trotz hoher Steuern für Dänen erschwinglich zu halten, was Dänemark zu einem hoch interessanten Einkaufsmarkt macht. Dem versuchen die Hersteller einerseits durch stark eingeschränkte Fahrzeugkontingente und andererseits durch Boni, die nur bei Zulassung eines Fahrzeuges auf einen Inländer gezahlt werden, entgegenzusteuern.

Dänemark ist aber nur ein Beispiel von vielen in Europa. Alle Marktpreise aus allen EU-Märkten ständig aktuell zu haben, um so den günstigsten Einkaufsmarkt zu erhalten, ist das Ziel jedes einkaufenden Händlers. Diese Daten – zumindest aus den wichtigsten Ländern – können heute mit ein wenig Fleiß über die länderindividuellen Internet-Konfiguratoren der Hersteller jederzeit abgerufen werden. Einfacher geht es über die internetbasierte Datenbank der Firma http://www.broadspeed.com, die ständig Verkaufspreise in den wichtigsten Märkten Europas vergleicht.

Wechselkursbedingte Preisunterschiede

Die wechselkursbedingten Preisdifferenzen entstehen durch die Schwankungen der Wechselkurse zwischen den Euroländern und den dem Euro nicht beigetretenen Ländern wie England oder Dänemark. Diese Preisunterschiede bieten Automobilhändlern ein enormes Potenzial, Arbitragegewinne zu realisieren. Entscheidend ist, wie schnell auf sich verändernde Wechselkurse reagiert wird. Eine internetbasierte Verkaufsplattform bietet sich an, da sehr schnell auf veränderte Wechselkurse, Modelle, Märkte und Abgabepreise reagiert werden kann. Außerdem können fast alle Interessenten europaweit erreicht werden.

Sehr erfolgreich gelang dies den englischen Firmen http://www.oneswoop.com und http://www.broadspeed.com in den Jahren 2000 bis 2002. In dieser Zeit war das englische Pfund im Verhältnis zum Euro sehr stark, sodass Fahrzeugeinkäufe in der Eurozone lukrativ waren. Englische Kunden konnten auf den Internet-Plattformen dieser Firmen Neuwagen nach eigenen Wünschen konfigurieren. Neben dem Kaufpreis wurde auch der erzielte Preisnachlass im Verhältnis zum englischen Listenpreis angezeigt. Dies ermöglichte den Kunden, sehr transparent Preise zu vergleichen. Entschied sich ein Kunde, über das Internet zu bestellen, wurde der Auftrag bei einem Händler in der Eurozone platziert und von diesem ausgeführt. Zur Absicherung des Nicht-Abnahme-Risikos musste der Käufer eine Anzahlung von 15 Prozent des Kaufpreises auf ein so genanntes „e-lock-account" überweisen, auf das weder der Internet-Dienstleister noch der liefernde Händler vor Auslieferung des Neuwagen zugreifen konnte. Dies hatte den Vorteil, dass auch der Kunde gegen Missbrauch und Unterschlagung abgesichert war. Vor Auslieferung des Neuwagens bezahlte der Kunde die restlichen 85 Prozent des Kaufpreises – ebenfalls auf das „e-lock-account". Der Händler bekam eine Bankbestätigung über den Eingang des Geldes und veranlasste den Transport des Neuwagens. Dank guter Logistik und schlanker Organisation bekam der Kunde nach zehn bis vierzehn Tagen sein Fahrzeug angemeldet zu sich nach Hause geliefert. Erst danach überwies die Bank dem Händler das Geld.

Um Quereinkäufe zu unterbinden, versuchen die Hersteller ihre Verkaufspreise in Europa zu harmonisieren und Preisunterschiede auszugleichen. Dies gelingt ihnen aber nur sehr bedingt, da die Volatilität des Wechselkurses, die unterschiedliche Besteuerung, abweichende Marktinteressen (z. B. streben die französischen Hersteller in Frankreich eine Position als Marktführer an), Überkapazitäten und auch Importeursinteressen europaweit einheitliche Verkaufspreise sehr erschweren.

3. Ausblick

Die Veränderungen im deutschen automobilen Einzelhandel in den letzten fünf Jahren – u. a. bedingt durch das Internet – sind so gravierend gewesen, dass selbst gute Marktkenner und absolute Vertriebsprofis es schwer hatten, sich darauf einzustellen und die richtigen Entscheidungen zu treffen.

Heute lässt sich nicht mit Gewissheit sagen, dass die Entwicklung jetzt ruhiger und langsamer verlaufen wird, obwohl ein weiterhin so hohes Tempo schwer vorstellbar ist. Aktuelle Tendenzen deuten darauf hin, dass sich der Absatzmarkt kurz- und mittelfristig nicht spürbar erholen wird. Weiter steigender Wettbewerbsdruck und noch schmalere Renditen sind zu erwarten. Selbst neue Modelle, wie beispielsweise der Golf V, sind weder für den Hersteller noch den Handel ein Garant für den Erfolg. Vor diesem Hintergrund können bestimmte Trendentwicklungen für den automobilen Einzelhandel von bedrohlich bis chancenreich eingestuft werden.

Kaum Vorteile wird der Handel durch die aggressiven Neu- und Gebrauchtwagen-Vermarktungsstrategien großer Leasinggesellschaften (z. B. e-Sixt) haben, die durch ihre Einkaufsmacht deutlich bessere Einkaufskonditionen als der Handel erzielen. Die internetbasierten Direktverkäufe der Hersteller, die heute noch kaum ins Gewicht fallen, könnten sich zu einer Win-Win-Situation für Handel und Hersteller entwickeln. Entscheidend wird sein, ob die Hersteller den Handel in die Abwicklung der Verkäufe miteinbeziehen und dem Handel einen Kundenkontakt ermöglichen, auf den er weitere Kundenbeziehungsmaßnahmen aufbauen kann.

Mit Abstand die größte Dynamik entwickeln zur Zeit Auktionen. Genossen sie vor einigen Jahren in Deutschland noch ein Schattendasein, so hat sich mittlerweile ein regelrechter Boom eingestellt. Neben den stationären Auktionen steigt vor allem die Zahl der internetbasierten Auktionshäuser. Neben dem Pionier http://www.e-bay.de haben sich eine Reihe von anderen Anbietern wie http://www.mobile.de, http://www.e-sixt.de, http://www.autoauktionen.de (Firma BCA) sowie das japanische Autoauktionshaus ECAN auf dem Markt positioniert. Für den automobilen Handel ist es erfreulich, dass einige Auktionshäuser nur Versteigerungen zwischen Gewerbetreibenden zulassen, sodass das Endkundengeschäft dem Handel vorbehalten bleibt.

Internet-Nutzung in der Immobilienbranche – Eine empirische Studie

Matthias Neu (Fachhochschule Darmstadt)

1. Kommunikationsplattform Internet

Nachdem zahlreiche Branchen mit sehr dynamischen Veränderungsprozessen konfrontiert werden, ist der betriebliche Erfolg immer stärker von einer konsequenten Entdeckung und Umsetzung von Marktchancen geprägt. Intensiver Wettbewerb auf Käufermärkten zwingt mehr und mehr Unternehmen zu einer sehr differenzierten Kundenansprache (vgl. Hesse/Neu/Theuner, 1997).

Für die Unternehmenspositionierung und die Abgrenzung zu Konkurrenten spielt das *Internet-Marketing* eine immer größere Rolle. Durch das Bereitstellen von Informationen in elektronischer Form können nicht nur interessante Neukunden geworben und bestehende Kunden gebunden, sondern auch Transaktionen beschleunigt und vereinfacht werden. Das Internet wird somit einerseits ein betriebswirtschaftlicher Rationalisierungsfaktor, andererseits aber auch ein nicht mehr ersetzbares Kommunikationsinstrument. Dem interaktiven Medium Internet fällt eine besondere Rolle als Wachstumsmotor zu, denn kein anderes Massenmedium hat weltweit derart hohe *Zuwachsraten* in Bezug auf die Nutzerzahl (vgl. Fritz, 2002).

Nach einer Studie der GfK AG waren in der Bundesrepublik Deutschland im Frühjahr 2002 ca. *31,2 Mio. Menschen* (ab 14 Jahren) im Internet aktiv. Davon wiederum kauften 13,3 Mio. User auch Waren und Dienstleistungen im Internet im Wert von 4,7 Mrd. Euro (vgl. GfK, Webscope, 2003). Die Anzahl der Internet-Nutzer weitet sich zunehmend auch auf ältere User aus. In Industrienationen verfügt nahezu jeder zweite Haushalt über eine Verbindung zum Internet. Das Medium ist sowohl für Unternehmen wie auch für Nutzer preiswert, es garantiert eine 24-Stunden-7-Tage-die-Woche-Erreichbarkeit, ist ortsunabhängig und darüber hinaus auch noch ein sehr aktuelles Medium.

Für anbietende Unternehmen stellt sich die Frage, welche Kommunikationsarten von den klassischen Medien auf das Internet übertragbar sind und welche von den Nutzern akzeptiert werden. Die User können im Hypermedium Internet den Kommunikationsmodus in bestimmten Schranken nahezu beliebig wechseln und verschiedene Kommunikationsmodi kombinieren: Schriftkommunikation, Standbilder, Audio, Video, Face2Face-Situation (Videokonferenzen). Darüber hinaus besteht die Möglichkeit des direkten Feedbacks.

2. Funktionen des Internet im Verkauf

Das Medium Internet bietet eine Reihe von Diensten an, die zu unterschiedlichen Zeiten und an unterschiedlichen Aktionen im Verkaufsprozess beteiligt sein können. Vereinfacht dargestellt, lassen sich die Verkaufstätigkeiten im Internet folgendermaßen unterteilen (vgl. Neu, M., 1997):

▶ **Verkaufsvorbereitung und Absatzförderung:** Hier versucht man, das Interesse des Kunden an einem Produkt oder einer Dienstleistung zu fördern. Im Vordergrund stehen hier beispielsweise Internet-Seiten mit Hersteller- und Produktinformationen.

▶ **Verkaufsdurchführung:** Hierzu zählen vor allem Angebots-, Bestell- und Rechnungswesen. Diese Funktionen werden von bekannten Shopsystemen bereitgestellt.

▶ **Lieferung:** Hierzu zählt der logistische Prozess der Bereithaltung, Bereitstellung, Auslieferung und Online-Lieferverfolgung der Ware. Im Internet können Intranet-Anwendung oder auch Kundeninformationssysteme unterstützend eingesetzt werden.

▶ **Verkaufsnachbereitung (After Sales):** Der gesamte After-Sales-Bereich, angefangen von Reklamationen und Kundenpflege bis hin zu Hilfestellungen für den Kunden. Dazu gehören die Bereitstellung von Serviceinformationen auf Websites, Hilfe bei der Bedienung, usw.

3. Phasen des Verkaufs im Internet

Kontaktphase

Um in die Lage zu kommen, etwas online zu verkaufen, muss der Nutzer zunächst einmal auf die Site „gezogen" werden. Dies kann mit so genannten Pull-Strategien, in Form von traditioneller Werbung mit Angabe von URLs und/oder durch Online-Werbung erfolgen. Weiterhin sollte das Finden der Site durch die sinnvolle Wahl eines Domain-Namens, Suchmaschinen-Optimierung sowie Bannerwerbung auf High Frequented Sites (HFS) erleichtert werden.

Begibt sich der Nutzer dann auf die Site, ist das Image, also die Einstellung der Besucher zu den Angeboten, maßgeblich für den Verkaufserfolg. Die unmittelbare spontane Wirkung auf den Betrachter, hervorgerufen durch das Gesamtbild, ist entscheidend. Ein hoher Grad an Deckungsgleichheit von Erwartetem mit Vorgefundenem und Kongruenz von Form und Inhalt (CI, CD) ist von enormer Wichtigkeit. Sprache und Gestaltung der Seite müssen zielgruppenadäquat sein. Ist der User erst einmal bereit, die Seite aufzurufen, hat man in der Regel drei Sekunden Zeit, um ihn zu aktivieren und neugierig zu machen.

Im Gegensatz zum persönlichen Verkauf muss im Internet der Käufer aktiv sein. Daher muss der User motiviert sein, eine Site zu besuchen, indem dort gratis nützliche Informationen für ihn bereit stehen, der Spaßfaktor gefördert wird, Teaser (Gewinnspiele usw.) bereit gehalten werden oder Unterhaltung angeboten wird.

Informationsphase

Das Internet bietet den Anbietern komplexer Produkte die Chance, ihre Leistungen zu erläutern. Der Kunde kann, ohne jeden Druck durch einen Vertriebsmitarbeiter oder Berater, Informationen zu den gewünschten Gütern einholen. Der Kundenanspruch ist, dass Firmen, die komplexe Produkte anbieten, auch ausführliche Informationen zu ihren Leistungen bereitstellen. Fehlt dies, fällt die Site schnell unter die Rubrik „useless sites".

Durch das Internet wird die Markttransparenz eindeutig erhöht. Kunden überblicken heute den Markt wesentlich schneller, einfacher, übersichtlicher und vollständiger per Internet als früher in der analogen Welt. Die Diffusionszeiten von Informationen sind im Internet deutlich verkürzt. Diese Tatsache sollte von den Unternehmen genutzt werden, beispielsweise in Form eines Pressespiegels. Dieser ist meist sehr glaubhaft und gut nachvollziehbar. Darüber hinaus können Kunden die Pressebewertungen – anders als im persönlichen Gespräch – in Ruhe nachlesen.

Im B2B-Bereich finden eher informationslastige Verkaufsgespräche statt. Aber auch sachliche Informationen lassen sich sehr gut und einfach im Internet darstellen.

Websites können Informationen unterschiedlichster Art bereitstellen:

- ▶ generelle Produktinformationen als Entscheidungshilfe für potenzielle Kunden,
- ▶ aktuelle Zusatzinformationen wie Lieferzeit, Sonderangebote etc.,
- ▶ Hilfsprogramme zur Unterstützung der Kaufentscheidung wie Finanzierungsberechnungen, Zusammenstellen und Auswahl individueller Produktvarianten oder Leistungsbündel durch den Kunden,
- ▶ ergänzende Informationen zum Gebrauch der angebotenen Produkte wie Betriebsanleitungen, Anregungen für spezifische Nutzungsmöglichkeiten etc.,
- ▶ Kundenforen und Newsgroups zur Information bestehender und potenzieller Kunden über neueste Entwicklungen und Trends,

- Foren zur Diskussion individueller Fragestellungen bestehender und potenzieller Kunden untereinander sowie mit Experten des Unternehmens,
- Foren zur Vorstellung und Diskussion neuer bzw. in Entwicklung befindlicher Produkte und Produktideen mit bestehenden und potenziellen Kunden,
- Beschwerdemanagement per Hotline, Fax, E-Mail.

Informationen in Newsgroups und Blackboards sind bereits eine Stufe individueller. Der Kunde kann nachfragen, der Kontakt bleibt aber immer noch unverbindlich. Andere Kunden wiederum können Fragen nachlesen, auf die sie selbst vielleicht noch gar nicht gekommen sind, und sich so positiv beeinflussen lassen. In manchen Fällen wissen Kunden noch viel besser, wie man ein Produkt einsetzt als die Hersteller selbst. Dies wiederum kann das Unternehmen nutzen. Darüber hinaus erscheint die Kommunikation von Anwender zu Anwender positiver, die Aktivierung in Mund-zu-Mund-Werbung ist höher, und die ausgetauschten Informationen erscheinen „ehrlicher". Einziger Nachteil: Konkurrenten können die öffentlichen Listen ebenfalls mitverfolgen.

Bei wenig komplexen Produkten (z. B. Coca-Cola, Zigarettenmarken, Speiseeis) braucht die Seite einen eigenen Nutzen. Ein Raucher kann nicht unbedingt durch Informationen über die Zigarette zum Kauf gebracht werden. Hier empfiehlt sich der Aufbau von Erlebniswelten oder Gewinnspielen in Form von Benefitting und Value-Added Services (Beispiel http://www.heineken.de).

Bei Produkten, die in ihrer produktimmanenten Qualität keine für den Konsumenten erkennbaren Unterschiede aufweisen und bei denen diese Unterschiede auch nicht durch Erklärungen aufgebaut werden können oder deren Nutzung eine Frage des Geschmacks ist, müssen Unterschiede über das Image (z.B. Zigaretten) oder ein differenzierendes (Marken-)Umfeld aufgebaut werden. Für Produkte, die selbst nicht erklärungsbedürftig sind, aber in einem stark erklärungsbedürftigen Umfeld eingesetzt werden, gibt es für die produzierenden Unternehmen die Möglichkeit, das Umfeld zu erklären (z.B. Maggi: Maggi-Kochstudio mit Rezepten und Tipps, Dr. Oetker mit Minimalausstattung einer Küche, Haltbarkeitsregeln usw.). Diese Sites ziehen ihren Erfolg aus einem Mix von Informationen und Unterhaltung, dem so genannten „Infotainment".

Argumentationsphase

Argumentations- und Informationsphase liegen im Internet sehr nah beieinander. Argumente können textlich und bildlich herausgestellt werden. Darüber hinaus bietet das Medium im Gegensatz zum Gespräch die Möglichkeit, multimedial zu verkaufen. Der Einsatz geeigneter Videos, Audios, 360°-Ansichten etc. kann die Argumentation wesentlich vereinfachen und sehr überzeugend wirken lassen.

Ein Vorteil in der Argumentation im Internet ist, wie auch in der Informationsphase, dass der Kunde den Dialog jeder Zeit abbrechen kann, der Verkauf nicht so verbindlich abläuft und dadurch kein „Bedrängen" erfolgt und keine Reaktanz hervorgerufen wird. Der Vorteil kehrt sich allerdings in einen Nachteil um, wenn Fragen und Einwände nicht durch das Surfen auf der Website beantwortet bzw. ausgeräumt werden können. Für den Fall, dass die Informationen nicht überzeugend genug sind, muss es dem User ermöglicht werden, sehr einfach Kontakt mit dem Unternehmen aufzunehmen, das heißt, durch geeignete Gestaltung und Ansprache muss dem Nutzer das Gefühl gegeben werden, dass Fragen und Probleme jederzeit gern beantwortet werden. Auch der Kontakt zwischen Kunden sollte ermöglicht werden. Erfahrungen und Bewertungen von anderen Kunden sind meist stärkere Argumente und Empfehlungen, sie werden als „ehrlicher" und objektiver angesehen als Werbung vom Unternehmen selbst. Dieser Austausch kann gefördert werden durch die Entwicklung von Communities, Chats, Blackboards, Experten-Chats, Bewertungen.

Abschlussphase

Hat der Kunde sich nun zum Kauf entschieden, sollten alle weiteren Abläufe so einfach wie möglich gestaltet werden, um nicht in dieser Phase noch unnötig Aufträge zu verlieren (z.B. schlechte Bedienbarkeit). Gute Gestaltung muss zeigen, wo es zur „Kasse" geht, der Ablauf muss einfach und sicher gestaltet werden. Zusätzliches Vertrauen kann gegeben werden durch die Auszeichnung als so genannter „Trusted Shop", durch die Möglichkeit, den Kauf in jeder Phase abbrechen zu können und durch ständige Rückkopplung über die nächsten Schritte.

Fragen zu persönlichen Angaben sollten minimiert werden, da Studien erwiesen haben, dass User ungern mehr Informationen als notwendig im Internet über sich geben und übermäßige Fragen damit den Kauf gefährden könnten.

Weiterhin sollte Flexibilität in Form von verschiedenen Zahlungsweisen gegeben sein. Eine Lieferverfolgung hilft, der Ungeduld und Ungewissheit, die im Gegensatz zum direkten Kauf besteht, entgegenzuwirken. Falls der Kunde aus Gründen der Sicherheit oder zu hoher Komplexität beim Kaufvorgang doch lieber per Telefon oder Fax kaufen möchte, sollten im Verkaufsmodul jederzeit die Kontaktdaten angezeigt werden. Bei Onlinepräsenzen von Filialunternehmen und Warenhauskonzernen sollte eine Standortbestimmung und -suche im System ermöglicht werden, sodass der Kauf, wenn gewünscht, auch in der analogen Welt erfolgen kann.

After-Sales-Phase

Das Unternehmen sollte den Kunden nach dem Kauf weiter betreuen, denn gerade dann gibt es zahlreiche Möglichkeiten, mit Kunden in Kontakt zu treten. In den meisten Fällen führt das zu einem Wiederkauf. Nach dem Kauf findet beim Kunden ein intensiver Bewertungsprozess statt, in dem er das Produkt und die Leistungen beurteilt. Wenn sich in dieser Phase weitere Kontakte ergeben, besteht die Chance, dass der Kunde positive Erlebnisse mit dem Produkt und dem Unternehmen hat.

Die Zufriedenheit mit dem Produkt allein reicht bei weitem nicht aus, um solche positiven Erlebnisse zu generieren. Damit wurden allenfalls die berechtigten Erwartungen erfüllt. Sie müssen diese Erwartungen übertreffen und den Kunden begeistern. Wie Sie dies erreichen, hängt davon ab, um welchen Kundentyp und welche Kundenart es sich handelt.

Viele Serviceaufgaben können durch das Internet kostensparend, convenient und unkompliziert abgewickelt werden. Mögliche Fragen sind:

- ▶ Wohin kann ich das Produkt zur Reparatur bringen?
- ▶ Kann ich eine Gebrauchsanweisung bekommen, ich habe meine verloren?
- ▶ Gibt es für X noch eine Erweiterungseinheit Y?
- ▶ Gibt es auch im Land Z eine Vertretung?
- ▶ Wie lange wird X noch produziert?
- ▶ Welcher Fehler könnte ABC sein?
- ▶ Wie wurden die Produkte des Unternehmens in der Presse oder von Unabhängigen Instituten (Warentest) besprochen?

Empfehlenswert ist, bald nach dem Kauf ein Mailing zu versenden, mit der Bitte um Meinung zu dem gekauften Produkt, der Schilderung von Problemen, Beschwerden usw. Auch das Ausfüllen von Online-Fragebögen zur Informationsgewinnung und um dem Kunden das Gefühl zu geben, ernst genommen zu werden. Diese Nutzererfahrungen können verwendet werden, um neue Kunden anzuziehen. Mit vertretbarem Aufwand lassen sich Kunden durch Kundenzeitschriften oder Newsletter, aber auch in einer Internet Community sogar individuell betreuen. Wenn bekannt ist, welches Produkt zu welchem Zweck eingesetzt wird, können auch individuelle Informationen bereitgestellt werden. Regelmäßige Newsletter erinnern den Kunden unverbindlich an die Firma bzw. das Produkt und zeigen die Aufmerksamkeit der Firma dem Kunden gegenüber.

Im Rahmen von After-Sales-Service sollte auch die Frage gestellt werden, ob bei technischen Produkten noch ein Kundendienst vor Ort notwendig ist. Nimmt man diesem durch das Internet einen Gewinnbringer weg, so besteht das Risiko mangelnder Kundenbetreuung. In diesem Fall empfiehlt es sich, die Händler vor Ort in das Vertriebskonzept einzubinden, den virtuellen Ort der Beschaffung zu zentralisieren, den Auslieferbetrieb in seiner bisherigen

Form vor Ort zu belassen und ihn am entstehenden Umsatz zu beteiligen, damit das Kundendienstsystem erhalten bleibt.

Im Internet lässt sich nicht messen, wer die Site wieder verlassen hat, ohne zu kaufen. Daher muss mehr Controlling und Marktforschung betrieben werden als beim persönlichen Verkauf mit direktem Feedback und Verkaufsberichten.

4. Studie: FH Darmstadt untersucht Internet-Auftritt von Immobilienunternehmen

Im Sommer 2003 wurde von Studenten der Fachhochschule Darmstadt eine Analyse des Internet-Auftritts von großen Immobilienunternehmen durchgeführt. Diese Homepage-Analyse gibt Aufschluss darüber, wie gut sich die Unternehmen im World Wide Web präsentieren. Als Bewertungsgrundlage dienten sowohl subjektiv empfundene Qualitätskriterien einer Webseite, wie etwa Design, Inhalt, Dialogorientierung, Ergonomie, Personalisierung und Zielgruppenorientierung, als auch objektive Kennziffern wie ein HTML-Check (d.h. Ermittlung der Programmierfehler im Quelltext) oder die Messung theoretischer Ladezeiten (bei ISDN, Modem oder der Verwendung von modernen ADSL-Techniken).

An dieser Stelle muss erläutert werden, dass die subjektive Bewertung immer stärker als die objektive zu gewichten ist: Der potenzielle Kunde wird seine persönliche Meinung zum Webauftritt in der Praxis immer subjektiv manifestieren. Aus diesem Grund wurde in dieser Analyse der subjektive Teil mit 75 Prozent bewertet. Die Fehlerfreiheit im Quellcode sowie die Ergebnisse der Ladezeitanalyse wurden jeweils mit 12,5 Prozent gewichtet.

Insgesamt wurde der Internet-Auftritt von 71 Unternehmen untersucht. Das Ergebnis der Untersuchung wurde in vier Gruppen aufgeteilt, wobei das arithmetische Mittel der Branche insgesamt bei der Note 2,6 lag. Als Berechnungsgrundlage lagen nur die im Rahmen der Projektarbeit ermittelten Daten zugrunde. Die Internet-Auftritte der Unternehmen wurden folgendermaßen bewertet:

- ▶ 7 Internet-Präsenzen: exzellente Internet-Präsenz, die Wettbewerbsvorteile sichert
- ▶ 23 Internet-Präsenzen: guter bis sehr guter Webauftritt, gegebenenfalls könnten geringe Details verbessert werden
- ▶ 20 Internet-Präsenzen: akzeptable Internet-Präsenz, bei der Verbesserungen vorgenommen werden sollten, sofern dies Kosten-Nutzen-Analysen erlauben

▶ 10 Internet-Präsenzen: mangelhafte Internet-Präsenz, bei der unbedingt Verbesserungen vorgenommen werden sollten

▶ 11 Internet-Präsenzen: die Homepage besitzt gravierende Fehler; über eine komplette Überarbeitung oder einen ganz neuen Webauftritt sollte nachgedacht werden

Die Ergebnisse der Untersuchung besaßen eine hohe Streuung; es waren sowohl sehr gute als auch sehr schlechte Webpräsenzen dabei. Insgesamt kann man mit den Ergebnissen der Branche nicht zufrieden sein, da die Durchschnittsnote 2,6 betrug.

Die Analyse der einzelnen Websites innerhalb der Untersuchung ergab, dass häufig zwei Realisierungstechniken verwendet wurden:

1. Webseiten, die ihren Inhalt aus Datenbanken beziehen (neuronale Netze),

2. klassische Webseiten-Programmierung.

Letztere Alternative wird künftig allmählich durch datenbankbasierte Webseiten zum Zweck der zielgruppenspezifischen Kundenansprache ersetzt, da diese mehr Möglichkeiten bieten und eine schnellere Aktualisierung erlauben. Ein Blick auf das Ranking verdeutlicht diese Feststellung. Datenbankbasierte Seiten liegen überwiegend im oberen Feld. Man kann sie oftmals an der Endung „.php" im Verzeichnispfad (falls sichtbar) erkennen. Aber auch klassische Seiten können sich behaupten.

Außerdem konnten im Rahmen der Analyse immer wieder gleiche oder ähnliche Homepage-Komponenten entdeckt werden. Eine davon ist die Suchfunktion per Datenbankabfrage. Entweder kann der User mit ihrer Hilfe die Webseite nach Stichworten oder Immobilien nach Suchkriterien durchsuchen. So erhält der Informationssuchende schnell und zuverlässig Auskunft in planbarem Umfang; Verkaufsverhandlungen können im Idealfall auf den reinen Geschäftsabschluss reduziert werden.

Viele Unternehmen versuchen durch das Bereitstellen von zusätzlichem Inhalt, mehr Interesse seitens der Internet-Nutzer zu generieren. Die Möglichkeiten scheinen unbegrenzt. Von der kostenlosen Versendung elektronischer Postkarten bis hin zu hilfreichen Hyperlinks mit Themenbezug (z.B. Adressen von Umzugs-Dienstleistungsunternehmen) bietet sich ein breit gefächertes Spektrum.

Eine andere Form der Positionierung gegenüber dem Wettbewerb ist die multisensuale Kundenansprache. Bei http://www.gwg-muenchen.de kann man sich etwa Videos anschauen. Teilweise werden auch Musik-Trailer verwendet. Mit der Verwendung neuer Programmierungstechniken ändern sich langsam aber sicher auch die Darstellungsmöglichkeiten. Oft können Internet-Nutzer mit dynamischen (sich bewegenden) Homepage-Elementen auch emotional angesprochen werden. Besonders der Programmierung mit Macromedia Flash® kommt nach und nach mehr Bedeutung zu, sie lässt das Surfen zum aktiven Erlebnis werden. Einen guten Überblick über die Möglichkeiten dieser Technik zeigt die Webpräsenz unter http://www.ths.de, welche auch aufgrund ihrer Ergonomie beeindrucken kann. Das bisherige Problem dieser Darstellungsmethode, die relativ hohen Ladezeiten, wird mit dem Ausbau der Infrastruktur durch die Internet Service Provider (z.B. T-Online) immer geringfügiger.

Eine emotionale Konditionierung, bei der User teilweise sogar ganze Erlebnisse mit Produkten verknüpfen, wird auch durch die Verwendung von Bildern und Abbildungen generiert. Die meisten untersuchten Unternehmen setzen die wissenschaftlich nachgewiesene Bildwirkung bereits für ihre Zwecke ein. Bilder lassen sich schneller gedanklich verarbeiten als Text und lockern das Erscheinungsbild auf. Darstellungen sollten ladezeitenfreundlich komprimiert sein, dennoch aber angemessene Qualität aufweisen.

Durch den Einsatz von Formularfeldern können Anfragen zielgerichtet an den zuständigen Mitarbeiter geleitet werden. Meistens werden im Bereich der Wohnungswirtschaft Objektgruppen verschiedenen Mitarbeitern zugeordnet. Formularfelder erhöhen somit die Kommunikationsgeschwindigkeit, vereinfachen den Dialog und verhindern Doppelverrichtungen innerhalb eines Unternehmens. Die Effizienz der Arbeitsleistung kann so sinnvoll und kostengünstig verstärkt werden.

Mehr Beachtung sollten die Unternehmen auf die Personalisierung ihrer Webseiten legen. Eine stark spezifische Zielgruppenansprache wie bei http://www.eigenebude.de, die sich speziell an junge Kundensegmente richtet, gibt es sehr selten. Eine gute Idee hatten viele Unternehmen durch passwortgeschützte Mitgliederbereiche, in denen zusätzlicher Service angeboten wird. Eine starke Kundenbindung wird so ermöglicht.

Abschließend muss gesagt werden, dass das Erstellen einer Homepage für Unternehmenszwecke wie jedes IT-Projekt mit betriebswirtschaftlichen Aufgabenstellungen nicht allein von Informatikern durchgeführt werden sollte. Für eine erfolgreiche Konzeption werden interdisziplinäre Kenntnisse aus verschiedenen Wissenschaften benötigt. Techniken wie eine Kosten-Nutzen-Analyse müssen dabei ebenso berücksichtigt werden wie Konkurrenz- und Marktanalysen. Wichtig ist es auch, die Anforderungen und Funktionen durch ein gut konzipiertes Pflichten- bzw. Lastenheft festzulegen. Bei Homepage-Projekten müssen die in der Betriebswirtschaftslehre bekannten Phasen der Analyse, Planung, Realisation und Kontrolle Anwendung finden, da nur so befriedigende Ergebnisse erreichbar sind. Neuzeitliche Ausdrücke wie Online Marketing zeigen den Trend – der Internet-Auftritt ist definitiv eine zentrale Unternehmensaufgabe geworden.

Literatur

Ahlert, D./Becker, J./Schütte, P.: Internet & Co im Handel, Berlin, Heidelberg, New York 2000.

Fritz, W.: Internet-Marketing und Electronic Commerce, 2. Auflage, Wiesbaden 2002.

Hesse, J./Neu, M./Theuner, G.: Marketing Grundlagen, Berlin 1997.

Krause, J.: Praxishandbuch Electronic Commerce, München, Wien 1999.

Neu, M.: Kundenbindung und -pflege mithilfe des persönlichen Verkaufs, S. 55 – 94, in: Hesse, J./Kaupp, P.(Hrsg.): Kundenkommunikation und Kundenbindung, Berlin 1997.

Weiber, R.: Handbuch Electronic Business, Wiesbaden 2002.

Minimierung von Kosten und Risiken mittels Sales-Outsourcing

Wolfgang Ober (European Access Group GmbH)

1. Voraussetzungen für Sales-Outsourcing

Die Erschließung neuer Märkte ist in der Regel mit hohen Kosten und demzufolge enormen Risiken verbunden. Umfangreiche Investitionen müssen getätigt werden, damit sich der Umsatz positiv entwickeln kann. Rechtliche Fragen müssen gelöst werden (Unternehmensart, z. B. GmbH, AG, KG etc.) und nahezu die komplette Infrastruktur (Buchhaltung, Rechnungswesen, Büroräume, Verträge, IT-Infrastruktur etc.) muss aufgebaut werden. Extrem kritisch und zeitintensiv gestaltet sich die Aufgabe, die (richtigen) Mitarbeiter oder eventuell ganze Teams zu rekrutieren. Geeignetes Personal (der richtige Mix) muss gefunden und unter Vertrag genommen werden. Seien es nun Prozesse im Unternehmen an sich, die Akquisition neuer Partner oder die Auswahl von Agenturen oder spezialisierten Dienstleistungsunternehmen, es gibt viel zu tun, bis eine entsprechende Marktpräsenz in den jeweiligen Absatzkanälen aufgebaut ist. Die Risiken und Kosten sind einfach zu hoch, als dass man sich Fehler erlauben kann.

Die Dienste eines Sales-Outsourcing-Services können unter gewissen Voraussetzungen diese Risiken erheblich vermindern. Ein professionelles Sales-Outsourcing-Unternehmen bietet seinen Kunden genau die Marketing-, Vertriebs- und Beratungsdienstleistungen an, die benötigt werden, um neue Märkte bzw. Marktsegmente zu erschließen.

2. Sales-Outsourcing-Strategien

Die Sales-Outsourcing-Strategien sind geleitet von Erkenntnissen und Erfahrungen. Man versucht, auf vorhandenen Stärken aufzubauen, und nicht, existierende Schwächen zu kompensieren. Dazu gehört die Identifikation potenzieller Risiken durch eine fundierte Marktanalyse sowie die Erkundung regionaler Potenziale und Möglichkeiten. Unternehmen benötigen einen systematischen und fortwährenden Prozess der strategischen Planung. Ein großes strategisches Projekt von Zeit zu Zeit ist nicht genug!

Zielkunden für Sales-Outsourcing sind vornehmlich Hersteller und Vertriebsorganisationen für Produkte und Dienstleistungen in den Bereichen, in denen die Kern-Kompetenzen des Unternehmens liegen.

Von entscheidender Bedeutung im Vertrieb ist, wie auch sonst im gesamten Unternehmen, dass die zuständigen Personen und Mitarbeiter für ihre jeweiligen Aufgaben bestens ausgebildet sind. Es bietet sich an, gerade im vertrieblichen Umfeld auf erfahrene Vertriebsprofis zurückzugreifen, die mit einer Vielzahl von Situationen und diversen Kundenverhalten bereits umfassend Bekanntschaft gemacht haben. Ein Junior-Sales-Mitarbeiter wird kaum im Vertrieb komplexer Investitionsgüter als ein adäquater Gesprächspartner akzeptiert werden.

Seriosität und eine gewisse Reife sind hier ebenso von nicht zu unterschätzendem Vorteil wie auch die bereits erwähnten Kenntnisse über Märkte und Kunden. Dieses Personal zu finden und dann auch noch für das eigene Unternehmen zu gewinnen, setzt eine gesunde Portion Glück voraus, was man nicht wirklich planen kann. Selbst Personalberater mit langer Kandidatenliste tun sich oft schwer, hier die geeigneten Profile für das beworbene Unternehmen bereitzustellen. Trotzdem gibt es natürlich durchaus diese Vertriebsprofis mit nahezu idealem Profil. Sie zu finden ist die eigentliche Kunst. Ihre Fähigkeiten werden nur allzu oft unter Wert verkauft.

In einem Umfeld, in dem Sales-Zyklen neun Monate oder sogar länger andauern können, kann man nicht in den ersten drei Monaten kleine Wunder erwarten. Hier kann Sales-Outsourcing eine Möglichkeit sein, ohne langfristige Verpflichtungen dem Unternehmen gegenüber ein mit überschaubaren Kosten versehenes Budget aufzustellen, welches bei Bedarf erhöht oder auch begrenzt werden kann. Dies ist auch der Grund, warum von den meisten Sales-Outsourcing-Unternehmen weitgehend modulare Services angeboten werden.

3. Modulare Services

Je nach Bedarf beinhalten diese Dienstleistungen die gesamte Vertriebsstrategie, die dazugehörige Vertriebsplanung, aber auch – ganz besonders wichtig – die aktive Vertriebsexekution! Ein gutes Sales-Outsourcing-Unternehmen verfügt hierbei über breite Kernkompetenz. Darüber hinaus sollten bei Bedarf zusätzliche Ressourcen (Firmenform GmbH, AG, KG etc.) zur Verfügung stehen.

Die Mitarbeiter eines Sales-Outsourcing-Unternehmens sollten viele Jahre lang anspruchsvolle Positionen in renommierten Unternehmen der entsprechenden Branche bekleidet haben. Diese Erfahrungen, sowohl auf nationaler wie auch auf internationaler Ebene, bilden die Grundlage für die erfolgreiche Umsetzung der anstehenden Projekte.

Zielkunden sind üblicherweise entweder junge Start-up-Unternehmen, die viel versprechende Ideen, Lösungen oder auch schon Produkte auf den Markt

Das Service-Portfolio

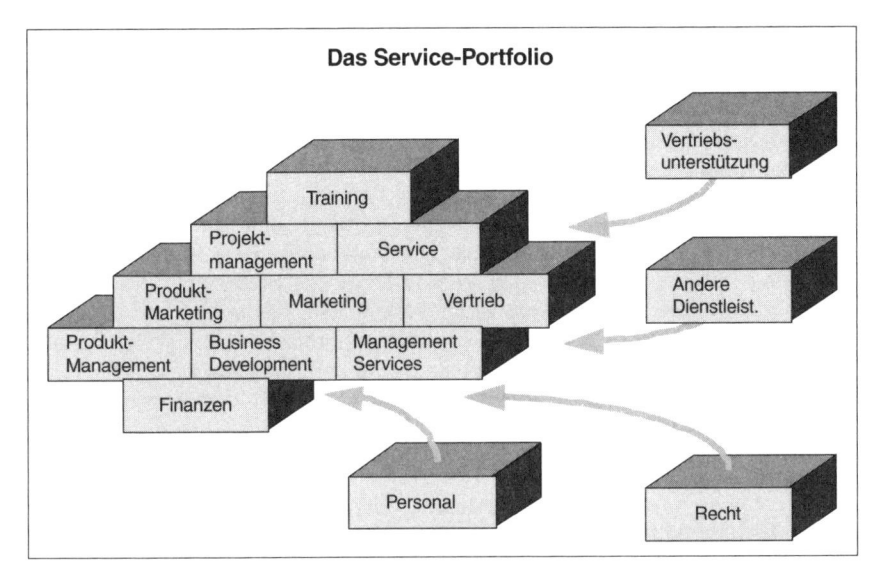

[Diagramm: Modulare Services – Bausteine: Produkt-Management, Produkt-Marketing, Projektmanagement, Training, Business Development, Marketing, Service, Vertrieb, Management Services, Finanzen, Personal, Vertriebsunterstützung, Andere Dienstleist., Recht]

Abbildung 5: Modulare Services

bringen wollen und entsprechende Vertriebs- und Marketing-Kapazitäten aufbauen müssen, oder Spin-offs bereits etablierter Unternehmen, die in neue Märkte bzw. Marktsegmente expandieren möchten. Viele dieser Firmen benötigen neue Ansätze, umfangreiche Erfahrung, gute Verbindungen oder auch routinierte Mitarbeiter auf Zeit, um entsprechende Engpässe überbrücken zu können.

Zu einer umfassenden Vertriebsstrategie zählen unter anderem auch die Geschäftsplanung sowie konsistente und nachvollziehbare Verträge und Konditionen. Abhängig von der Positionierung sind die Vertriebskanäle von entscheidender Bedeutung für eine schnelle und erfolgreiche Umsatzgenerierung. Nach diesen anfänglichen Aufgaben konzentriert man sich auf die Analyse der gesamten Organisation und deren Verbesserung. Mit einem durchzuführenden Prozessdesign und der Einführung von Forecasting und Monitoring kann dann die Optimierung der Vertriebskanäle erfolgen, selbstverständlich versehen mit umfassender Dokumentation und auch ihrer Kommunikation an alle Betroffenen. Als nächste Schritte können dann Key-Account-Management, Sales-Team-Coaching und allgemeines Sales Management in Angriff genommen werden.

4. Channel Sales/Channel Marketing

Elemente & Beispiele

Um die richtigen Vertriebskanäle bedienen zu können, muss zunächst eine Analyse darüber Aufschluss geben, welche Schwerpunkte vom Unternehmen fokussiert werden sollen, um die notwendige Positionierung zu finden. In aller Regel findet eine Reseller-Kategorisierung statt, die in eine Channel Sales & Marketing Datenbank eingetragen wird. Daraus entwickelt sich eine so genannte Deliverable Matrix, in der festgehalten wird, wer was wann zu erledigen hat. Dies geschieht natürlich unter permanenter Kostenkontrolle. Danach wird ein Weg entwickelt, um mit den ausgewählten Resellern optimal zu kommunizieren. Dazu werden Sales-Kits, Dokumentationen und entsprechende Schulungen für die Partner angeboten. Die Web-Präsenz wird entsprechend angepasst und mit Reseller-Marketing-Programmelementen sowie um Werbemaßnahmen erweitert.

Das ureigenste Kapital einer jeden Firma – die derzeitige und auch die zukünftige Kundenbasis – in fremde Hände geben? Mit einem Minimum an Investment (Zeit/Kosten/Personal/Räumlichkeiten) – in aller Regel werden nur geringe Fixkosten, dafür ein hoher Anteil an Provisionen vereinbart, als Büro werden häufig Home-Offices benutzt – kann ein Maximum an Ergebnis (Revenue/Branding/Profit/Kunden) erzielt werden. Allerdings besteht durch die nur lose Bindung an das Unternehmen die Gefahr, dass die Bereitschaft, eine neue Herausforderung außerhalb des Unternehmens anzunehmen, überproportional stark ausgeprägt sein kann. Demgegenüber besteht für das Unternehmen die Möglichkeit, Spezialisten für jede Herausforderung optimal einsetzen zu können. Wechselt die Firmenstrategie oder sei es auch nur, dass sich die Firmenprodukte in diversen Märkten unterschiedlich entwickeln, kann quasi umgehend die Vertriebsstrategie den geänderten Bedingungen angepasst werden. Hohe Flexibilität bei geringst möglichen arbeitsrechtlichen Verpflichtungen garantiert durch die vorhandenen langjährigen Kundenbeziehungen des Outsourcing-Partners eine schnelle Umsatzgenerierung.

Beispiel: Positionierung von Security Produkten

Ein renommiertes Unternehmen erhält durch Firmenakquisition Zugang zu einer neuen Sparte von Produkten: Lösungen im Internet-Security-Bereich. Die derzeitigen Partner sind entweder mangels Ressourcen oder auch bedingt durch ihre eigene Geschäftsphilosophie nicht in der Lage, diese neue Produktlinie des Herstellers in ihr Portfolio aufzunehmen. Die firmeninternen Mitarbeiter, insbesondere die Vertriebsmitarbeiter, fühlen sich in diesem für sie neuen Markt nicht sicher und äußerst unwohl. Die Firmenleitung entscheidet sich, ein Outsourcing-Unternehmen mit Erfahrung im Security-Umfeld hinzuzuziehen. Mit vier Manntagen pro Woche gelingt den Spezialisten innerhalb von sechs Monaten:

- ▶ die Zeichnung eines renommierten Security-Distributors,
- ▶ die Gewinnung von fünf Top-Class-Security-Value-Added-Resellern,
- ▶ die Etablierung dieses Herstellers im Security Markt.

5. Produkte und Vertriebswege – Grundregeln

Produkte müssen durch ihren gesamten Lebenszyklus hindurch betreut werden. Dies geschieht in aller Regel durch die Wahl geeigneter Vertriebskanäle. Der vorhandene Channel Mix ist ein wichtiger Indikator für den „Reifegrad" eines gegebenen Marktes. Die Vertriebskanäle und auch die Vertriebsstrategien müssen demnach auf die individuellen Märkte zugeschnitten werden.

Da sich die Technologie mit der Zeit weiterentwickelt, ergibt sich ein für diesen Unternehmenszweig typischer Technologie-Produkt-Lebenszyklus. Insbesondere die Service-Leistungen reflektieren die „Reife" einer Technologie zu einem gegebenen Zeitpunkt. Es ergibt sich daraus eine logische beste Vertriebsphase im gesamten Lebenszyklus eines Produkts oder auch einer gesamten Technologie. Also müssen die Sales-, Marketing- und Produkt-Strategien an die entsprechenden Vertriebskanäle angepasst werden und notwendigerweise auch den gesamten Vertriebsprozess (vom Hersteller über den Distributor, Händler bis zum Endkunden) in Betracht ziehen.

Beispiel: Aufbau eines Value-Added-Reseller-Netzwerks

Ein Unternehmen mit soliden, vom Markt akzeptierten Produkten besitzt einen nur wenig ausgeprägten Fachhandelskanal. Dem Unternehmen fehlen die organisatorischen Mittel, dem durchaus vorhandenen Interesse der „Value Added Reseller" (VAR) an ihren Produkten hinreichend Aufmerksamkeit zu schenken. Die Einbeziehung eines Sales-Outsourcing-Unternehmens, das sich um die Ansprache und Rekrutierung von potenziellen VARs kümmert, kann die firmeninternen Vertriebsressourcen auf die umsatzstarken Distributoren fokussieren.

Mit einem Arbeitsaufwand von sechs Mann-Tagen pro Woche konnten so innerhalb von zwei Quartalen signifikante Verbesserungen erzielt werden:

- ▶ *Mehr als 60 VARs wurden innerhalb von sechs Monaten gezeichnet.*
- ▶ *Der Umsatz wurde um 40 Prozent gegenüber den Vorjahresergebnissen gesteigert.*
- ▶ *Koordinierte Marketing- und Sales-Aktionen führten zu loyalerem und damit häufigerem Kaufverhalten.*

6. Markt-Segmentation und -Fokus

Ein einfaches Preis-Volumen-Modell

Es ist sicherlich nicht richtig, wenn man nur ein sich nie änderndes Produkt in seinen Analysen zugrunde legt. Es ist eher die Lebenszeit einer gewissen Technologie, die zur Evolution von Produkten beiträgt. Mit der Zeit werden die folgenden typischen Veränderungen offensichtlich:

- Die Marge nimmt ab.
- Das Volumen nimmt zu (Anzahl der Produkte).
- Die Produkte werden einfacher in der Handhabung.
- Es gibt eine standardisierte Technologie bzw. deren Produkte.

Nicht alle Produkte oder Technologien folgen exakt dem „Kurvenverlauf" vom Anfang bis zum Ende (vgl. Abbildung 6). Einige Produkte bzw. Technologien „leben" nur auf einem schmalen Segment dieser Kurve.

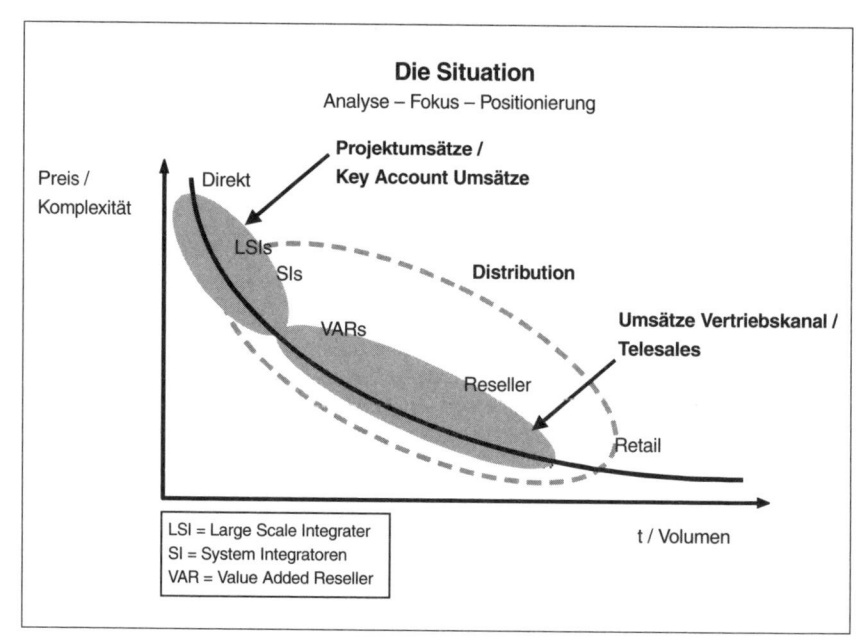

Die Situation
Analyse – Fokus – Positionierung

- Preis / Komplexität
- Direkt
- Projektumsätze / Key Account Umsätze
- LSIs
- SIs
- VARs
- Distribution
- Reseller
- Umsätze Vertriebskanal / Telesales
- Retail
- t / Volumen

LSI = Large Scale Integrater
SI = System Integratoren
VAR = Value Added Reseller

Abbildung 6: Markt-Segmentation

Channel Demografie/„Vertriebslandschaft"

Produktmarketing und länderspezifische Produktmanagement-Funktionen erweisen sich als enorm wichtig, um die Produktentwicklung, den Vertrieb und das Marketing in den Griff zu bekommen. Channel Demografien variieren signifikant in verschiedenen europäischen Ländern und sind deshalb von entscheidender Bedeutung insbesondere für die Vertriebs- und Marketingstrategien in diesen Ländern (vgl. Abbildung 7). Sie reflektieren darüber hinaus auch das spezifische Kundenverhalten und das gängige Kaufmuster in diesen Ländern. Diverse Märkte verlangen demzufolge nach unterschiedlichen Vertriebsstrategien und somit nach verschiedenen Sales-Modellen. Unternehmen müssen ihre Geschäftsmodelle kontinuierlich den Veränderungen am Markt anpassen.

IT-Produkte und Vertriebskanäle
Demografie/Landkarte der Vertriebskanäle

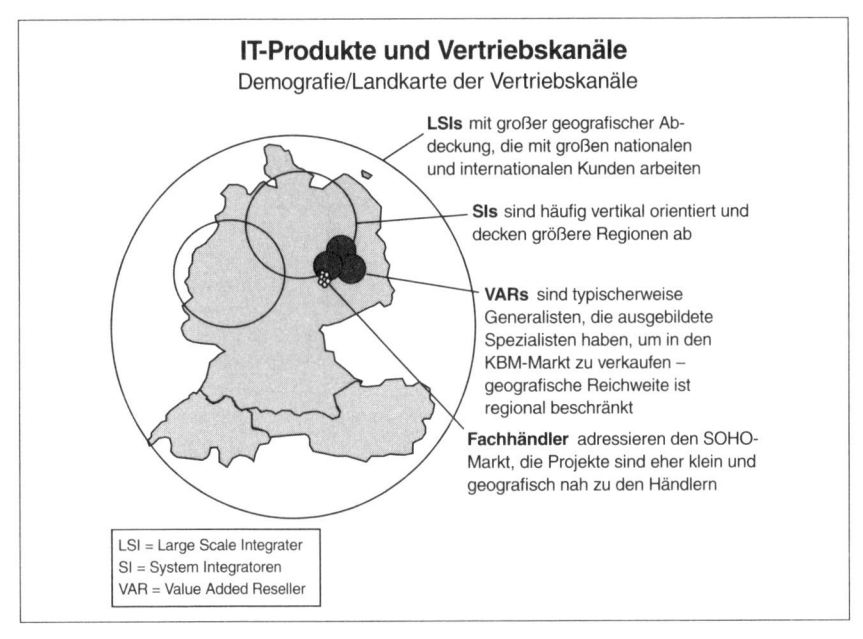

LSIs mit großer geografischer Abdeckung, die mit großen nationalen und internationalen Kunden arbeiten

SIs sind häufig vertikal orientiert und decken größere Regionen ab

VARs sind typischerweise Generalisten, die ausgebildete Spezialisten haben, um in den KBM-Markt zu verkaufen – geografische Reichweite ist regional beschränkt

Fachhändler adressieren den SOHO-Markt, die Projekte sind eher klein und geografisch nah zu den Händlern

LSI = Large Scale Integrater
SI = System Integratoren
VAR = Value Added Reseller

Abbildung 7: Demografie/Landkarte der Vertriebskanäle

Ein bedeutender Faktor für Veränderungen des Geschäftsmodells ist derzeit die e-Technologie. Aufgrund geringer Transaktionskosten über das Internet sinkt die Barriere für einen Markt-Eintritt erheblich. Dies stellt sowohl eine Chance als auch eine Bedrohung der herkömmlichen Vertriebswege dar, Veränderungen müssen also sehr schnell veranlasst und abgeschlossen werden. Dazu muss der gegenwärtige Wertschöpfungsprozess des Geschäftsmodells in separate Schritte unterteilt werden, wobei für jede einzelne Phase der individuelle ROI zu ermitteln ist.

Die Entwicklung strategischer Optionen (Expansion, Outsourcing), die Auswertung dieser Optionen in Zusammenhang mit dem allgemeinen Geschäftsmodell, die Analyse der Wettbewerbsfähigkeit des Unternehmens, die spezifischen Kernkompetenzen sowie die Identifikation von Geschäftsideen für jeden einzelnen Schritt in der Wertschöpfungskette führen dann zu einem neuen, länderspezifischen Geschäftsmodell (vgl. Abbildung 8).

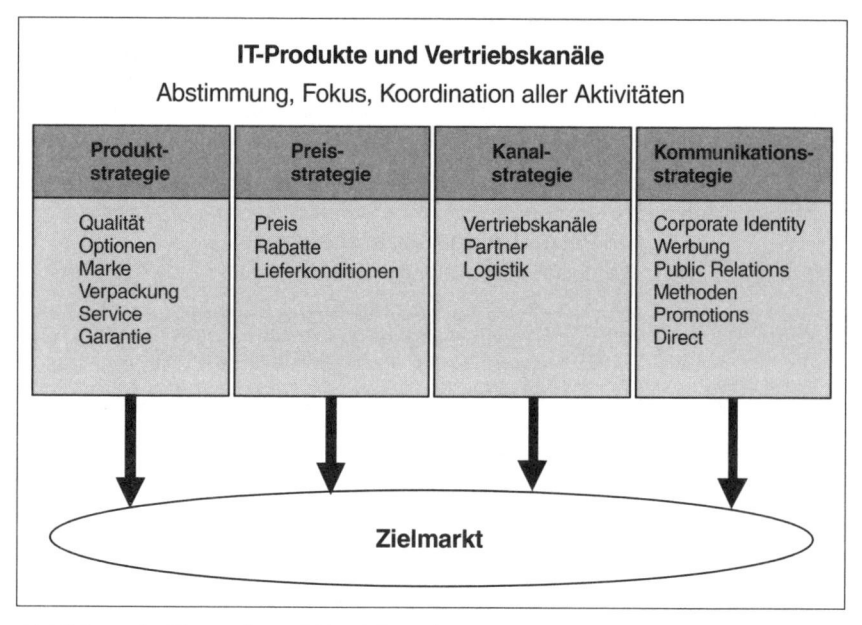

IT-Produkte und Vertriebskanäle
Abstimmung, Fokus, Koordination aller Aktivitäten

Produkt-strategie	Preis-strategie	Kanal-strategie	Kommunikations-strategie
Qualität Optionen Marke Verpackung Service Garantie	Preis Rabatte Lieferkonditionen	Vertriebskanäle Partner Logistik	Corporate Identity Werbung Public Relations Methoden Promotions Direct

Zielmarkt

Abbildung 8: Channel- und Produktoptionen

Wachstum ist einer der wichtigsten Schlüssel für Rentabilität und die Expansion in neue Märkte. Multi-Brand-Strategien gewinnen derzeit ungemein schnell an Bedeutung. Das Kaufverhalten der Kunden zeigt einen Trend, zwischen verschiedenen Markennamen zu wechseln. Die Integration der diversen Marken stellt eine wesentliche Herausforderung dar, die richtige Positionierung ist von enormer Bedeutung. Wo können Synergie-Effekte genutzt werden und wo sind Marken faktisch exklusiv? Sind die Zielmärkte hinreichend differenziert?

7. Zusammenfassung

Unternehmen, die in wirtschaftlich schwierigen Zeiten ihre Ressourcen und finanziellen Gegebenheiten nicht überbelasten können oder wollen, sind gut beraten, auf die Dienstleistungen von Outsourcing-Firmen zurückzugreifen. Wie weiter oben schon erwähnt, bieten erfolgreiche Sales-Outsourcing-Strategien eine Reihe von Vorteilen. Sie sind:

▶ auf Technologien mit hohem „Value Add" fokussiert,

▶ ein Mix aus Top-down-Direktiven des zentralen Managements und individuellen Bottom-up-Planungen der Business Units bei strategischen Planungsprozessen,

▶ definiert durch systematisches Erfassen relevanter Änderungen,

▶ gekennzeichnet durch effektive Zielvereinbarungen, Aufgabendefinitionen und Kontrollmechanismen,

▶ wertschöpfungsorientiert,

▶ hoch effizient hinsichtlich Prozessgeschwindigkeit bei geringen Prozesskosten.

Mit einem überschaubaren Budget können vorübergehende Engpässe überbrückt werden oder firmeninterne Ressourcen an strategisch wichtigen Stellen eingesetzt werden, ohne dass ein ganzer Geschäftszweig darunter leiden muss. Insbesondere im Vertrieb werden in der Regel Vereinbarungen mit hohem Provisionsanteil geschlossen, der Vertrieb zahlt sich also quasi erst nach erfolgreicher Vertriebstätigkeit von selbst. Man sollte jedoch Vorsicht walten lassen bei so genannten 100-Prozent-Komissionsregelungen. Oft ist es für das Unternehmen besser, ein Fixum in Höhe von 15 bis 20 Prozent des vereinbarten Honorars zu garantieren. Die Motivation der externen Vertriebsmitarbeiter ist hier deutlich höher ausgeprägt, die (virtuelle) Bindung an das Unternehmen viel stärker und auch die Bereitschaft, bei attraktiven neuen Angeboten den jetzigen Vertrag (auch vorzeitig) zu beenden, deutlich geringer ausgeprägt. Darüber hinaus behält das Unternehmen die Flexibilität, auf wechselnde Situationen schnell und effizient antworten zu können, sei es durch Reduzierung oder auch Anforderung weiterer spezieller, externer Ressourcen. Ein solides Vertragswerk ist selbstverständlich Grundlage für Outsourcing, und es sollte darauf geachtet werden, dass Dienstverträge den Datenschutz-Paragraphen § 5 BDSG bzw. Art. 14 BDSG des Bundes-Daten-Schutz-Gesetzes (BDSG) beinhalten.

Vertriebsoptimierung in Banken: Ein Ansatz für das Retailgeschäft

Christoph von Stillfried (zeb/sales.consult)

1. Einleitung

„Banken offenbaren Defizite in der Kundenberatung (Börsen-Zeitung 22.10. 2003)" – diese und eine Vielzahl vergleichbarer Negativmeldungen waren in den vergangenen Jahren in der Presse zu lesen. Warum steht der Vertrieb der Banken so massiv in der Kritik? Welche Veränderungen am Markt für Finanzdienstleistungen lassen die bewährten Vertriebssysteme heute nicht mehr zeitgemäß erscheinen, und wie kann diesen Veränderungen begegnet werden? Der folgende Beitrag soll auf diese Fragen einige Antworten geben und einen möglichen Lösungsweg vorschlagen. Aufgrund der Heterogenität des Marktes soll dabei nur das Privatkundengeschäft betrachtet werden.

Vergleicht man die heutige Situation am Finanzdienstleistungsmarkt für private Kunden mit der vor einigen Jahren, so fällt auf, dass sich verschiedene Änderungen sowohl auf der Anbieter- als auch auf der Nachfragerseite ergeben haben. Als wichtigster Aspekt auf der Anbieterseite ist der Markteintritt zahlreicher spezialisierter Institute hervorzuheben. Zu nennen sind hier in erster Linie die Direktbanken und Discountbroker, die über Niedrigpreisstrategien erhebliche Marktanteile gewinnen konnten. Möglich wurde dieser Erfolg der Direktbanken erst durch die Veränderungen im Verhalten auf der Nachfragerseite: Diese sind heute wesentlich eher zu einem Wechsel ihres Kreditinstituts bereit (Abnahme der Kundenloyalität). Dabei entscheidet sich heute ein Kunde bewusster für ein bestimmtes Institut – wobei meist entweder eine hohe Preissensibilität oder gehobene Anforderungen an Service- und Beratungsqualität für die Auswahl entscheidend sind. Entsprechend dieser gestiegenen Präferenz der Kunden für klare Marktpositionen ist die heutige Situation für Institute, die bisher weder als eindeutige Preis- noch als Qualitätsführer aufgetreten sind, wesentlich schwieriger. Diese Situation trifft insbesondere für viele Regionalbanken und Sparkassen zu, die sich in der Vergangenheit in erster Linie über ihren regionalen Bezug und ihre Nähe zur örtlichen Kundschaft positioniert haben. Entsprechend mussten bei diesen Instituten in den vergangenen Jahren zum Teil erhebliche Marktanteilsverluste hingenommen werden.

Natürlich haben die Regionalbanken und die Sparkassen auf diesen Marktwandel reagiert. Es wurden umfangreiche Konzepte entwickelt, die den Vertrieb an die veränderten Rahmenbedingungen anpassen sollen (Bsp.: DSGV: „Sparkasse 2010"; BVR: "Bündelung der Kräfte"). Bei diesen Konzepten stehen strategische Aspekt wie beispielsweise die Marktsegmentierung oder die Rolle und Ausgestaltung von Vertriebswegen, im Vordergrund – für die Vertriebsmitarbeiter haben sie somit eher einen Rahmencharakter. Aufgabe des Vertriebsmanagementes ist es nun, diesen strategischen Rahmen „mit Leben zu füllen", sodass eine vom Kunden deutlich wahrnehmbare Änderung im Marktauftritt der Institute stattfindet. Da die Kundenwahrnehmung maßgeblich durch das Verhalten der Vertriebsmitarbeiter geprägt wird, bedeutet dies für das Vertriebsmanagement, dass Maßnahmen gefunden werden müssen, dieses Verhalten in einer bestimmten Weise zu beeinflussen.

Die anfangs formulierte Fragestellung nach einem möglichen Lösungsweg kann nun präzisiert werden: In welcher Weise soll das Verhalten der Vertriebsmitarbeiter verändert und wie kann dies durch das Vertriebsmanagement erreicht werden? Da sich diese Fragen nicht pauschal für das gesamte Privatkundengeschäft einer Bank beantworten lassen, konzentrieren wir uns hier auf das Geschäftsfeld Retailgeschäft. Als Retailgeschäft wird das Geschäft mit Kunden im unteren und mittleren Einkommens- und Vermögensbereich bezeichnet.

Die Fokussierung dieses Geschäftsfelds erfolgt aus zwei Gründen:

- ▶ Regionalbanken und Sparkassen sind von den anfangs angesprochenen Problemen am stärksten betroffen. Das Retailgeschäft stellt ihr typisches Kerngeschäftsfeld dar.

- ▶ Die Probleme im Retailgeschäft sind häufig besonders eklatant, da die Renditeaussichten in diesem Geschäftsfeld in der Vergangenheit als gering eingeschätzt wurden. Entsprechend wurde dem Retailgeschäft häufig eine nachrangige Bedeutung beigemessen. Dass es sich hier um eine Fehleinschätzung handelt, haben erfolgreiche Institute wie die Post- und die Citibank gezeigt. Eine aktuelle Marktstudie, die erhebliche Ertragspotenziale in diesem Geschäftsfeld identifiziert, unterstützt diese Aussage (zeb/Studie „Der Vertrieb im deutschen Privatkundengeschäft", 2003).

Die hier aufgezeigten Lösungsmöglichkeiten beschränken sich auf Maßnahmen, die als Bestandteil des Vertriebsmanagements zu sehen sind, also Maßnahmen, die direkt steuernd in die Vertriebsaktivitäten eingreifen. Maßnahmen, welche sich indirekt auf die Vertriebsleistung auswirken, wie etwa die Optimierung von bankinternen Prozessen – dies kann zu einer Erhöhung der zur Verfügung stehenden Vertriebszeit und somit zu einer Stärkung der Vertriebsleistung führen – werden hier nicht betrachtet.

2. Herausforderungen für das Vertriebsmanagement

Bevor Handlungsvorschläge für das Vertriebsmanagement im Retailgeschäft gemacht werden, soll die aktuelle Situation im Vertrieb in diesem Geschäftsfeld näher beleuchtet werden.

Die organisatorischen Regelungen für eine gezielte Bearbeitung des Marktsegments „Retailkunden" sind in den meisten Instituten getroffen: Wie auch von den eingangs erwähnten Konzepten empfohlen, sind die Kriterien zur Abgrenzung des Segmentes definiert, die für die Beratung verantwortlichen Mitarbeiter sind benannt und die entsprechenden Vertriebswege sind aufgebaut. Zu prüfen ist nun, ob die heute stattfindende Bearbeitung geeignet ist, die Ertragpotenziale in diesem Marktsegment zu realisieren. Wenn man sich bei der folgenden Betrachtung auf die Potenziale der Bestandskunden beschränkt (die bereits erwähnte Studie identifiziert diese Potenziale in erheblichem Umfang), ist dann von einer Potenzialausschöpfung zu sprechen, wenn bei *allen Kunden* des Instituts *alle Bedürfnisse* nach Finanzdienstleistungen befriedigt werden. Die Prüfung der Marktbearbeitung muss dementsprechend zwei Aspekte fokussieren:

▶ Werden *alle Kunden* des Instituts regelmäßig angesprochen oder konzentriert sich die Beratung auf einen Teil des Kundenstamms, während der andere Teil der Kunden weitgehend unbeachtet bleibt? Diese Frage nach der Durchdringung des Kundenstamms ist in erster Linie eine Frage nach der Systematik in der Kundenansprache.

▶ Werden bei den Kunden im Rahmen von Beratungsgesprächen systematisch *alle Bedürfnisse* nach Finanzdienstleistungen aufgedeckt und befriedigt oder konzentriert sich die Beratung meist auf ein einzelnes Bedürfnis oder Produkt? Für diese Frage nach der Durchdringung des Kundenbedarfs ist die Vorgehensweise bei der Beratung von entscheidender Bedeutung.

Betrachtet man zunächst die Systematik der Kundenansprache, fällt auf, dass im Retailgeschäft die Herstellung von Kontakten zwischen Berater und Kunde vorwiegend passiv geprägt ist – bei über der Hälfte aller Gespräche liegt die Initiative beim Kunden (Beispielinstitut). Das Verständnis des Bankgeschäfts als reines „Bringgeschäft" ist bei den Beratern noch vorherrschend, und systematische Terminvereinbarungen für Kundengespräche sind nicht der Normalfall (nur etwa ein Drittel aller Gespräche). Insbesondere die Kunden, die Servicedienstleistungen über SB-Technik und Internet nutzen und kaum auf eigene Initiative persönlichen Kontakt zu Kundenberatern suchen, bleiben bei der Marktbearbeitung häufig unbeachtet. Bereits an dieser Stelle ist also festzustellen, dass Maßnahmen zur Systematisierung der Kundenansprache und somit zur Durchdringung des Kundenstamms ein Thema für ein verbessertes Vertriebsmanagement sind.

Der zweite Aspekt einer konsequenten Marktbearbeitung richtet sich auf die Durchdringung des Kundenbedarfs – also die Identifikation und Befriedigung aller Kundenbedürfnisse nach Finanzdienstleistungen im Rahmen des Kundengesprächs. Die Vorgehensweise bei der Beratung sieht heute meist so aus, dass der Vertriebsmitarbeiter der Bank – entweder bei der Vorbereitung oder während des Gesprächs – ein oder zwei Produkte auswählt, von denen er annimmt, dass diese zur aktuellen Bedarfssituation des Kunden passen. Auf diese Produkte wird im Gespräch intensiv eingegangen. Das Produkt steht somit im Mittelpunkt des Gesprächs; wesentliche Zeitanteile werden zur Darstellung von Eigenschaften und Details sowie von Konditionen verwendet. Gute Ausstattung von Produkten und günstige Konditionen sind die Argumente, mit denen der Kunde von der Vorteilhaftigkeit eines Produkts überzeugt werden soll. Der Produktbezug zum eigentlichen Bedürfnis (wie beispielsweise finanzielle Sicherheit oder ein bestimmter Konsumwunsch) wird nicht hergestellt – der Verkauf erfolgt rein über inhaltliche Produktdetails. Gleichzeitig sollen diese Details noch eine weitere Funktion erfüllen: Über die Herausstellung bestimmter Produkteigenschaften wird versucht, eine Differenzierung gegenüber den Wettbewerbern zu erzielen.

Die Erfolgsquote – nur in etwa jedem zweiten Gespräch kann ein Kunde von der Vorteilhaftigkeit eines Produkts überzeugt und zu einem Abschluss bewegt werden – weist darauf hin, dass diese Vorgehensweise nicht immer treffsicher ist. Berücksichtigt man zudem, dass Produkteigenschaften in der Kundenwahrnehmung wenig zur Differenzierung gegenüber Mitbewerbern geeignet sind, wird deutlich, dass diese Beratungsweise kaum tauglich ist, dauerhafte Kundenbindungen aufzubauen. Die Konditionsfrage tritt für den Kunden zwangsläufig in den Vordergrund. Ferner bewirkt die gezielte Empfehlung von ein oder zwei isolierten Produkten, dass eine Durchdringung des gesamten Kundenbedarfs nicht gelingen kann, da dieser nicht in seiner Gänze beleuchtet wird. Beobachtungen aus der Praxis, die zeigen, dass derzeit nur in etwa jedem vierten erfolgreichen Gespräch mehr als ein einzelnes Produkt verkauft werden kann, belegen diese Aussage. Damit kann festgehalten werden, dass auch die Vorgehensweise bei der Kundenberatung ein Thema ist, das durch das Vertriebsmanagement bewegt werden muss.

Wie eine Verbesserung sowohl der Kundenansprache als auch der Führung von Kundengesprächen gelingen kann, wird im Folgenden erläutert. Vorab soll an dieser Stelle auf eine Besonderheit des Retailgeschäfts eingegangen werden: Aufgrund der relativ begrenzten finanziellen Spielräume der typischen Kunden diesen Segmentes sind die möglichen Geschäftsvolumina und die Ertragsstärke der Kunden begrenzt. Für das Vertriebsmanagement bedeutet dies, dass die Kundenansprache und -beratung nicht „um jeden Preis" zu intensivieren ist, sondern dass dieses unter einer strengen Kostenrestriktion erfolgen muss.

3. Systematische Kundenansprache und -beratung

Mit der Zielvorgabe einer verbesserten Durchdringung des Kundenstamms durch eine aktive Kundenansprache und einer Durchdringung des Kundenbedarfs durch eine systematische Vorgehensweise bei der Beratung wird in der Wahrnehmung des Kunden eine Marktpositionierung im Bereich der Leistungsführerschaft angestrebt. Durch diese Positionierung kann der Preiswettbewerb mit den Direktbanken vermieden, den Kundenforderungen nach einer hohen Service- und Beratungsqualität entsprochen und die verminderte Loyalität wieder hergestellt werden. Der starke regionale Bezug, das dichte örtliche Filialnetz und die kulturelle Nähe zur Kundschaft sind Eigenschaften, die eine solche Positionierung für Regionalbanken und Sparkassen besonders begünstigen. Die relevante Frage ist also die folgende: „Wie können Anspracheverhalten und Vorgehensweise bei der Beratung auf effiziente Weise verbessert werden?"

Im ersten Schritt soll ein Lösungsweg zur Etablierung einer systematischen Kundenansprache vorgeschlagen werden. Als Faktoren, die den Erfolg eines solchen Lösungswegs im Wesentlichen determinieren und somit unbedingt Berücksichtigung finden müssen, sind die folgenden fünf Punkte zu nennen:

▶ Es sollen nur die Kunden angesprochen werden, die ein bestimmtes Ertragspotenzial aufweisen.

▶ Die Ansprache soll sich auf die Kunden konzentrieren, bei denen zum Anspachezeitpunkt die Wahrscheinlichkeit nach offenen Bedürfnissen besonders hoch ist.

▶ Für die Kundenansprache müssen nicht nur konkrete operative Ziele vereinbart werden – die Einhaltung dieser Ziele muss sich auch messen lassen.

▶ Um der Kostenrestriktion Rechnung zu tragen, soll die Kundenansprache möglichst wenig Zeit des Beraters binden.

▶ Die Kundenansprache soll möglichst erfolgreich sein, das heißt, es sollen möglichst viele Kunden motiviert werden, an einem Beratungsgespräch teilzunehmen.

Aufgabe des Vertriebsmanagements ist es, klare Regelungen und Zuständigkeiten zu schaffen, die eine Erfüllung dieser Anforderungen sicherstellen. Als erstes ist zu definieren, welche Kunden mangels Potenzial nicht angesprochen werden sollen – als Beispiele sind hier ortsfremde Kleinsparer, Kunden mit negativem Schufa-Eintrag oder Kunden unter einem bestimmten Mindesteinkommen und -vermögen zu nennen. Diese „non-akquisition-clients" sind in der EDV so zu kennzeichnen, dass sie von allen Anspracheaktivitäten ausgenommen werden.

Die zweite Anforderung zielt auf den optimalen Ansprachezeitpunkt. Um diesen Zeitpunkt zu finden, gibt es verschiedene Möglichkeiten, die von der Berater-initiierten Ansprache über maschinelle Anlassgenerierungs- und Selektionsverfahren bis hin zur zufallsgesteuerten Ansprache der Laufkundschaft in den Servicebereichen der Institute reicht. Da im Retailgeschäft die Geschäftsbeziehungen nicht so intensiv sind, dass die Berater stets über die jeweils aktuelle Situation ihrer Kunden informiert sind und somit eine zielgenaue Berater-initiierte Ansprache nicht möglich ist, empfehlen sich für dieses Marktsegment besonders die maschinellen Verfahren. Anhand von Daten zu Zahlungsverkehr, Lebenssituation und aktueller Produktnutzung der Kunden, werden die Kunden selektiert, bei denen ein offenes Bedürfnis nach Finanzdienstleistungen vermutet wird.

Um der dritten Anforderung Rechnung zu tragen, sind durch das Vertriebsmanagement Soll-Werte für Initiativen bzw. Kontaktfrequenzen festzulegen. Gleichzeitig bedarf es einer Methode bzw. eines Controllinginstruments, um die Einhaltung dieser Soll-Werte zu überprüfen.

Die vierte und fünfte Anforderung stellen die Frage nach der Person, durch welche die Kundenansprache erfolgen soll. Sofern Ziel der Kundenansprache die Terminvereinbarung ist und somit kein umfassendes Fach-Know-how erforderlich ist, sollte zur Entlastung der Berater die Ansprache durch ein Outbound-Call-Center erfolgen. Durch die Wahl dieses Anspracheweges wird gleichzeitig die Einhaltung der Ansprachequoten sichergestellt. Zusammenfassend ist zu sagen, dass durch die hier aufgeführten Maßnahmen der Forderung nach einer aktiven und systematischen Kundenansprache Rechnung getragen werden kann.

Wie bereits dargestellt, ist neben der systematischen Kundenansprache die strukturierte Vorgehensweise bei der Beratung der zweite Ansatzpunkt zur Hebung von Ertragspotenzialen. Auch zu diesem Aspekt sollen zunächst die Anforderungen des Retailgeschäfts herausgehoben werden:

▶ Es soll systematisch eine Kundenbeziehung aufgebaut werden.

▶ Die Bedürfnisse des Kunden nach Finanzdienstleistungen sollen möglichst vollständig identifiziert werden.

▶ Es sollen weitere Informationen über den Kunden gewonnen werden, welche die Qualität der Selektion zur Ansprache verbessern.

▶ Alle identifizierten Bedürfnisse sollen bereits im Erstgespräch durch entsprechende Produktabschlüsse befriedigt werden.

▶ Die Gesprächsdauer für ein Kundengespräch muss relativ kurz sein (bei einer Relation von ca. 1000 Kunden pro Berater sollte ein Gespräch so konzipiert sein, dass es durchschnittlich nicht länger als 30 Minuten dauert).

Auf den ersten Blick scheinen die ersten vier Anforderungen – diese verlangen ein individuelles Eingehen auf die jeweilige Kundensituation – im Gegensatz zur fünften Forderung nach kurzen Gesprächsdauern zu stehen. Um alle fünf Anforderungen gleichzeitig einzuhalten, soll an dieser Stelle eine Standard-Gesprächsstruktur entworfen werden, die einerseits sicherstellt, dass die Individualität der Kunden ausreichend berücksichtigt wird, aber auch an die zur Verfügung stehende Gesprächszeit angepasst ist. Zu diesem Zweck werden im Folgenden Gesprächsphasen sowie deren Inhalte und Reihenfolge dargestellt. Auch diese orientieren sich an den aufgezeigten Anforderungen an die Kundenberatung. In der ersten Gesprächsphase geht es darum, die Kundenbeziehung aufzubauen – hier sollen sowohl in knapper Form die Erwartungen des Kunden erfragt werden als auch die Marktposition des Instituts als Leistungsführer gegenüber dem Kunden kommuniziert werden. In der darauffolgenden Phase soll die Kundensituation erfasst werden – diese Erfassung umfasst sowohl die Lebenssituation als auch die persönlichen Wünsche und Ziele sowie die gesamte finanzielle Situation des Kunden. Ausgehend von diesen Informationen soll in der nächsten Gesprächsphase erarbeitet werden, welchen Finanzdienstleistungsbedarf der Kunde hat, damit er seine persönlichen Wünsche und Ziele erreichen kann. Dabei kommt es nicht nur darauf an, dass eine für den Kunden passende Lösung gefunden wird – damit die Bereitschaft zur Umsetzung dieser Lösung beim Kunden erzeugt wird, muss er auch verstehen, warum die erarbeitete Lösung die richtige für ihn ist. Gelingt es, dies zu vermitteln, wird auch der Produktabschluss in der letzten Gesprächsphase gelingen.

Wird ein Gespräch auf die beschriebene Weise geführt, stehen nicht mehr die Produkte, sondern die Kundenbedürfnisse im Mittelpunkt des Gesprächs, das heißt, dem Kunden wird deutlich, dass die Finanzdienstleistungen lediglich Mittel zur Erreichung von privaten Wünschen und Zielen darstellen. Erst durch diesen Umstand nimmt der Kunde den unmittelbaren Nutzen der empfohlenen Finanzdienstleistungen wahr. Nicht nur, dass diese Vorgehensweise dem Kundeninteresse entspricht – aufgrund der weniger intensiven Betrachtung des Produkts kann auch die Zeit zur Erläuterung von Details eingespart werden. Erfahrungen zeigen, dass bei einer konsequenten Befolgung der dargestellten Standard-Gesprächsstruktur Gesprächsdauern von 30 Minuten eingehalten werden können. Gleichzeitig zeigt sich bei diesen Gesprächen, dass die Konditionenfrage meist in den Hintergrund tritt.

Ein weiterer Punkt, wie ein konsequentes Vertriebsmanagement im Retailgeschäft die Gesprächsdauer verkürzen und gleichzeitig die Abschlusssicherheit erhöhen kann, ist an dieser Stelle zu ergänzen: Die meist ähnliche und vergleichsweise einfache Bedürfnisstruktur von Retailkunden erlaubt eine weitgehende Verschlankung der Produktpalette. Zu jedem Kundenbedürfnis muss in der Produktpalette nur ein Produkt enthalten sein. Dadurch wird es im Kundengespräch für den Berater einfacher, nach ermittelten Kundenbedürfnissen die richtigen Produktempfehlungen auszusprechen. Gleichzeitig wird damit auch der Zeitaufwand für den Erwerb von Fach-Know-how begrenzt. Aufgabe des Vertriebsmanagements ist es, hier die richtigen Produkte auszuwählen, die optimal zu den Kundenbedürfnissen passen, eine für das Institut interessante Marge generieren und für die Kundenberater vom Know-how her beherrschbar sind.

4. Praktische Anwendung eines Vertriebsmanagements

Nachdem im vorangegangenen Teil ein Lösungsansatz entworfen wurde, sollen nun Möglichkeiten aufgezeigt werden, wie sich ein solcher Ansatz in der Praxis umsetzen lässt. Diese Umsetzung stellt für das Vertriebsmanagement eine große Herausforderung dar, denn hier geht es darum, zum Teil langjährig praktiziertes Verhalten von Mitarbeitern zu verändern. Für das Gelingen dieser Aufgabe sind zwei Punkte von wesentlicher Bedeutung:

- Den Mitarbeitern muss operativ vermittelt werden, welches konkrete Verhalten von ihnen erwartet wird. Die Mitarbeiter müssen auf dieses Verhalten vorbereitet und bei der Anwendung unterstützt werden.
- Das veränderte Verhalten ist verbindlich einzufordern. Zu diesem Zweck ist der Veränderungsprozess von einem konsequenten Controlling zu begleiten.

Für die Einführung einer systematische Kundenansprache sind diese beiden Aspekte mithilfe einiger Maßnahmen zu erfüllen. Unabhängig davon, ob die Kunden durch den Berater oder durch ein Call Center angesprochen werden, lassen sich eindeutige Kontaktfrequenzen – also die Menge der anzusprechenden Kunden – festlegen. Mithilfe der maschinellen Selektion kann durch das Vertriebsmanagement eindeutig benannt werden, um welche Kunden es sich bei dieser Menge handeln soll. Durch Ansprache- und Telefontrainings sowie die Bereitstellung von Argumentationskatalogen sind die Mitarbeiter auf die Kundenansprache vorzubereiten und bei der Durchführung zu unterstützen. Eine weitergehende Unterstützung kann durch ein zielgerichtetes Coaching stattfinden. Sofern nicht nur die Anzahl der Kundenansprachen gemessen wird, sondern auch der Erfolg dieser Ansprachen (die Quote vereinbarter Termine pro Kundenansprache und die Quote stattfindender Gespräche pro Terminvereinbarung), können Schwächen in der Anspracheaqualität identifiziert und durch Coaching-Maßnahmen beseitigt werden.

Wesentlich komplexer als die Umsetzung einer Anspachesystematik ist die Etablierung einer veränderten Beratungsweise. Auch hier muss es der erste Schritt sein, durch Kommunikationsmaßnahmen und durch intensive Trainings zu vermitteln, wie ein Kundengespräch zukünftig aussehen soll.

Um den Mitarbeitern aber auch während des Kundenkontakts die notwendige Unterstützung zukommen zu lassen, bietet es sich an, ein Instrument einzuführen, das direkt im Gespräch eingesetzt werden kann. Hier kann eine gesprächsbegleitende Unterlage oder eine entsprechende Software zur Beratungsunterstützung verwendet werden. Dieses Instrument stellt einen „roten Faden" durch alle Gesprächsphasen dar. Es bildet die wichtigsten Inhalte ab und bindet den Berater an die ganzheitliche Beratungsweise. Gleichzeitig liefert es eine Argumentationsunterstützung und sichert die notwendige Abschlussorientierung. Neben der Unterstützung kann durch ein solches Instrument aber auch die notwendige Verbindlichkeit sichergestellt werden: Anhand der Erfassungen in den Unterlagen oder im entsprechenden Programm wird eindeutig ersichtlich, in welcher Anzahl und in welcher Qualität der Kundenberater ganzheitliche Gespräche durchgeführt hat.

Der Ausgestaltung eines solchen Instruments kommt eine hohe Bedeutung zu: Hier werden Gesprächsstruktur, Inhalte und Freiheitsgrade in der Gesprächsführung festgelegt. Gleichzeitig muss im Retailsegment ein besonderes Augenmerk darauf gelegt werden, dass dieses Instrument einfach in der Anwendung ist und die zur Verfügung stehende Gesprächszeit nicht überschritten wird.

Durch die Wahl eines geeigneten EDV-Programms kann neben der Beratungsunterstützung und der Verbindlichkeit noch ein weiterer positiver Effekt erzielt werden: Nachdem im Gespräch die Kundenbedürfnisse ermittelt wurden, lässt sich durch eine geeignete Software eine automatische Produktempfehlung generieren. Dadurch kann eine über alle Vertriebsmitarbeiter gleich hohe Qualität der Produktempfehlung sichergestellt werden. Gleichzeitig wird durch den Einsatz einer Beratungssoftware die Vollständigkeit der Datenbasis gesichert: sämtliche Informationen werden direkt im Gespräch in elektronischer Form erfasst. Soll ein entsprechendes EDV-Programm eingeführt werden, ist dessen Eignung sehr sorgfältig zu prüfen. Die Mehrzahl der Software-Lösungen, die derzeit am Markt erhältlich sind, können den Anforderungen nicht gerecht werden. Eine konsequente Führung durch die Gesprächsstruktur findet meist nicht statt, häufig ist die Anwendung nicht intuitiv und nimmt eine weit längere Zeit in Anspruch, als dieses im Retailsegment effizient ist.

Unabhängig davon, ob eine EDV-Lösung oder eine gesprächsbegleitende Unterlage eingesetzt wird, muss auch diese Maßnahme konsequent kontrolliert werden. Neben der Anzahl der geführten Gespräche soll auch die Quote, welcher Anteil der gesamten Kundengespräche mit dem Beratungsinstrument geführt worden sind, erhoben werden. Gleichzeitig soll die Quote erfolgreicher Gespräche und die Quote von Produktabschlüssen pro erfolgreichem Gespräch ausgewiesen werden. Diese Werte geben Aufschluss darüber, ob ein Vertriebsmitarbeiter Schwächen in der ganzheitlichen Gesprächsführung oder in der Abschlussorientierung aufweist. Damit ermöglicht auch hier das Controlling ein zielgerichtetes Coaching der Mitarbeiter.

Erfahrungen zeigen, dass – sofern dem dargestellten Vorschlag zur Vertriebsoptimierung im Retailgeschäft gefolgt werden soll – sämtliche hier angesprochenen Bestandteile zwingend sind. Fehlt ein Element – sei es eine schlüssige Konzeption, geeignete Beratungsinstrumente oder eine konsequente Umsetzung mithilfe von Beratungs- und Führungskräftetrainings –, ist der Erfolg der gesamten Maßnahme im Vertrieb gefährdet.

Dem Vertriebsmanagement kommt neben der inhaltlichen Ausgestaltung der Bestandteile der Vertriebsoptimierung die Aufgabe zu, für eine vollständige und koordinierte Umsetzung dieser Bestandteile zu sorgen. Die folgende Darstellung, die zusammenfassend noch einmal die wesentlichen Schritte aufzeigt, kann dem Vertriebsmanagement als grober Leitfaden im Rahmen einer Vertriebsoptimierung dienen.

Checkliste: Wesentliche Schritte zur Vertriebsoptimierung

Rahmenbedingungen:
- ☐ Abgrenzung der Marktsegmente anhand entsprechender Segmentierungskriterien
- ☐ Festlegung von eindeutigen Strategien für die Bearbeitung der Marktsegmente
- ☐ Definition segmentspezifischer Vertriebseinheiten und -mitarbeiter und Zuordnung der Kunden
- ☐ Zusammenstellung segmentspezifischer Produktpaletten

Systematische Kundenansprache:
- ☐ Festlegung der Kriterien für „non-akquisition-clients"
- ☐ Implementierung eines Systems zur Kundenselektion
- ☐ Fixierung von Soll-Kontaktfrequenzen
- ☐ Aufbau eines Controllings der Anspracheaktivitäten
- ☐ Definition der Kundenansprachewege und -einheiten und Regelung der Kommunikation zwischen Anspracheeinheiten und Beratern
- ☐ Ggf. Durchführung von Anspracheteamings

Strukturierte Kundenberatung:
- ☐ Festlegung von Gesprächsumfang, -phasen und -inhalten
- ☐ Auswahl geeigneter Gesprächsunterstützungsinstrumente
- ☐ Durchführung von Beratungstrainings
- ☐ Aufbau eines Controllings der Beratungsaktivitäten
- ☐ Coaching der Berater durch die Führungskräfte

5. Fazit

Der hier beschriebene Vorschlag zeigt auf, wie die Durchdringung des Kundenstamms und des Kundenbedarfs im Marktsegment der Retailkunden verbessert und dadurch bestehende Ertragspotenziale realisiert werden können. Dieser Vorschlag basiert nicht nur auf theoretischen Überlegungen. Erfahrungen aus Umsetzungen der hier dargestellten Maßnahmen zeigen, dass im Retailgeschäft tatsächlich erhebliche Ergebnisverbesserungen möglich sind. Derzeit bieten sich für viele Banken und Sparkassen interessante Möglichkeiten, sich durch schnelles Handeln eine Vorreiterrolle zu sichern und auf diesem Weg Marktanteile zu gewinnen. Wie das dargestellte Konzept zeigt, spielt das zentrale Vertriebsmanagement eine bedeutende Rolle für die Zielerreichung.

Effizienteres Kampagnen-Management durch unterstützende DWH- und CRM-Systeme – Ein Beispiel aus der Energiewirtschaft

Thomas Zwippel (saracus consulting GmbH)

1. CRM – der Kunde im Mittelpunkt

Customer Relationship Management (CRM) ist ein ganzheitlicher Ansatz zur Unternehmensführung mit dem Fokus auf den Kunden und die kundenbezogenen Prozesse. Marketing, Vertrieb, Kundendienst etc. sollen gemeinsam in die Lage versetzt werden, die Zielsetzung zu verfolgen, Mehrwert in Kunden- oder Lieferantenbeziehungen zu generieren. Das Kundenbeziehungsmanagement wird dabei von Software- und Datenbank-Systemen unterstützt, deren zentrales Instrument eine gemeinsame, konsolidierte Datenbasis mit Kundeninformationen ist. Den Nutzen dieses zentralen Instruments soll folgendes Beispiel aus einem CRM-Projekt eines Energieversorgungsunternehmens verdeutlichen, das von saracus consulting begleitet wurde.

Die deutschen Energie- und Versorgungsunternehmen (EVU) hatten bis vor wenigen Jahren ein relativ geschütztes Aktionsfeld, da private und unternehmerische Verbraucher nicht frei wählen konnten, von welchem Versorger die benötigte Energie (Strom, Gas, Wasser) zu beziehen war. Der Versorger war durch den Standort der zu versorgenden Gebäude bzw. Anlagen definiert. Im Rahmen von Liberalisierungsmaßnahmen hat die Gesetzgebung diese Situation inzwischen wesentlich verändert. Jeder kann sich heute seinen Versorger (zunächst nur) für den Strombedarf selbst aussuchen. Damit hatten die EVU einen massiven Wettbewerb zu erwarten, auf dessen Basis die Vertriebsmaßnahmen neu zu organisieren waren.

Es entwickelten sich folgende Vertriebsaufgaben:

- ▶ **Cross-Selling-Maßnahmen:** Kunden, die nur Gasverträge hatten, sollte eine Stromversorgung angeboten werden.

- ▶ **Kundenloyalität steigern:** Entwicklung von Koppelprodukten und Serviceangeboten, welche die Kündigungswahrscheinlichkeit für Stromverträge verringern.

- ▶ **Kundenprofitabiltät sicherstellen:** Entwicklung von Vertragsformen für den Bereich gewerblicher Großabnehmer, die den Rabattforderungen der Abnehmer entgegen kommen sollten, aber auch Einnahmegarantien enthielten.

Bei der Umsetzung dieser Aufgabe zeigten sich relativ schnell entscheidende Schwierigkeiten. Es gab natürlich ein Abrechnungs- und Buchungssystem, in dem die Kundendaten enthalten waren, aber dieses hatte keinen Kundenfokus!

- Jeder Abnehmer einer Versorgungsart (Strom, Gas, Wasser) wurde anhand der Abnahmestelle identifiziert (d. h. zum Beispiel der Stromzähler im Keller). Ein Kunde hatte also mehrere Abnahmestellen. Es war nun aber keine gemeinsame Kundenreferenz vorhanden. Dementsprechend konnte nicht genau gesagt werden ob Max Müller in der Lindenstrasse 1 mit dem Stromvertrag 0815 die gleiche Person ist wie bei dem Gasvertrag 4711.

- Besitzer von mehreren Häusern hatte mehrere Abnahmestellen, konnten also auch nicht für alle ihre Häuser gemeinsam angesprochen werden.

- Bei Filialunternehmen (z. B. Lebensmitteldiscounter) als Kunden konnte keine Konzernsicht hergestellt werden. Für Rahmenvertragsverhandlungen musste jede Filiale einzeln identifiziert und summiert werden.

Dieser kleine Ausschnitt macht bereits deutlich, dass für bestimmte Marketing- oder Vertriebsaufgaben zunächst eine konsolidierte Kundenbasis geschaffen werden muss; der Abrechnungssicht musste somit eine Vertriebssicht hinzu gefügt werden.

Wenn man also im Rahmen des Kundenbeziehungsmanagements von CRM-Systemen spricht, ist damit unter anderem gemeint, die erforderliche Kundenbasis aufzubauen. Aus allen Systemen, in denen Kundendaten geführt werden, sind diese Daten integriert und konsolidiert zusammenzuführen. Das ist natürlich einfach zu fordern, aber nicht ganz so einfach umzusetzen, wie auch Misserfolge in CRM-Projekten der vergangen Jahre aufzeigen. Neben der Datenbasis müssen nämlich auch Prozesse modifiziert werden. Es reicht daher nicht aus, einfach Software zu kaufen und einzuführen, sondern bedarf – wie eingangs formuliert – eines ganzheitlichen Ansatzes. Am Beispiel des Kampagnenmanagements soll im Folgenden ein gängiger Marketingprozess mit seinen Problemen und möglichen Lösungsvorschlägen vorgestellt werden.

2. Heutige Anforderungen an ein Kampagnen-Management

Kampagnen sind Teil der Marketingstrategie eines Unternehmens und in einem ganzheitlichen Beziehungsmanagement zum Kunden – dem Customer Relationship Management – eingebunden. Der Gesamtprozess des Kampagnen-Managements lässt sich in vier grundsätzliche Schritte aufteilen, die sinnvollerweise mit entsprechender Anwendungssoftware zu unterstützen sind.

Schritt 1: Analyse zur Kampagnen-Vorbereitung

Wenn eine Kampagne die Erreichung von Vertriebs- oder Umsatzzielen unterstützt, stellt sich, bevor die Kampagne geplant und durchgeführt wird, natürlich die Frage, an welchen Punkten sie ansetzen und Wirkung erzielen kann. Die erste Aufgabe im Kampagnen-Management ist also die Analyse. Die Schwerpunkte liegen dabei sicherlich auf Potenzialanalysen zur Bestimmung von zukünftigen Kunden, zur Steigerung der Kundenausschöpfung oder des Umsatzpotenzials eines Produkts. Verfügbare Historiendaten bieten die Möglichkeit, aus vergangenen Aktionen Rückschlüsse zu ziehen. Die Kombination von Zielgruppe, Angebot, Kommunikationskanal und anderen Aspekten, die eine Kampagne beschreiben, soll somit im Vorfeld auf ihren potenziellen Erfolg überprüft werden.

Für die Unterstützung der Marketingexperten werden in der Analyse vielfach Software-Produkte aus dem Bereich der Business Intelligence eingesetzt (Data Mining, Query&Reporting, Online Analytical Processing). Der Einsatz dieser Produkte kann jedoch nur auf einer entsprechenden Datenbasis erfolgen.

Schritt 2: Planung der Kampagne

Nachdem die Ziele für die Kampagne festgelegt worden sind, kann im nächsten Schritt die Detailplanung für die einzelne Kampagne angegangen werden. Planung bezieht sich dabei auf die Kampagnendaten (Budget, Startpunkte, Phasen, Wellen, Verantwortlichkeiten) und auf die zu steuernden Aktivitäten im Rahmen dieser Kampagne. Ein mehrfaches Durchlaufen der Planung und die Erstellung mehrerer Versionen des Durchführungsplans ist hierbei üblich.

Eine Unterstützung der Kampagnenplanung mittels Software beinhaltet ein Modul, um Plandaten erfassen und verwalten zu können. Ebenso bedarf es eines Moduls, das die Maßnahmen- und Aktivitätenplanung im Sinne eines Prozesses beschreiben lässt. Die Selektionskriterien für die Auswahl der Zielgruppe, die Channel, die Marketing-Instrumente, die beworbenen Produkte, Mailing-Anforderungen, Automatisierungs-/Ablaufanforderungen, Nachverfolgungs-Anforderungen usw. sind in diesem Schritt zu beschreiben und zu verknüpfen.

Schritt 3: Implementierung und Durchführung der Kampagne

Zur Durchführung ist nun die Infrastruktur für die Kampagne bereitzustellen. Eine reine E-Mail-Kampagne lässt sich dabei natürlich leichter komplett automatisieren als eine Kampagne, bei der physisch vorhandene Produkte versendet werden sollen.

Der Bedarf für offene Schnittstellen, um andere Systeme (Mailserver, Poststraßen, Distributionssysteme) ansprechen zu können, wird sofort offenbar, wenn eine Software den Kampagnenprozess unterstützt.

Ebenso muss es neben der automatischen Steuerung möglich sein, Ereignisse zum Anlass zu nehmen, in den Kampagnenverlauf einzugreifen, Zusatzaktivitäten zu starten oder erste Reaktionen zu verarbeiten.

Schritt 4: Tracking – Verfolgung und Messung der Ergebnisse

Zuletzt will man eine Kampagne nicht nur durchgeführt haben, sondern auch deren Erfolg bewerten. Auch hier sind wieder zwei Aspekte angesprochen: zunächst die Bewertung der Kampagnen-Durchführung als solche (in time, in budget), wichtiger aber noch ist der Kampagnenerfolg im Sinne der gewünschten Zielgruppenreaktion.

Die erste Bewertung erfolgt auf Basis einer strukturierten historisierten Informationssammlung über die ausgeführten Kampagnen, die alle Entscheidungen und Resultate rekapitulierbar und vergleichbar ablegt. Die Responsemessung erfordert aber ungleich mehr Aufwand. Dazu muss eine Infrastruktur geschaffen werden, die Reaktionen des Kunden sowohl aufnimmt, als auch richtig adressiert an die zuständigen Stellen weiterleitet. An welchem Kontaktpunkt zum Unternehmen der Kunde auch immer seine Antwort auf die Aktion äußert, muss diese registriert und in die zugehörige Datenbasis aufgenommen werden. In einem weiteren Prozessschritt muss diese Information dem CRM-System zur Verfügung gestellt werden.

Von der Massen- zur Mikro-Kampagne

Das oben skizzierte Vorgehen beim Kampagnen-Management bezieht sich aber, resultierend aus einem sich permanent verfeinernden Marketingprozess, auf verschiedene *Kampagnentypen*, deren automatisierte Abwicklung die aktuellen Software-Generationen für Kampagnen-Management leisten müssen.

Der Grundtyp ist die One-Step-Kampagne, wie er in Abbildung 9 mit dem Minimum der Anforderungen an den Workflow dargestellt ist. Weitere Kampagnentypen sind:

- ▶ **Multi-Step-Kampagnen:** Kunde erhält ein Directmail mit einem personalisierten Angebot. Er reagiert nicht auf dieses Angebot. Daraufhin erfolgt im Rahmen einer „Nachfassaktion" ein Outbound Call oder eine andere Maßnahme der Angebotsoptimierung.

- ▶ **Ereignisbasierte Kampagne:** Der Kunde erhält auf der Grundlage seiner Kundenprofildaten eine Mail zu seinem Geburtstag, die einen Gutschein für eine durch ihn präferierte Produktgruppe enthält. Ziel dieser Kampagne ist beispielsweise die Erhöhung der Kundenloyalität.

One-Step-Kampagne - Effizienzgewinn durch Automatisierung und permanente Analyse

Kampagnen-Management

Beispiel

| Definition der Kampagne im CRM System | Start der Genehmigungsroutine | Bestimmung der Zielgruppe und Erstellung des Zielsegments | Zuweisung der Kampagne an das Zielsegment |

Optimierung der Kampagne

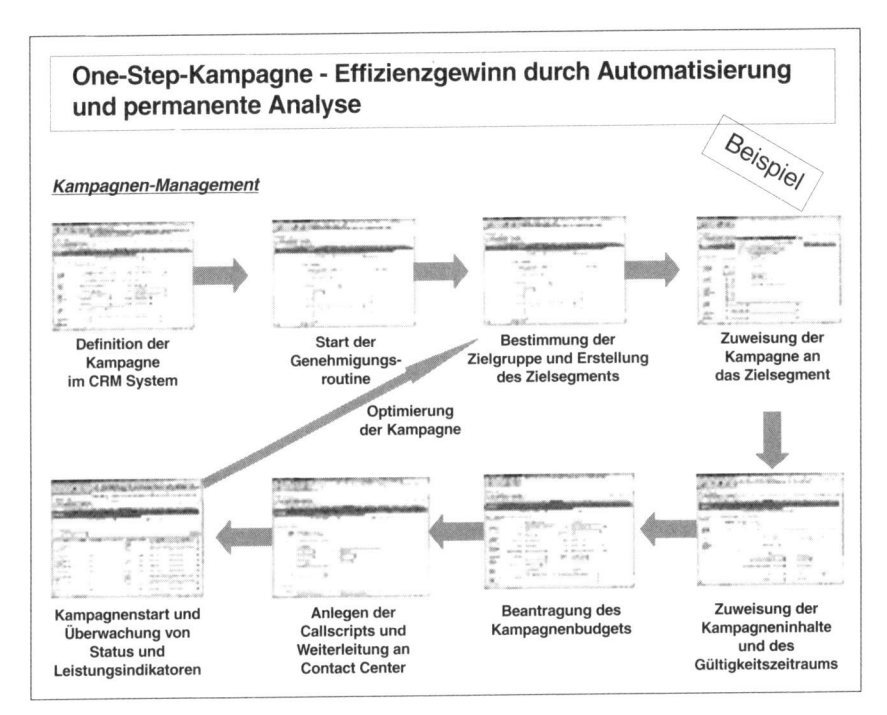

| Kampagnenstart und Überwachung von Status und Leistungsindikatoren | Anlegen der Callscripts und Weiterleitung an Contact Center | Beantragung des Kampagnenbudgets | Zuweisung der Kampagneninhalte und des Gültigkeitszeitraums |

Abbildung 9: Kampagnenprozess

▶ **Real-Time-1:1-Kampagne:** Der Kunde wird bei seinem Kontakt mit dem Unternehmen identifiziert und erhält während des Kontakts ein für ihn optimiertes Angebot (z. B. MyShop-Empfehlungen bei Amazon – bei der Auswahl eines Buches oder einer CD wird gezeigt, welche Produkte noch interessant sein können, da andere Kunden sie in dieser Kombination bestellt hatten).

Eine beliebige Verzahnung unterschiedlicher Kampagnentypen muss ermöglicht werden.

Der bisher beschriebene Ablauf des Kampagnen-Managements kann heute mit der entsprechenden Software grundsätzlich unterstützt werden. Im Folgenden sollen allerdings drei Problembereiche aufgezeigt werden, für die ergänzende Systeme und Prozesse erforderlich werden.

Problemstellung 1: Kundenansprache

Kunden sollen entsprechend ihres Kundenwerts, ihrer Kanalpräferenz und ihrer bekannten oder zu erwartenden Produktaffinität angesprochen werden. Die Kundensegmentierung muss also zum einen budgetorientiert sein, um den Mitteleinsatz nach der Bedeutung der einzelnen Kunden planen zu können. Zum anderen muss die Segmentierung kommunikationsorientiert sein, um die Kommunikationsstrategie an die Bedarfssituation der Kunden anzupassen.

Damit sind auch zwei Kernprobleme angesprochen, die die Software zum Kampagnen-Management nicht löst:

1. Qualität der Kundenadressen

Mehrere Punkte sind zur Lösung dieses Problems zu beachten:

▶ Wie im Beispiel des Energieversorgers muss neben dem Abrechnungskunden ein „Vertriebskunde" identifiziert werden, um eine Person im Rahmen einer Kampagne nicht mehrfach anzusprechen.

▶ In einem Haushalt können mehrere Personen wohnen, die in einer Kampagne separat, in einer anderen zusammen angesprochen werden sollen, beispielsweise bei der Vermarktung von Produkten „rund ums Haus". Erwin Lottemann und E. Lottemann können Vater und Sohn, aber auch dieselbe Person sein. Es geht also darum, Dubletten zu erkennen und Haushalte zu bilden.

▶ Die Adresse selbst muss zu guter Letzt postalisch gültig sein.

Dieses Problemfeld benötigt zusätzliche Instrumente und Prozesse, die im Aufbau einer konsolidierten Kundendatenbank enden sollten.

2. Bildung der Zielgruppen

Statistische Bewertungsverfahren oder Data Mining, die zur Bildung von Zielgruppen verwendet werden können, liegen in der Regel außerhalb von Kampagnen-Software.

Problemstellung 2: Return on Investment der Kampagne

Eine ROI-Schätzung, die in eine Kosten-Nutzen-Analyse für die durchzuführende Kampagne einfließt, kann auf Basis der Kundenwertbestimmung, der Erfahrungen bezüglich der Response bei ähnlichen Kampagnen und der Kosten für die gewählte Werbestrategie abgegeben werden.

Dabei kann allerdings leider auch die Software nicht ausschließen, dass mit Schätzungen gearbeitet werden muss. Wie definiert sich der Kundenwert? Wann wird ein Kauf oder eine Reaktion als Reaktion auf die Kampagne gewertet? Welchen Einfluss hat eine höhere Adressqualität auf den Deckungsbeitrag einer Kampagne?

Diese Fragen zeigen auf, dass die aufzubauende Datenbasis neben der Kundendaten-Konsolidierung auch eine gewisse Historie von Reaktionen und Kauf-Daten vorhalten muss.

Problemstellung 3: Response-Analyse

Die Erfolgsbewertung einer Kampagne beinhaltet, wie schon gesagt, auch die Responseanalyse. Relativ einfach und IT-technisch umsetzbar ist die Auswertung sicherer Reaktionen auf eine Kampagne, wie beispielsweise:

- ▶ Rücksendung eines Coupons
- ▶ Eingang speziell entworfener Antragsformulare
- ▶ Kontaktierung des Response Center
- ▶ indirekte Adressierung des Response Center
- ▶ positive Reaktion bei Ansprache im Telemarketing
- ▶ Kauf mit entsprechender Kampagnenreferenz

Es bedarf dennoch eines so genannten „Closed-Loop-Ansatzes" um

- ▶ die Wirksamkeit,
- ▶ den Zielerreichungsgrad,
- ▶ die Rentabilität (GuV-Rechnung),
- ▶ die Umwandlungsquote von Responses im Sales Funnel und
- ▶ das Profil der antwortenden Kunden

im Rahmen des Kundenbeziehungsmanagements zu bestimmen.

Die nachfolgende Abbildung 10 stellt den Closed Loop innerhalb des Kampagnenmanagements exemplarisch dar.

Hier wird deutlich, dass neben der Software-Einführung für Kampagnen-Management, dem Aufbau einer konsolidierten Kundendatenbasis auch eine an CRM-Belangen ausgerichtete Prozessarchitektur zu errichten ist.

Komplizierter ist es, so genannte Soft Responses zu erkennen. Dies gilt vor allem dann, wenn Aktionen gefahren wurden, die auf eine Verhaltensänderung des Kunden zielten. Hierbei ist von besonderer Bedeutung, das Verhalten der avisierten Kundengruppe richtig zu interpretieren, weswegen Kontrollgruppen in diesem Fall eine besondere Bedeutung zukommt. Auch die Beobachtung von Kontrollgruppen sollte im Rahmen des Kampagnen-Managements realisiert werden können.

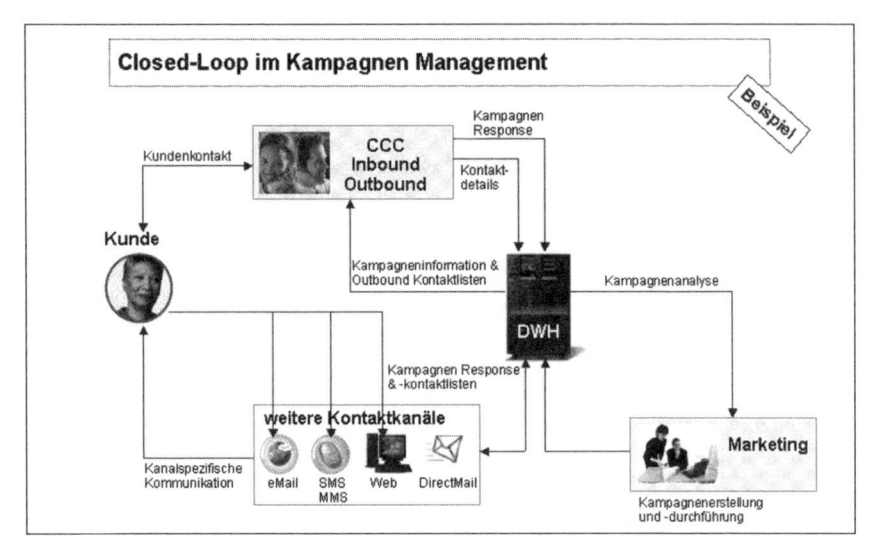

Abbildung 10: Closed-Loop im Kampagnen-Management

3. Unterstützung im Kampagnen-Management durch DWH und CRM-Systeme

Wenn am Anfang dieses Artikels die Forderung aufgestellt wurde, CRM sei ein ganzheitlicher Ansatz für die Unternehmensführung, gehört zu diesem Ansatz ebenfalls, entsprechende IT-Lösungen bereitzustellen, die das CRM und seine Prozesse unterstützen. Dementsprechend gibt es CRM-Software, die in vielen Fällen Module für Kampagnen-Management beinhaltet. Um dieses umfassende Thema einigermaßen struktieren zu können, haben sich drei Teilbereiche ergeben, von denen in diesem Zusammenhang meist gesprochen wird:

▶ **Operatives CRM** meint die Software zur Vertriebsautomation, zum Kampagnen-Management, zum Kontaktmanagement und zum Kundenservice, mit der beim jeweiligen Kundenkontakt tatsächlich eine Erfassungs- oder Anzeigesituation stattfindet.

▶ **Analytisches CRM** meint Anwendungen, mit denen Erfolgsbewertungen, Zielgruppenbestimmung oder andere Auswertungen vorgenommen werden.

▶ **Kollaboratives CRM** meint die Werkzeuge zur Integration der Vertriebskanäle.

Wie die vorherigen Abschnitte darstellten, haben Unternehmen mit der Einführung der CRM-Philosophie und unterstützenden Systemen keine einfache Aufgabe vor sich. CRM-Projekte und die Einführung von CRM-Software drohen oft an ihrer Komplexität zu scheitern.

Ein Realisierungsansatz hat sich in der Praxis bestens bewährt, wenn

- ▶ eine zentrale, konsolidierte Kundendatenbasis geschaffen werden muss,
- ▶ analytische Kompetenz aufzubauen ist und
- ▶ für den Datenstrom eine integrierende Prozessarchitektur geschaffen werden muss.

Diese Problematiken sind im Data Warehousing bekannt und dort hinreichend gut gelöst. Somit lag und liegt es nahe, eine Data-Warehousing-Architektur als Datenbasis für ein CRM-System zu benutzen. Im CRM-Kontext hat sich die Architektur des „Active Data Warehouse", die das klassische DWH um die taktische Entscheidungsunterstützung, Prozessautomatisierung und Anwendungsintegration erweitert, bewährt.

Vom Data Warehouse zum Data & Process Provider

Der CRM-Kontext erweitert das Data Warehousing bezüglich der Aktualisierung und des Umfangs von Daten/Informationen, bezüglich neuer Technologien der Infrastruktur und der CRM-Prozesse. DWH fokussiert sich stark auf die Datenintegration; die analytische Komponente in CRM-Systemen wird durch Business Intelligence des DWH quasi mitgeliefert. Gegenüber klassischen DWH-Anwendungen steigern sich beim CRM die Anforderungen.

Im Rahmen des Event-driven Marketing ist bedeutend, dass zwischen der Ereigniserfassung und der daraufhin ausgelösten Aktion eine möglichst geringe Zeitspanne liegen muss. Das erfordert ein tägliches oder (in Abhängigkeit vom Geschäft) noch kurzfristigeres inkrementelles Laden des DWH, um Kundenaktivitäten sichtbar zu machen, was unter anderem zu erhöhten Ansprüchen an die Performance der Ladeprozesse führt. Da dennoch die Kundendaten weiterhin integriert und konsolidiert werden sollen, entwickelt sich daraus das DWH zur zentralen Informationsdrehscheibe auch für CRM.

Entwurf eines CRM-Systems mit DWH-Basis als technische Lösung des Kampagnen-Managements

Ziel ist es, ein flexibles, skalierbares System aufzubauen, das heutigen und zukünftigen Anforderungen gerecht wird. Das viel zitierte Vorgehen „Think big – start small" hat sich insbesondere im CRM-Kontext bewährt.

Wenn man also wieder den anfangs beschriebenen Energieversorger heranzieht, hat sich in der Praxis folgende Data Warehouse + CRM-Lösung für Marketing und Vertrieb ergeben:

Aus dem Abrechnungssystem (SAP) wurden anfangs monatlich Umsatz- und Absatzzahlen der Privat- und Geschäftskunden extrahiert. Diese wurden mit anderen Daten in einem zentralen Core-Data-Warehouse konsolidiert. Dieses Core-Data-Warehouse entwickelte sich dann in weiteren Schritten zur „Single-source-of-truth". Zunächst wurden Datenbestände zu Analysezwecken (Data Marts) aufgebaut, in denen mit OLAP-Technologie die Umsatz- und Absatzzahlen für Potenzialanalysen genutzt wurden, um daraus Kampagnen zu entwickeln.

Im zweiten Schritt wurde dann ein Planungswerkzeug angebunden. Die Ist-Zahlen lieferte das Core-Data-Warehouse. Die Planzahlen wurden im Planungswerkzeug geplant und erfasst, von dort aber ins Warehouse zurückgespielt, um wieder zu Auswertungszwecken zur Verfügung zu stehen. Damit war das Instrument der Vertriebssteuerung in den Datenkreislauf integriert und ermöglichte ein effizientes Vertriebscontrolling.

Der letzte Schritt war der Aufbau einer CRM-Lösung. Damit konnten die eigenen Daten um Daten von Adressbrokern oder Firmendaten angereichert werden, um die geschilderte Problematik der Bildung des „Vertriebskunden" effizienter zu gestalten. Aber auch das Warehouse leistete dazu einen Beitrag, indem nach formalen Regeln aus Kundendatensätzen ein Vertriebskundenkandidat gebildet wurde. Es musste jetzt natürlich definiert werden, in welchem System zukünftig führend der konsolidierte Kunde zu bilden war (hier: CRM).

Ebenso wurde dem analytischen CRM Rechnung getragen, indem realisiert wurde, dass das bestehende Data Warehouse im jeweiligen Kundenkontext von der CRM-Software aufgerufen werden konnte. Im Rahmen der CRM-Anbindung wurde dann die Ladefrequenz von monatlich auf wöchentlich erhöht.

Das Gesamtbild einer DWH-gestützten CRM-Architektur stellt sich aus Sicht der Datenarchitektur wie folgt dar.

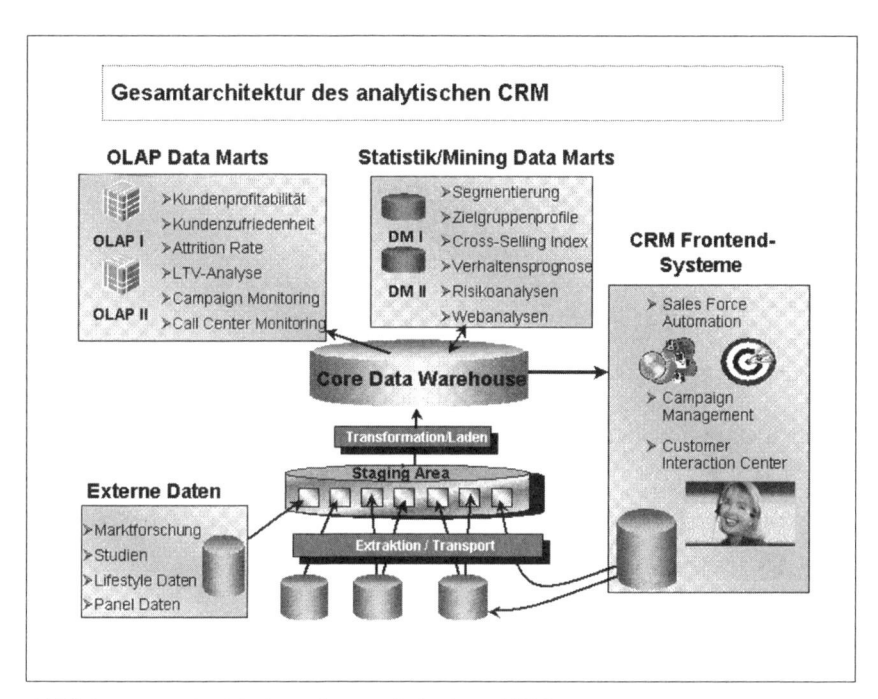

Abbildung 11: Architektur des analytischen CRM

Consumer Relationship Management – vom Konsumenten lernen

Joachim Bochberg
(Henkel Wasch- und Reinigungsmittel GmbH)

1. Einleitung

Während die Begriffsdeutung von CRM als „Customer Relationship Management" in der letzten Zeit in der betriebswirtschaftlichen Öffentlichkeit weite Verbreitung gefunden hat, führt die Übersetzung als „Consumer Relationship Management" leider weitgehend ein Schattendasein. Manche Autoren gehen sogar soweit, jeden Unterschied zu negieren und die unabhängige Existenz dieser Form eines Beziehungsmanagements grundsätzlich in Frage zu stellen.

Diese Radikalität ist aus der Sicht von Unternehmen, die direkt an ihre „Endgebraucher" verkaufen, zweifellos nachvollziehbar. Für Finanz- oder Verkehrsdienstleister ist meist derjenige, der die Leistung eines Unternehmens in Anspruch nimmt, auch der, der sie bezahlt und auch die entsprechende Investitionsentscheidung trifft. Doch: Halt! Schon bei dem oft angeführten Musterbeispiel Luftverkehr und Fluggesellschaften merken wir, dass verteilte Rollen ins Spiel kommen. Ein großer Teil der Menschen, die beruflich bedingt unterwegs sind, bezahlt die Tickets nicht selbst, und bei Mitarbeitern großer Konzerne ist auch die Wahlfreiheit der Fluggesellschaft durch Kooperationsabkommen stark eingeschränkt. Ähnliches gilt für den Freizeit- und Urlaubsverkehr, soweit er nicht die – vergleichsweise kleine – Gruppe der Individualreisenden betrifft, die sich alle Elemente ihrer Reise völlig autonom aus dem Baukasten der Reisedienstleister zusammen gestellt haben.

Was hat das nun mit Waschmitteln zu tun? Nun, auch im Segment der Wasch-, Spül-, Putz- und Reinigungsmittel, wie es in der Branche halboffiziell bezeichnet wird, finden wir auf der Vermarktungsseite der Produkte verschiedene Rollen. Um ein wenig Klarheit über diese Rollen zu schaffen, seien zunächst einige kurze Definitionen vorangestellt:

▶ Der Handel erfüllt die klassische Funktion der Warendistribution und -präsentation. Die hauptsächlich dabei interessierenden Parameter sind solche, die sich mit der direkten und indirekten Profitabilität der Ware beschäftigen – umgangssprachlich ausgedrückt: Wie schnell und mit welcher Spanne wird das Produkt verkauft, wie viel Platz braucht es, und wie wichtig ist es für die Käufer, die die vollsten Einkaufwagen haben. Für einen klassischen Markenartikelhersteller ist der Handel somit der „Customer".

Der Konsument oder „Consumer" kann uns in drei verschiedenen Rollen begegnen:

▶ Der „Käufer" ist der Mensch, der das Produkt aus dem Regal nimmt und es an der Kasse bezahlt.

▶ Der „Verbraucher" ist derjenige, der das Produkt im Wortsinn „verbraucht". Damit ist eine stoffliche Umwandlung gemeint, die nicht unbedingt bestimmungsgemäß sein muss.

▶ Der „Nutznießer" eines Produkts ist derjenige, dem die bestimmgemäße Verwendung des Produkts einen Nutzwert beschert, z. B. in Form einer Bedürfnisbefriedigung.

Ein Beispiel macht diese Rollenverteilung sicherlich etwas klarer. Ein Raucher, der sich zum Eigenverbrauch eine Schachtel Zigaretten kauft, deckt alle drei Rollen der Konsumentenseite in einer Person ab. Bei einer Familie mit einem Baby dagegen kann ein Elternteil neue Babynahrung kaufen, die vom anderen verbraucht wird. Teilweise zum Füttern des Babys, aber da dies in der Regel nicht völlig verlustfrei vor sich geht – siehe Definition. Das Baby schließlich ist der angenommene Nutznießer – wenn es ihm schmeckt.

Warum interessiert das nun einen Hersteller von Wasch- und Reinigungsmitteln? Bevor darauf näher eingegangen wird, sei ein kleiner Exkurs in die Historie eingeschoben.

2. Verbraucherdialog als Tradition

Die Entwicklung des ersten selbsttätigen Waschmittels durch Fritz Henkel im Jahr 1907 löste einen Prozess aus, den wir aus heutiger Sicht durchaus als technische Revolution verstehen können. Waschen war über Jahrhunderte ein zeitraubender Vorgang, der überdies mit körperlicher Schwerarbeit verbunden war. Durch den hinzugekommenen Einsatz verschiedener Chemikalien war das Ganze außerdem gesundheitlich belastend. Dieses Wissen wurde über die Zeit von Generation zu Generation weitergegeben und war dadurch sozusagen Allgemeingut.

Die Tatsache, dass jemand hier ansetzt und durch eine wissenschaftliche Entwicklung diesen Kanon von Methoden und Verfahren als hinfällig erklärt, erfüllt alle Kriterien einer (wissenschaftlichen) Revolution, so wie sie Thomas S. Kuhn in seinem Buch „Die Struktur wissenschaftlicher Revolutionen" erklärt hat. Jemand hebt die von aller Welt als allgemeingültig anerkannten Voraussetzungen auf und errichtet darauf ein neues „Wissenschaftsgebäude". Einen solchen, als Paradigmenwechsel bezeichneten Vorgang haben wir ab 1907 auch hier, bei der Einführung des selbsttätigen Waschmittels.

Wem diese Analogie zu abgehoben erscheint, der möge sich vor Augen halten, dass hier das überlieferte Wissen von Generationen durch ein unscheinbares Päckchen mit einem ebenso unspektakulären weißen Pulver für falsch, überflüssig und hinfällig erklärt wurde. Ein solcher Schritt würde heute ein Feuerwerk medialer Aktivitäten und ausgiebige öffentliche Diskussionen auslösen, vor knapp einhundert Jahren hat er die Betroffenen in tiefe Verunsicherung gestürzt.

Der Ansatz, den Henkel damals betrieben hat, war, auf die Verbraucher der Produkte zuzugehen und ihnen durch persönliche Demonstration und Beratung die Hilfestellung zu geben, die sie brauchen, um die Vorteile dieser Neuentwicklung zu verstehen und zu nutzen. Dies geschah zunächst durch Wanderlehrerinnen, die in Gruppen Städte und Dörfer bereisten und überall dort, wo eine Gruppe von Menschen zusammenkommen konnte, Waschvorführungen durchführten. In Gasthöfen, in Bauernhäusern und Gutshöfen, in Schulen – überall dort, wo man eine größere, aber auch nicht zu große Gruppe von Menschen erreichen konnte, wurde der – weitgehend weiblichen – Bevölkerung erklärt, was es mit den Vorzügen von Persil gegenüber der althergebrachten handwerklichen Methode des Waschens auf sich hat. Dabei sollte immer auch die Möglichkeit zum Dialog bestehen, um Fragen nicht unbeantwortet zu lassen.

Da schnell deutlich wurde, dass in größeren Städten und Gemeinden der zeitweilige Besuch einer Beraterin nicht ausreicht, richtete man dort in Ladenlokalen stationäre Beratungsstellen ein, die ausdrücklich dadurch gekennzeichnet waren, dass dort kein Verkauf stattfand und die Beratung unentgeltlich erfolgte. Alles recht moderne Ansätze, die man heute mit dem Ausdruck „pull marketing" belegen würde. Ergänzend sei bemerkt, dass parallel zu diesen Aktivitäten auch ein abendfüllender Spielfilm produziert wurde. Er trug den aus heutiger Sicht recht betulichen Titel „Wäsche, Waschen, Wohlergehen" und integrierte das Wissen um die durch neuartige Produkte revolutionierte Form des Wäschewaschens in eine unterhaltsame Rahmenhandlung. Product placement at its best. Der Film hatte allein in Deutschland zwischen 1934 und 1938 über 30 Millionen zahlende Zuschauer.

Doch zurück zur persönlichen Beratung. Mit der zunehmenden Verbreitung von Massenmedien wie Radio, Zeitungen und Zeitschriften ging die Bedeutung der persönlichen Beratung von Konsumenten als Instrument der Beziehungspflege kontinuierlich zurück. Das aufkommende Fernsehen als neues, faszinierendes Medium tat hier ein Übriges. So wie der „Kreis der Familie durch einen Halbkreis ersetzt wurde", so war auch immer weniger die Notwendigkeit gegeben, Produktinformation „face to face" zu verbreiten. Statt dessen wandte Henkel sich nun verstärkt den Menschen zu, die mit dem aufkommenden Wirtschaftswunder mehr und mehr zu Kompetenzträgern des Waschprozesses wurden: den Profis der Geräteindustrie.

War das Waschen bis in die frühen 50er Jahre des 20. Jahrhunderts eine trotz der „chemischen Revolution" noch stark manuell geprägte Arbeit gewesen, so trat in dieser Zeit ein neuer Mitspieler auf den Plan, der das Waschen in ähnlicher Form verändern sollte wie einige Jahrzehnte zuvor das selbsttätige Waschmittel, nämlich die – zunächst noch stark manuell gesteuerte – etagenfähige Waschmaschine. Wieder gab es – und gibt es teilweise bis heute! – das Festhalten am tradierten Wissen, wider alle Kommunikation der Hersteller, nun aber auf ein höheres Komplexitätsniveau gehoben durch die Verknüpfung mehrerer Produkte am Point of Use. Bis heute sind Waschmaschine und Waschmittel in einer Allianz der gegenseitigen Abhängigkeit miteinander verbunden: Keine der beiden Komponenten kann die erwartete und vom Konsumenten eingeforderte Leistung ohne das Wirken der anderen erbringen.

Die Mitarbeiter der Gerätehersteller – sowohl im Verkauf als auch im Technischen Service – sahen sich bald den gleichen Fragen und Vorstellungen gegenüber wie rund dreißig Jahre zuvor die Wanderlehrerinnen von Henkel; Fragen, die geprägt waren vom Zweifel und dem Mangel an Vertrauen in die neue Technik. Dazu kamen auch rasch Fragen, die das Zusammenwirken von Maschine und Waschmittel betrafen und die von den Vertretern der Gerätetechnik nicht oder nur unzureichend beantwortet werden konnten. Hier fanden nun die „Consumer Relations"-Aktivitäten von Henkel (wenn man sie denn damals schon so genannt hätte) ein neues und dankbares Betätigungsfeld.

Mit einer eigenständigen Gruppe von Fachreferenten startete Henkel die Trainingsarbeit mit Multiplikatoren. Neben den einschlägigen Fachleuten aus der Geräteindustrie waren dies auch in viel höherem Maße als heute hauswirtschaftliche Lehrkräfte und Ausbilder sowie Beratungsfachkräfte aus der Energiewirtschaft. Damals ging es doch über weite Strecken noch darum, den elektrischen Strom als Basisenergie der Privathaushalte überhaupt salonfähig zu machen und gedankliche Widerstände in den Köpfen der Konsumenten zu überwinden! Noch 1973 umfasste diese Organisation bei Henkel 16 hauptamtliche Außendienstmitarbeiter!

Warum dieser Exkurs in die jüngere Geschichte? CRM – als Consumer Relationship Management verstanden – ist keine Erfindung des 21. Jahrhunderts, sondern in vielen Fällen in den Grundlagen bereits lange geübte Praxis. Was nun heute das Neue an CRM im Vergleich zu all diesen Aktivitäten ausmacht, wollen wir uns im Folgenden anschauen.

3. Feedback-Prozesse – ein Schlüsselelement des modernen CRM

Alles, was bisher im historischen Kontext betrachtet wurde, ist nur darauf angelegt gewesen, das Wissen und die Ansichten eines Unternehmens gegenüber dem Konsumenten deutlich zu machen. Dieser Kommunikationsprozess wurde in hohem Maße professionalisiert und institutionalisiert, ohne jedoch dem im Dialog eigentlich gleichberechtigten Rückweg den adäquaten Raum zu geben. Das Bewusstsein für die Bedeutung dieses Rückwegs wurde erst geschärft mit dem Aufkommen der so genannten Service-Telefone, die bei Henkel im Jahr 1987 erstmals eingesetzt wurden.

Der eigentliche Anlass war wieder eine Kommunikation in Richtung des Konsumenten. Das Ziel war es, drei neue Produkte unter drei bekannten Markennamen modern und zeitgemäß zu repositionieren. Um die notwendige zielgerichtet erklärende Kommunikation zu unterstützen, wurde eine gebührenfreie Telefonnummer geschaltet und in Printmedien beworben. Die zugrunde liegende Marketingidee war nun, dass interessierte Konsumenten diese Nummer anrufen und sich dort weitere, spezifische Informationen zu den Produkten abrufen. Der mit den Produkten nach Ansicht von Henkel verbundene Erklärungsbedarf ging dabei weit über das in den Anzeigen Kommunizierte hinaus. Das ganze Procedere war also – mit heutigen Ausdrücken gesprochen – gedacht als eine Art Fax-on-demand, das dann quasi vorgelesen wurde.

Am Telefon geschah nun etwas, das mit dem Erwarteten nur wenig zu tun hatte. Die Verbraucher nahmen diesen neu dargebotenen Kommunikationskanal begierig auf und nutzten ihn dazu, dem Unternehmen Henkel das mitzuteilen, was sie immer schon mal sagen wollten, mangels Adressat aber immer unterlassen hatten. Bevor jemand schmunzelt: Auch heute noch ist in Deutschland die Angabe eines Kommunikationskanals völlig unüblich. Nach aktuellen Untersuchungen gibt es auf rund zwei Dritteln aller im Lebensmittelhandel vertriebenen Verbrauchsgüter keine Information, wie man mit dem Hersteller oder Vertreiber schnell und einfach in Kontakt treten kann.

Dieses Konsumenten-Feedback (das nicht nur die drei beworbenen Produkte, sondern rasch das ganze Sortiment betraf) wurde nun zunächst handschriftlich auf Papier festgehalten und im einfachsten Umlaufverfahren bearbeitet. Mit zunehmender Menge solcher Aktennotizen wuchs aber die Erkenntnis, dass eine systematische und maschinell unterstützte Bearbeitung dieser Informationen nötig wurde. Deshalb entwickelte Henkel Anfang der 90er Jahre eine einfache Datenbank, die es erlaubte, die verdichteten Informationen aus Kontakten mit den Konsumenten im Unternehmen zielgerichtet zu verbreiten.

4. Der Aufbau der Datenbank VIAS

VIAS – das Akronym steht für Verbraucher-Informations- und Auswertungs-System – basiert im Wesentlichen auf zwei Informationshierarchien. Die eine ist die **Produkthierarchie,** mit der versucht wird, das komplexe Sortiment an Wasch-, Putz- und Reinigungsmitteln, das Henkel auf dem deutschen Markt anbietet, in Form einer Baumstruktur zu ordnen. Dadurch, dass hier am Anfang des Projekts einmal die Festlegung auf vier Baumebenen getroffen wurde, tut man sich inzwischen manchmal schwer, die sowohl durch eigene Entwicklungen als auch durch Aktivitäten der Marktpartner entstandene weitergehende Komplexität der Produkte und Produktgruppen redundanzfrei abzubilden. Ein Beispiel dafür ist die Produktkategorie der WC-Spüler, die sich anfangs noch durchaus übersichtlich als einzelnes Produkt, dem WC-Beckenstein, präsentierte. Inzwischen ist durch ein fortwährendes Wechselspiel zwischen Innovation und Verbraucherbedürfnis eine ganze Unterkategorie entstanden, die neben den klassischen Produkten für das WC-Becken auch Wasserkastenwürfel sowie flüssige und gelförmige Produkte umfasst. Hinzu kommt eine Fülle verschiedener Duftrichtungen sowie Sortimente aus Original- und Nachfüllgebinden.

Ebenso hat sich anfangs niemand Gedanken gemacht über einen sinnvollen Umgang mit der im Lauf der Jahre gesammelten Historie, deren einfache Separierung erst später in die Datenbank eingearbeitet wurde. All dies sind Effekte einer „Planung für den Moment", die während der Entstehung eines Systems häufig außer Acht lässt, wie dauerhaft bekanntlich Provisorien sein können.

Die zweite Informationshierarchie von VIAS ist die **Problemhierarchie.** Hier wird versucht, auf drei Ebenen eine Quintessenz des Kontakts mit dem Konsumenten zusammenzufassen. Dabei steht obenan die tendenzielle Art des Kontakts, also ob dieser als Reklamation, als Beratung oder eher als Bitte um Zusendung von irgend etwas einzuordnen ist. Diese bewertende Zuordnung hat keinen weiteren Einfluss auf die inhaltliche Beschreibung des Kontakts. Die inhaltliche Beschreibung erfolgt in zwei weiteren Stufen mithilfe eines Katalogs von rund 60 Haupt- und etwa 1000 Einzelthemen. Wenn dieser sehr fein graduierte Katalog nicht reicht, besteht auch die Möglichkeit, weitgehend unbegrenzt Freitext zu erfassen.

Es hat sich in der Arbeit mit dem System VIAS gezeigt, dass gerade diese Freiheit eine Schwäche des Systems ist. Da der Katalog der Haupt- und Einzelthemen aus der Arbeit der Bearbeiter heraus wächst und sich verändert, wird die Gefahr von Redundanzen und Interpretationsschwierigkeiten immer größer. Eine kontinuierliche kritische Katalogredaktion hat sich im Lauf der Jahre als unverzichtbar erwiesen und wird – verständlicherweise – immer schwieriger, je später man sie aufsetzt.

Ergänzt werden die Informationen in VIAS um allgemeine und spezielle Adressinformationen. So zählt inzwischen die Aufzeichnung der E-Mail-Adresse ebenso zum Standard wie das Festhalten der Eingangswasserhärte im Haushalt des Konsumenten sowie gegebenenfalls die Frage nach Hersteller und Typ der Wasch- bzw. Geschirrspülmaschine.

Jedem Kontakteintrag in die VIAS-Datenbank können weitere Prozessinformationen zugeordnet werden. Das betrifft beispielsweise Zusendungen durch den Konsumenten, Laboruntersuchungen eingesandter Gegenstände, Kommentare hinzugezogener Fachabteilungen und schlussendlich weitere mündliche und schriftliche Stellungnahmen der beteiligten Seiten. Dabei können einzelne Aktivitäten wie Versand von Produkten und Broschüren oder die Informationsweitergabe an Fachabteilungen auch direkt aus dem VIAS-System heraus ausgelöst werden.

Um einmal praktisch deutlich zu machen, worum es bei diesem Verfahren geht, hier ein exemplarischer Ablauf eines Verbraucherkontakts:

- Anruf beim Henkel-Verbrauchertelefon. Eine Konsumentin hat ein aus den USA bezogenes dunkelgrünes Sweat-Shirt mit einem Henkel-Feinwaschmittel gewaschen. Nun stellt sie fest, dass die Farbe an mehreren Stellen verblichen ist. Sie führt diese Beschädigung auf das Waschmittel zurück und möchte von Henkel Schadenersatz.

- Die Mitarbeiterin am Telefon fragt zunächst detailliert alle Einzelheiten zum Waschprozess ab. Da sich hieraus noch kein Anhaltspunkt für das beschriebene Problem ergibt, bittet sie die Konsumentin, das Sweat-Shirt gebührenfrei an Henkel zu senden. Dazu sendet sie ihr zwei Paketaufkleber zu, die fett gedruckt auf die gebührenfreie Zusendung verweisen. Diese Aktivität wird im Datensatz vermerkt.

- Das Sweat-Shirt geht ein, ebenso die angebrochene Packung des beanstandeten Waschmittels. Der Eingang wird ebenfalls im Datensatz vermerkt.

- Der Konsumentin wird ein neues Originalpaket des beanstandeten Waschmittels zugeschickt. Dieser Versand wird per Mausklick direkt aus dem VIAS-Datensatz ausgelöst.

- Das Textilstück wird zusammen mit dem Waschmittel ins hauseigene Prüflabor gegeben.

- Im Prüflabor ergeben sich Rückfragen. Eine Laborantin ruft die Konsumentin an und fragt, wie das Textil getrocknet worden ist, da die Lage der Ausbleichungen auf Sonneneinwirkung schließen lässt. Ergebnis: Die Ausbleichungen stimmen genau mit der beschriebenen Art des Aufhängens überein. Der in den USA verwendete Farbstoff ist offenbar im feuchten Zustand nicht lichtecht.

▶ Aufgrund des gesamten, nunmehr fertig dokumentierten Vorgangs wird die ursprüngliche Vorgangsbewertung von „Reklamation" auf „Beratung" geändert.

▶ Zwei Wochen später schreibt die Konsumentin noch einmal an Henkel und bedankt sich trotz des für sie ungünstigen Ausgangs der Angelegenheit für die Ernsthaftigkeit, die ihrem Anliegen entgegengebracht wurde. Sie fragt gleichzeitig nach einer Bezugsquelle für einen Fußboden-Spezialreiniger in der Nähe ihres Wohnorts.

▶ Eine weitere Mitarbeiterin von Consumer Relations trägt den abschließenden Kommentar in die Vorgangsbearbeitung ein und eröffnet gleichzeitig mit den Konsumentendaten einen neuen Impuls, der wiederum mit einem Klick zur weiteren Bearbeitung an den Vertriebsinnendienst gesandt wird ...

Die Ansammlung von Hunderttausenden von Vorgängen dieser Art macht aber natürlich nur Sinn, wenn auch ein entsprechendes Auswertungsprocedere zur Verfügung steht, das es erlaubt, aus all diesen Konsumentendaten die richtigen Schlüsse zu ziehen. Hier gilt ein alter Lehrsatz des Daten(bank)-managements, nämlich dass Daten erst zu Informationen werden auf der Basis eines vereinbarten Standards der Interpretation.

5. Das VIAS-Auswertungsmodul – Wie wird Wissen generiert?

Die VIAS-Datenbank ist technisch in zwei gespiegelte Hälften geteilt. Eine Seite dieses Spiegels ist die Erfassungsseite, auf der die Agenten des Consumer Service arbeiten, die andere Seite ist das Auswertungsmodul. Beide Seiten der Datenbank werden regelmäßig (zumeist arbeitstäglich) synchronisiert.

Für diese Organisationsform gibt es mehrere Gründe. Da ist zum einen das Element der Datensicherheit, sodass Schäden oder Erfassungsfehler nur den Zeitraum bis zur letzten Synchronisation betreffen können. Andererseits steigert die Teilung auch die Effizienz des Auswertungsmoduls, da sich so Auswertungsläufe und Erfassungsarbeit nicht gegenseitig behindern. Zu guter Letzt ist diese Aufteilung auch ein Beitrag zur Informationsintegrität, denn die gleichzeitige Auswertung und Erfassung von Daten kann im Extremfall natürlich dazu führen, dass ein „aktuelles" Auswertungsergebnis in Sekundenschnelle veraltet ist.

Im Laufe der jahrelangen Arbeit mit VIAS haben sich die folgenden Auswertungstypen als sinnvoll herausgestellt:

▶ Eine Betrachtung der Hauptthemen aus Sicht der Produkthierarchie. Dabei wird – auf einer beliebigen Ebene dieser Produkthierarchie – eine Auswahl festgelegt. Zu jedem Element der Auswahl werden dann die Hauptthemen aufgelistet und ihre entsprechende Anzahl in den Impulsen angezeigt.

▶ Eine Betrachtung der Einzelthemen. Hier gilt sinngemäß das gleiche, nur wird die durch die Hauptthemen gegebene Datenverdichtung aufgehoben.

Ein Beispiel soll das erklären. Gefragt sind alle Leistungsreklamationen zu allen Produkten der Marke „Weißer Riese". Während die erste Auswertung dann nur pauschal alle Impulse unter dem Hauptthema „Leistung" anzeigt, liefert die zweite Auswertung eine Auflistung aller von Konsumenten angeführten einzelnen Reklamationspunkte wie zum Beispiel Fett, Eiweiß, Pigment, Gras, Straßenschmutz etc.

Wenn diese Auswertung nur für das Produkt „Weißer Riese Gel" benötigt wird, kann die Auswahl auf der Produktseite entsprechend eingeschränkt werden.

▶ Das gleiche Auswertprinzip funktioniert auch, indem man von einem Hauptthema ausgeht und sich dann alle Produkte anzeigen lässt, die in Impulsen mit diesem Hauptthema genannt wurden.

▶ Weitere Auswertungen sind möglich nach Arten der einzelnen Impulse, nach Bearbeitungszeit sowie beispielsweise nach Impulsen, die mit Freitexten erfasst wurden.

Alle Auswertungen werden über Zeiträume von maximal zwölf Perioden erstellt, wobei eine Periode entweder eine Woche oder ein Monat sein kann. Aufgrund der Fülle des vorhandenen Materials können aktuelle Entwicklungen auf Mausklick mit historischen Daten bis zurück ins Jahr 1994 verglichen werden.

6. Der Sinn der Auswertungen – Vom Konsumenten lernen

Bei jeder aufwändig erstellten oder präsentierten Statistik stellt sich für den, der sie erzeugt, früher oder später die Frage nach dem Sinn dieses Tuns. Was also passiert mit diesen Auswertungen, die in übersichtlichen Verläufen die per Verbrauchertelefon, Brief, Fax oder E-Mail angesprochenen Themen auflisten?

Zuallererst dienen die Auswertungen der regelmäßigen Berichterstattung an alle Fachabteilungen, in deren Händen das Schicksal der von Henkel produzierten und vertriebenen Produkte liegt, also Produktmanagement, Produktentwicklung, Verpackungsentwicklung, Qualitätssicherung und Produktion. Fallweise in den Informationsfluss einbezogen werden Organisationen wie Ökologie, Produktsicherheit und Öffentlichkeitsarbeit.

Die in der Regelberichterstattung häufig verborgenen „Nachrichten hinter der Nachricht" sind Gegenstand von regelmäßigen Besprechungen all dieser Gruppen, bei denen die Mitarbeiter von Consumer Relations auf Trends und Entwicklungen eingehen, die sich weniger aus den reinen Impulszählungen ableiten lassen, denen aber nach Einschätzung dieser erfahrenen Profis der Charakter eines „informationshaltigen Grundrauschens" zukommt. Manchmal geht es dabei darum, ob man das sprichwörtliche Gras wachsen hört oder nur einzelne Anrufe oder schriftliche Äußerungen überbewertet.

Ein Gegenstand der regelmäßigen Auswertung ist die so genannte Qualitätskennziffer. Das ist mathematisch das simple Verhältnis zwischen den zu einem Produkt eingegangenen Reklamationen und den im gleichen Zeitraum ex factory verkauften Produktpackungen (in Endverbrauchereinheiten gerechnet). Dabei hat sich im Lauf der Zeit ein Schwellenwert von sechs zu 100 000 als zulässiger Standard etabliert. Alle Abweichungen nach oben sorgen so durch simple grafische Darstellung für Aufmerksamkeit und geben die Chance, nach einer Klärung zu suchen.

Auf diese Weise erfüllt VIAS auch die Aufgabe, für Henkel eine Art Frühwarnsystem zu sein. Ein solches Frühwarnsystem noch stärker zu automatisieren ist derzeit Aufgabe der Entwickler. Das Ziel dabei ist es, durch regelmäßigen Vergleich der aktuellen Werte mit den Daten der letzten sechs Monate (rollierend) Abweichungen zu erkennen, die über die üblichen Schwankungen hinausgehen und so die Produktverantwortlichen durch automatisch generierte E-Mails noch schneller zu alarmieren, als dies heute über Monatsauswertungen und den Erfahrungsschatz der beteiligten Mitarbeiter möglich ist.

Der hohe Stellenwert der Mitarbeitererfahrung ist gleichzeitig eine Schwäche des Systems. Er erschwert die fallweise oder auch längerfristige Einbeziehung von externen Call-Center-Dienstleistern ebenso wie die Integration neuer Mitarbeiter in das bestehende Team. Beides wird aber zwingend notwendig, wenn wir die rein deutsche Anwendungsplattform verlassen und versuchen, ein gleich geartetes System für den europäischen Markt aufzubauen.

Nach einer solchen Fülle von Theorie zum Abschluss ein paar Beispiele aus unserer Praxis. Was hat der direkte Draht zum Konsumenten beispielhaft bewirkt?

7. Praktische Ergebnisse

Beispiele aus der jüngeren Praxis

Anfang 1996 wurde die Rezeptur von Persil Pulver auf einen neuen Duft umgestellt. Gleichzeitig änderte man durch Beimischung von grünen Sprenkeln das Aussehen des Pulvers; ein Faktum, das auch auf der Packung ausgelobt wurde. Die Ware mit neuem Duft war also auch optisch, ja sogar „von außen", eindeutig zu erkennen.

Duft polarisiert Käufer und Verwender wie kein zweites Unterscheidungskriterium im Waschmittelgeschäft. Deshalb werden gerade Duftänderungen sorgfältig von Untersuchungen der Marktforschung begleitet, ob sie den gewünschten Effekt einer positiven Marktanteilsveränderung haben werden oder nicht. In diesem Fall nun trat zwar der gewünschte Effekt ein, dass neue Verwender hinzugewonnen wurden, gleichzeitig aber protestierten Stammverwender in so großer Zahl und gleichzeitig derart heftig, dass in den entsprechenden Gremien entschieden wurde, die Duftdosierung um 50 Prozent zu verringern. Die gewünschte Wirkung trat innerhalb weniger Wochen ein. Die Reklamationen gingen gegen Null, gleichzeitig stabilisierte sich der Marktanteil von Persil auf einem neuen, höheren Niveau.

Vor einigen Jahren registrierten wir am Verbrauchertelefon innerhalb weniger Tage mehrere Fälle, bei denen sich Käufer an den Tragegriffen von Waschmittel-Großpackungen verletzt hatten. In allen Fällen waren die Griffe an einer Seite aus dem Karton herausgerissen und hatten die Käufer an der Handinnenseite verletzt. Eine sofort nach „Alarmauslösung" gebildete Task Force fand am gleichen Tag die Schwachstelle: ein verschlissenes Nietwerkzeug in einer Packanlage. Der Fehler wurde behoben, sodass keine weiteren Fälle von Verletzungen mehr auftreten konnten.

Consumer Relations wird vielfach als Beschwerdestelle verstanden. Doch schon seit Jahren bildet die Beratung den Löwenanteil der eingehenden Impulse. Dabei sorgt die zunehmende Vielfalt der in Haushalten vorhandenen und verarbeiteten Materialien für immer neue Fragestellungen.

Seit Mitte der 90er Jahre verzeichneten wir im Bodenpflegebereich eine starke Zunahme der Fragen nach einem geeigneten Produkt für Fußböden aus Kork oder Laminat. Die Fragen waren schließlich auch ihrer Zahl nach so stark wahrzunehmen, dass ein Produkt extra für diese Bodentypen entwickelt und getestet wurde. Die Marktforschungsergebnisse waren so erfreulich, dass einem Launch nichts im Weg stand. Heute steht „Sofix für Laminat und Kork" gleichberechtigt neben seinen etablierten Schwestern aus der großen Sofix-Produktfamilie.

Eine besondere Art der Endverbraucherkommunikation ist es, Menschen zu einem durchaus schon länger zurück liegenden Thema noch einmal anzuschreiben und sie darauf hinzuweisen, dass wir aus der uns gegenüber geäußerten Kritik gelernt haben und ihnen jetzt etwas anbieten können (und gleichzeitig auch zusenden), das dem entspricht, nach dem sie damals gefragt haben. Wir haben solche Aktionen schon mehrfach mit als auch ohne ausgesprochenes Response-Element durchgeführt und bei jedem Mal beeindruckendes Feedback bekommen – am beeindruckendsten vielleicht beim letzten Mal. Anlass war die Einführung von Persil Sensitiv-Gel, dem ersten Waschmittel für haut- und duftsensible Verbraucher, das für alle Textilarten – auch farbige – geeignet ist. Wir haben alle Personen angeschrieben, die mit dem Wunsch nach einem solchen Produkt an uns herangetreten waren, und ihnen eine Flasche zugeschickt. Obwohl unsererseits kein Feedback-Element in dem Mailing vorgesehen war, haben uns über die Hälfte der Angeschriebenen geantwortet, zum Teil mit beeindruckenden Erfahrungsberichten.

www.theoprax.de – Wissen transparent gemacht

Doch Henkel sammelt nicht nur Wissen über Verbrauchergewohnheiten und Verbraucherbedürfnisse. Wir machen es auch für interessierte Dritte transparent im Rahmen unserer Website http://www.theoprax.de, die sich vorrangig an Fachleute und weitergehend interessierte Laien richtet. Hauptziel von theoprax ist es dabei, Fragen zu Wasch- und Reinigungsmitteln zu beantworten, bevor sie an Henkel gerichtet werden – also schlicht in dem Sinne, dass man das nicht mehr erfragen muss, was man schon erfahren hat. Dass die Präsentation der Inhalte dabei schon seit mehreren Jahren von zwei freundlichen gezeichneten Präsentern übernommen wird, liegt auf der Linie des Leitmotivs des Unternehmens Henkel: „Henkel – A Brand like a Friend".

Theoprax ist aber nicht nur Informations-, sondern auch Kommunikationskanal. Die E-Mail-Funktion der Website ist inzwischen der meist genutzte Gateway in Sachen schriftlicher Kommunikation, die den Briefen zahlenmäßig den Rang abgelaufen hat. Dabei liegt erstaunlicherweise der Umfang der Nutzung von theoprax weit vor dem der Marken-Websites, obwohl oder vielleicht gerade weil für die theoprax-Website nicht geworben wird.

8. Der Weg über die Ländergrenzen

Wie kann man die schwachen Signale, die für uns so wichtig geworden sind, noch besser empfangen? Ein entscheidender Schritt ist die Ausdehnung der Erfassungsbasis der Signale über Ländergrenzen hinweg. Dazu braucht man zwei wesentliche Bausteine:

- ▶ Eine Datenbank, die alle Verbraucherimpulse aus allen Ländern speichern kann und dabei möglichst landessprachlich individuelle Schnittstellen aufweisen sollte. Das bedeutet, dass in jedem Land Europas die Mitarbeiter der entsprechenden Organisationseinheiten die Inhalte der Verbraucherkontakte in ihrer Muttersprache beschreiben können, die Inhalte dabei aber auch in jedem anderen Land verstanden werden. Außerdem muss die Datenstruktur auch die Darstellung unterschiedlicher Produktstrukturen der einzelnen Ländermärkte zulassen.

▶ *Eine* Sprache und *einen* einheitlichen Begriffskanon zur Beschreibung aller Fragestellungen und Probleme rund um die Anwendung von Wasch-, Spül- und Reinigungsmitteln. Diese Anforderung erscheint vergleichsweise simpel, aber gerade sie hat sich als die härteste Nuss im Verlauf des Projekts entpuppt. Vermeintlich banale Vorgänge wie Wäsche waschen und Geschirr spülen sind von Land zu Land kulturell völlig anders geprägt und werfen so andere Fragen und Probleme auf. Einen guten Einblick in die Vielfalt der Verhaltensweisen geben z. B. die Forschungen von Prof. Stamminger an der Universität Bonn, die sich „nur" mit den Auswirkungen unterschiedlicher Handspülverfahren befassen.

Hinter diesen beiden Bausteinen steht eine größere Idee: In allen europäischen Landesorganisationen der Henkel-Gruppe das gleiche Verständnis und das gleiche Procedere des Dialogs mit dem individuellen Konsumenten zu pflegen – gleich, in welcher Rolle er sich an uns wendet. Dabei darf der individuelle Charakter des jeweiligen Landesgeschäfts nicht hinter dem Streben nach Standardisierung und einheitlicher Sprache verborgen werden. Eine besondere Herausforderung stellt dabei dar, dass es vor allem in den romanischen Ländern West- und Südeuropas viel weiter entwickelte Prozesse zur direkteren und gezielteren Ansprache besonders wertvoller Verbrauchergruppen gibt als im eher von Massenmedien und Preiswettbewerb geprägten Deutschland. Diesen Bedürfnissen muss Rechnung getragen werden, ohne dass die Pole „Standardisierung" und „Wettbewerbsfähigkeit" zu weit divergieren. All das verdeutlicht, dass der Roll-out dieses Systems im ersten und zweiten Quartal 2004 eher eine menschliche und marktpsychologische als eine technische Herausforderung darstellt. Es ist viel leichter, eine mehrsprachige Datenbank zu implementieren, als sie sinnvoll unter Überwindung kultureller Unterschiede mit Leben zu füllen.

Wohl kaum ein wirtschaftswissenschaftlicher Begriff der jüngsten Zeit hat so viele verschiedene Interpretationen erfahren wie CRM – und dies mit Recht, hat doch fast jeder seine eigene Vorstellung davon, welche Werte, Maßnahmen und Ziele er mit diesem Schlagwort verbinden wird. Die Spannweite reicht von der stark mechanistisch geprägten Unterstützung des Hard Selling bis zu Ansätzen wie „Hug your Customer". Aus der Sicht meiner Arbeit möchte ich diesem Kanon im Sinne des **Consumer Relationship Management** eine Begriffsbestimmung hinzufügen, die so im Dezember 2001 auf einer Arbeitstagung der internationalen Unternehmensvereinigung „The Conference Board Europe" in London präsentiert wurde:

„CRM is to change a big organisation's look and feel towards the one of the local grocer's at the corner of the Green."

Mit anderen Worten: Im Consumer Relationship Management haben wir dann eine erste Etappe erreicht, wenn alle unsere Werkzeuge und Maßnahmen dazu beitragen, dass sich ein Großunternehmen seinen Konsumenten im direkten Dialog so präsentiert wie der sprichwörtliche „Kaufmann an der Ecke". Bis dahin ist es überall noch ein weiter Weg.

Vertriebssteuerung mit der Balanced Scorecard

Guido Happe (Kienbaum Executive Consultants GmbH)

1. Die Dimensionen der Balanced Scorecard

Seit nunmehr zehn Jahren dient die Balanced Scorecard (BSC) als „intelligentes" Steuerungswerkzeug/-system speziell für große Unternehmen, aber auch für eine beträchtliche Anzahl von mittelständischen Unternehmen. Generell stellt die BSC ein Kennzahlensystem dar, das finanzielle und operationale Kennzahlen definiert, strukturiert und miteinander in Relation setzt. Ziel ist es, sowohl Makro- als auch Mikro-Strategien an spezifische Kennzahlen zu knüpfen.

Grundlegend für das Prinzip der Balanced Scorecard ist zunächst das Verständnis der beiden Begrifflichkeiten. „Balanced" steht für eine fortwährende Ausgewogenheit der unternehmerischen Kernziele. Langfristig können Unternehmen nur erfolgreich sein, wenn diese sich an verschiedenen Dimensionen des Unternehmens orientieren. Die vier unternehmensrelevanten Dimensionen sind in der folgenden Abbildung dargestellt.

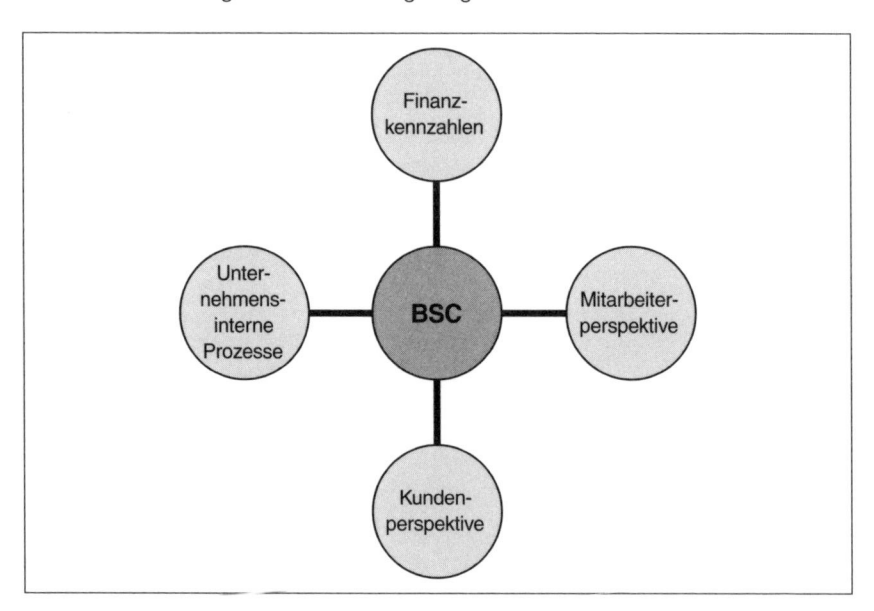

Abbildung 12: Die vier Dimensionen der BSC

Das Gleichgewicht der einzelnen Faktoren dient dazu, das klassische Problem des eindimensionalen Denkens vieler Unternehmen und einzelner Funktionsbereiche innerhalb eines Unternehmens zu managen. Eindimensionales Denken bedeutet hier beispielsweise der Fokus auf die Finanzen – Umsatz, Gewinn, Deckungsbeitragsrechungen –, ohne auf Produktqualität, Kunden- und Mitarbeiterzufriedenheit zu achten, da oft kurzfristig Finanz-Steuerungselemente Erfolge erzielen müssen. Auch ein kurzfristiger alleiniger Fokus auf „glückliche" Kunden, ohne interne Prozesse oder Deckungsbeiträge zu berücksichtigen und Mitarbeiter in ihrer Anstrengung zur Kundenbindung einzubeziehen, ist als eindimensional zu betrachten. Der Mitarbeiter als wichtigstes Element im eigenen Unternehmen wird oft artikuliert und steht auch ganz bestimmt für eine vernünftige Ansicht des Faktors Arbeit. Allerdings muss auch hier ein Gleichgewicht zwischen dem Aufwand (Zeit und Geld) zur Motivation der Mitarbeiter und notwendigen internen Prozessen bestehen und dies stets in Abhängigkeit zum Kundenmanagement.

Allgemein bedeutet „Scorecard" übersetzt „Berichtsbogen", der auf einem Kennzahlensystem basiert. Diese Kennzahlen werden schließlich nach dem Prinzip der unternehmerischen Ausgewogenheit – „Balanced" – ausgewählt. Dieses Kennzahlensystem ist auf Langfristigkeit ausgelegt und wird kontrolliert eingesetzt, um operative und strategische Entscheidungen und Prozesse zu unterstützen sowie Zielerreichungen nicht nur zu überprüfen, sondern auch zu erleichtern. Dieses Arbeitsinstrument konzentriert sich auf die wesentlichen Steuerungsgrößen im Unternehmen und flexibilisiert ein Unternehmen hinsichtlich seiner Reaktionszeiten, falls einzelne Ziele nicht erreichbar scheinen. Eine ständige Darstellung hilft, Ergebnisse zu zeigen. Diese Darstellung sollte einfach und übersichtlich, schnell verfügbar und einfach umsetzbar sein. Informationen sind hier so aufbereitet, dass diese unternehmensweit verständlich und zugänglich sind. Diese Art der Darstellung verhindert, dass Informationen gezielt vorenthalten werden. Unternehmensweite synergetische Kennzahlen auf der einen Seite, aber auch die Anpassung an individuelle Gegebenheiten (wie z.B. Konjunktur, saisonale Absatzunterschiede etc.) machen hier den Unterschied zu bisherigen Versuchen, eindimensionale Betrachtungen zu Zielerreichungen vorzunehmen.

Die Balanced Scorecard ist ein auf unternehmensweite Prozesse ausgelegtes, ausgewogenes Kennzahlensystem mit Steuerungselementen zum operativen und strategischen Management eines Unternehmens.

Finanzen

Die finanzwirtschaftliche Perspektive repräsentiert die ertragsorientierten Ziele des Unternehmens. Jede unternehmerische Aktivität ist letzten Endes darauf ausgerichtet, die Rentabilität zu sichern und zu steigern.

Kunden

Eine Konzentration auf die Kunden- und Marktperspektive ist unvermeidlich, da die Umsatzzahlen an dieser Stelle produziert werden. Nicht alle Kunden können gleichermaßen zufrieden gestellt werden, sodass eine Auswahl derjenigen Kunden und Segmente erforderlich ist, bei denen eine außerordentliche Rentabilität erreicht werden kann. Hier werden Kennzahlen wie Treue der Kunden, Zufriedenheitsskalen, Deckungsbeiträge pro Kunde bzw. pro Kundenauftrag, Aufwand (Zeit und Kosten) der Kundenbetreuung etc. definiert.

Prozesse

Ein weiteres essenzielles Glied in dieser „Kette" ist eine Betrachtung der internen Prozesse. Bei den internen Prozessen ist das zentrale Modell der Weg vom Kundenwunsch bzw. Kunden-/Marktbedarf hin zur Bedürfnisbefriedigung, also Auftragserfüllung. Primär geht es hier um die Innovationsfähigkeit der Unternehmen – Forschungs- und Entwicklungsaktivitäten und die Anzahl neuer Produktentwicklungen – also das Potenzial zur Identifizierung von Marktbedürfnissen und die Kapazität zur Produkt- und Dienstleistungsentwicklung, um diese Marktlücke zu schließen. Produkte und Dienstleistungen müssen von der Entwicklung in die Produktion transformiert werden. Hier werden produktionswirtschaftliche Kennzahlen definiert – Produktionszeiten, Ressourcen etc. – und als Steuerungselement genutzt. Nach der Produktion gilt nun die Auslieferung an die Kunden beziehungsweise an den Markt. Hier muss die Qualität der jeweiligen Kundenbeziehungen im Vordergrund stehen. Ausfallraten, qualitative (erwartete und vertrieblich versprochene) Produkt-/Dienstleistungseigenschaften, aber auch die erwartete und zuverlässige Lieferung werden durch Kennzahlen kontrolliert. Diese internen Prozesse müssen zur Rentabilitätssteigerung beitragen. Beispiele dieses Einflusses sind Produktionskosten, Auslastung von Anlagen oder Maschinen, Bearbeitungszeiten von Aufträgen, Reaktionszeiten auf Reklamationen oder auch die spezifische Verlässlichkeit und umgehende Reparatur.

Mitarbeiter

Die vierte Perspektive der Balanced Scorecard bezieht sich auf die Rolle der Mitarbeiter, um die definierten Ziele zu erreichen. Der Transformationsprozess von der Identifikation eines Kundenwunsches und eines Marktbedarfs über die Produktion oder Entwicklung hin zur zuverlässigen Auslieferung an den Kunden unter Betrachtung der Rentabilität der Prozesse kann nur gelingen, wenn die Mitarbeiter das richtige Wissen haben, sich permanent weiterbilden, die Möglichkeit haben, ihr „Produktions"-Potenzial zu nutzen, eine gewisse Loyalität und Treue zum Arbeitgeber vorweisen und einen Antrieb zur Erreichung notwendiger Ergebnisse haben (Motivation). Ein Unternehmen muss demnach dafür sorgen, dass ein zufriedenheitsförderndes Arbeitsumfeld existiert, gezielte und permanente Weiterbildungsmaßnahmen durchgeführt werden und individuelle Förderungen von Mitarbeitern und ihrer jeweiligen Kompetenzen vorgenommen werden.

Die BSC kombiniert eine Ausrichtung auf unternehmensübergreifende Prozesse, aber auch Produkte und sorgfältige Datenanalyse der Vergangenheit mit der Marktwahrnehmung, der Kundenwahrnehmung und der internen Qualität personeller Ressourcen. Hierdurch wird die BSC zu einem kontinuierlich automatisierten Werkzeug für strategisches und operatives Feedback zwischen sämtlichen unternehmensbeeinflussenden Faktoren – intern, extern, direkt, indirekt.

2. Anwendungsmöglichkeiten der Balanced Scorecard im Vertrieb

Eine relevante Ressourcengruppe der Balanced Scorecard ist der Vertrieb (Außendienst – Innendienst). Der Vertrieb beinhaltet alle Mitarbeiter, die direkt und persönlich akquisitorisch auf dem Markt tätig sind, um Aufträge und Kunden für das Unternehmen zu gewinnen. Die BSC kann in Unternehmen aller Größen und Branchen angewendet werden, welche über eigene Vertriebmitarbeiter verfügen.

Selbstverständlich soll an dieser Stelle kein gänzliches „neues Rad" dargestellt werden, sondern vielmehr ein notwendiges „perspektivisches Rad" mit intelligent aufeinander abgestimmten „Speichen". Aufeinander abgestimmte „Speichen" dienen der Stabilität und der Haltbarkeit eines Rades. Gleichzeitig müssen ausreichend parallele „Speichen" existieren, damit bei Auswechslung einer oder mehrerer „Speichen" das Rad trotzdem nicht nur läuft, sondern während der Veränderungsphase – also unter Belastung und Druck – stabil, rund, wartungsfrei und geschwindigkeitstreu läuft.

Es werden keine neuen Unternehmensstrategien entwickelt, sondern Strategien effizient umgesetzt. Die BSC ist transparentes Werkzeug für Führungskräfte und Mitarbeiter. Der Vertrieb ist der exekutive Arm der Strategie. Letztere ist nicht Theorie, sondern praktischer Wegweiser, basierend auf fundamentaler und kontinuierlicher Markt- und Datenanalyse.

Aufgabe eines Vertriebsmanagements ist es,

- Ziele
- Märkte
- Kundensegmente
- Aktivitäten
- etc.

festzulegen und diese mit den Vertriebs-/Außendienstmitarbeitern abzustimmen und umzusetzen.

Die BSC ist zu folgenden Zwecken einsetzbar:

- Umsetzung
- Zielerreichung
- Zielüberprüfung
- Optimierung
- Weiterentwicklung

Zehn sinnvolle Module für den Einsatz der BSC im Vertrieb stellen sich wie folgt dar (vgl. Abbildung 13 – ohne auf eine Rangfolge hinzuweisen):

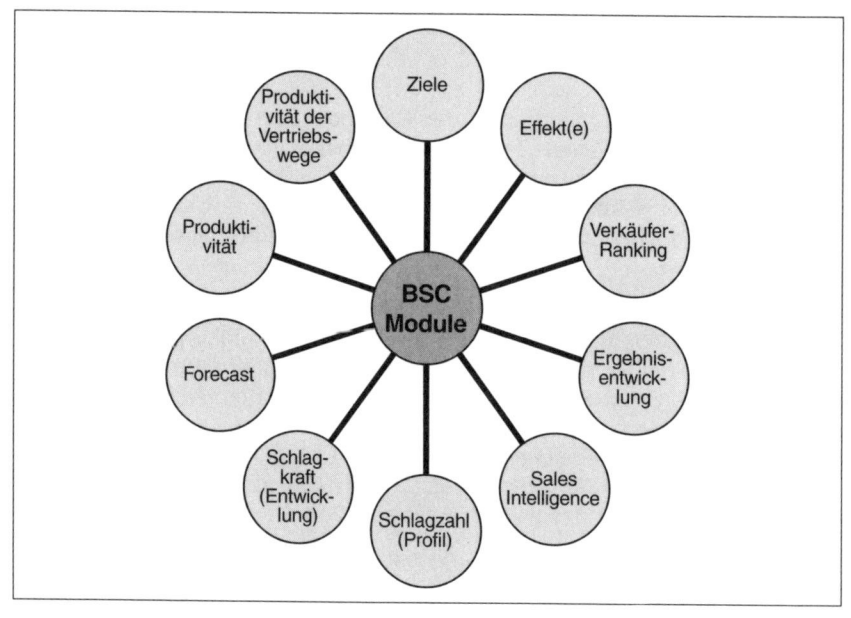

Abbildung 13: Module der Balanced Scorecard

1. Ziele

Ziele werden im Idealfall gemeinsam mit den einzelnen Vertriebsmitarbeitern festgelegt, um eine gemeinsame realistische Sichtweise zu haben. Diese Ziele können qualitativ und quantitativ sein. Ein qualitatives Beispiel ist die Gewinnung eines speziellen Unternehmens als neuen strategischen Kunden, ohne die Gewissheit über Umsatzvolumina zu haben, jedoch mit bekanntem Umsatzpotenzial. Quantitativ werden Ziele anhand von Stückzahlenverkauf nach Zeit, Verkaufsstückzahlen allgemein oder auch reine Verkaufsumsätze vorgegeben bzw. vereinbart. Dies wiederum wird und kann dann auf Produktbereiche oder Vertriebsregionen – vertikale und horizontale – heruntergebrochen werden.

Hier wird für jeden Vertriebsmitarbeiter ein Soll-Ist-Vergleich des Ergebnisses erstellt. Abschließend werden alle Vertriebsmitarbeiter miteinander verglichen, wobei die Ergebnisse im Zeitverlauf zu vergleichen sind. Sofern Vorgaben für Neugeschäft und Bestandskundenausbau separat existieren, müssen je Vertriebsmitarbeiter zwei zusätzliche Linien für Vorgaben und für Ergebnisse eingepflegt werden.

Der Soll-Ist-Vergleich sollte für das gesamte Team und jeden individuellen Vertriebsmitarbeiter in vier Phasen überprüft und zusammengefasst werden:

- monatlich
- quartalsweise
- halbjährlich
- jährlich

2. Effekt(e)

Mit der Veranschaulichung und Messung von Effekten wird angezeigt, wie und wann sich definierte und spezifische vertriebliche Tätigkeiten in Ergebnissen positiver oder negativer Art umsetzen.

Hierzu werden definierte vertriebliche Tätigkeiten je Vertriebsmitarbeiter vorgegeben bzw. vereinbart:

- Anzahl der Kundenbesuche
- Anzahl der Cold Calls

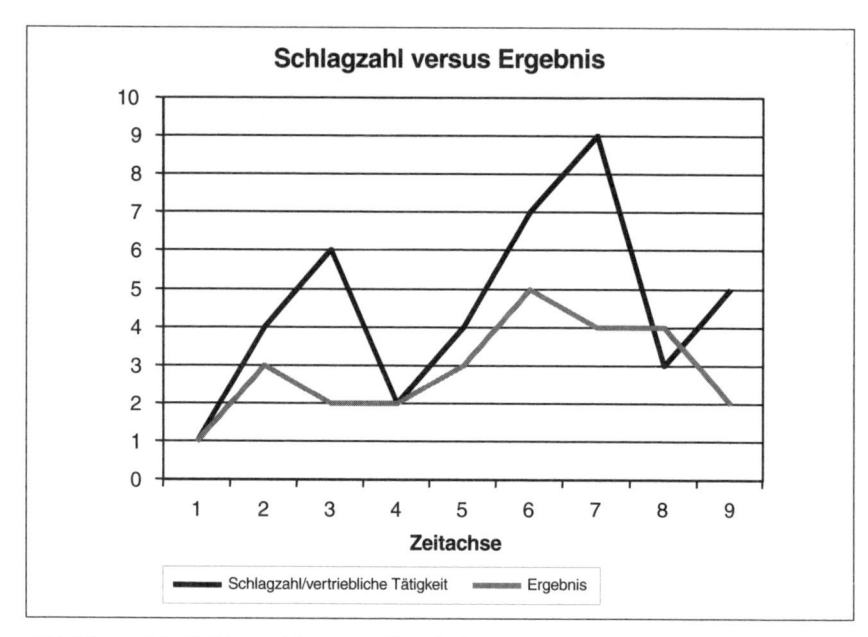

Abbildung 14: Schlagzahl versus Ergebnis

3. Schlagzahl/Schlagkraft

Die *Schlagzahl (Profil)* zeigt, wie viele und welche aktiven Tätigkeiten mit welcher Häufigkeit und Intensität jeder Vertriebsmitarbeiter ausführt, wobei die *Schlagkraft-Entwicklung* im direkten Vergleich der Außendienstmitarbeiter verdeutlicht, welcher Vertriebsmitarbeiter die „höchste Schlagzahl" insgesamt hat und wie sich diesbezüglich die „Schlagkraft" verändert.

Die folgende Tabelle zeigt ein Beispiel für eine sinnvolle Darstellung von Vertriebsaktivität (Schlagzahl) und Ergebnis (Schlagkraft). Diese Tabelle kann nun noch erweitert werden, wenn aus der Monatssicht eine Jahressicht wird, um die einzelnen Monate direkt miteinander zu vergleichen. Hieraus könnten sich dann eventuell Signifikanzen für spezielle Monate ergeben oder auch Hinweise darauf, ob und wie bestimmte Mitarbeiter Kontinuität aufweisen oder ebenfalls innerhalb eines Jahres in bestimmten Monaten vom Ziel abweichen. Kontinuierliche Entwicklungsstände werden verdeutlicht und die Möglichkeit zur direkten „Begleitung" der Mitarbeiter geschaffen.

Ver-triebs-mitar-beiter	Anzahl Cold Calls (CC) pro Monat	Anzahl Kunden-besuche (KB) pro Monat	Anzahl Auftrags-eingang (AE) pro Monat	% Anteil CC/KB	% Anteil KB/AE	% Anteil CC/AE
A	20	5	2	25	40	10
B	40	8	5	20	61,25	12,25
C	10	2	2	20	100	20
D	30	6	3	20	50	10
N	60	12	3	20	25	5

Tabelle 1: Darstellung von Vertriebsaktivitäten/-produktivität

Die tabellarische Aufstellung bietet den Vorteil, dass sehr übersichtlich deutlich wird, welches Verhältnis der definierten Vertriebsaktivitäten mit dem erzielten Ergebnis existiert.

Cold Calls (CC), Kundenbesuche (KB) und Auftragseingang (AE) werden hier grafisch miteinander ins Verhältnis gesetzt.

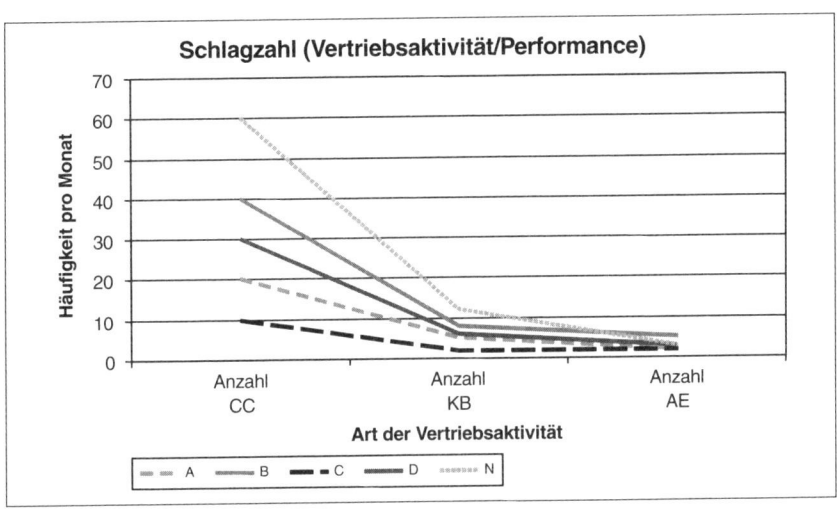

Abbildung 15: Grafische Darstellung von Vertriebsaktivitäten (absolut)

Die Darstellung wird prozentual noch aussagekräftiger (vgl. Abbildung 16). Idealerweise definiert das Unternehmen bzw. der Vertriebsleiter die Prozentmarke, die die Erwartung seinerseits bzw. seitens des Unternehmens darstellt. Hier wurde die Marke hinsichtlich der Quote Anzahl der Kundenbesuche zu Auftragseingängen bei 40 Prozent gesetzt (gestrichelte schwarze Linie). Gemäß Abbildung 15 befinden sich alle vier Vertriebsmitarbeiter in bzw. über dieser Marke, was daraufhin deuten kann, dass die Kundengespräche nicht nur sehr gut gelaufen sind, sondern vielmehr die Vorqualifizierung offensichtlich effizient war und Kundenbedürfnisse zielgerichtet analysiert wurden. Des Weiteren kann nun noch eine Marke für die weiteren Verhältnisangaben definiert werden. So kann beispielsweise die Erwartung existieren, dass ein Vertriebsmitarbeiter 20 Prozent aller Unternehmen, die er telefonisch kontaktiert hat, auch für einen ersten Kundenbesuch terminiert. Diese Marke ist individuell zu treffen, da ein Unternehmen zwischen der Komplexität verschiedener Produkte oder Dienstleistungen und dem bekannten Sättigungsgrad eines zu verkaufenden Produkts auf dem avisierten Marktsegment etc. unterscheiden sollte. Das Verhältnis zwischen der Anzahl der Cold Calls und den anschließenden Auftragseingängen kann ebenfalls in einen Soll-Ist-Vergleich aufgenommen werden, indem eine Marke definiert wird. Es ist sinnvoll, jeweils individuelle Erwartungen und Bewertungen, abhängig von Komplexität, Preisvolumen, Marktsättigung etc., vorzunehmen.

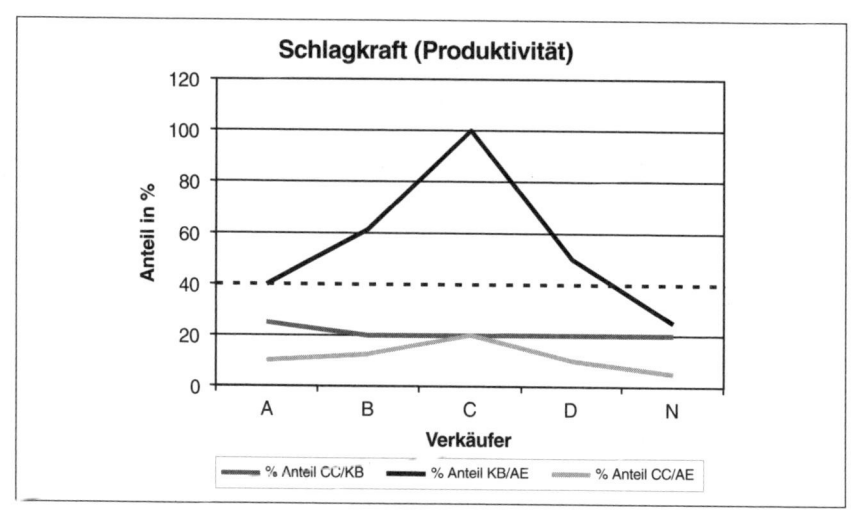

Abbildung 16: Grafische Darstellung von Vertriebsaktivitäten (prozentual)

Dieser Abgleich verdeutlicht, ob es eine Übereinstimmung bzw. sichtbare Korrelation zwischen der Schlagzahl, sprich den spezifischen vertrieblichen Tätigkeiten und den vertrieblichen Ergebnissen gibt bzw. an welchem „Rädchen gedreht" werden muss. Dies wird sowohl individuell für jeden einzelnen Vertriebsmitarbeiter abgebildet als auch wiederum für das gesamte Team.

4. Vertriebsmitarbeiter-Ranking

In dem Vertriebsmitarbeiter-Ergebnis-Ranking werden die Vertriebsmitarbeiter direkt miteinander verglichen hinsichtlich:

- Umsatz
- Kosten
- Deckungsbeitrag (I bzw. II)
- durchschnittlicher Umsatz je Kunde

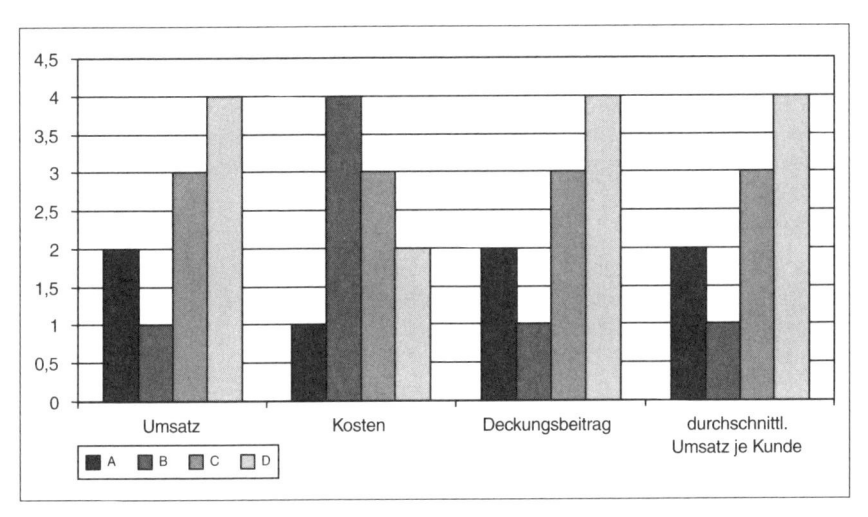

Abbildung 17: Vertriebsmitarbeiter-Ranking

Transparente Motivationsprogramme, variable Vergütungssysteme und vertriebliche Aktivitäten werden abgeleitet. Selbstverständlich muss sichergestellt werden, dass eine vergleichbare Ausgangslage hinsichtlich Vertriebsgebiet, Produkt und erreichbare Kunden zwischen den Vertriebsmitarbeitern existiert, um ein objektives und aussagekräftiges Ergebnis zu erhalten.

5. Ergebnisentwicklung

Die Ergebnisentwicklung wird dargestellt, indem die individuell erwirtschafteten Ergebnisse (als Ergebnis kann hier zunächst sowohl der reine Umsatz gewertet werden, sollte jedoch fokussiert auf den Profit sein) der Vertriebsmitarbeiter wöchentlich oder monatlich ausgewertet und miteinander verglichen werden. Die Ergebnisentwicklung stellt, anders als das Vertriebsmitarbeiter-Ranking (welches Positionen darstellt), absolute Zahlen dar.

6. Sales Intelligence

Hier werden vertriebliche Tätigkeiten, Markt- und Kunden-Potenzialkontaktarten wie

- Telesales und Cold Calls,
- E-Mailings,
- Mailings,
- Messeakquise,
- physische Kundenbesuche

überprüft und die Ergebnisse einzeln aufgeführt. Deutlich wird mit derartigen Analysen, in welchen Bereichen wie viel gearbeitet wird, welcher Weg effizient erscheint und wie die Produktivität gesteigert werden kann, ohne zusätzlichen Arbeitsaufwand zu produzieren. Hier werden nicht einzelne Vertriebsmitarbeiter abgebildet, sondern die Gesamtsumme bilanziert.

7. Forecast

Unter Forecast wird eine Ergebnishochrechnung vorgenommen, um Zielvorgaben und Zielerreichungen abzugleichen. Das Ergebnis bzw. die Lücke signalisieren bereits frühzeitig geeignete und notwendige Gegenmaßnahmen, speziell wenn man die bisherigen „Speichen" betrachtet.

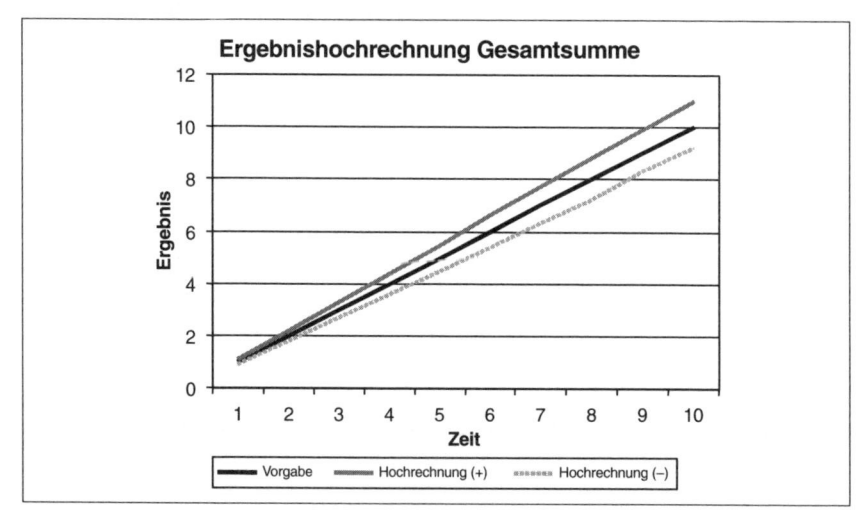

Abbildung 18: Forecast

8. Produktivität

Hier wird verdeutlicht, wie sich die Performance (Schlagzahl) und die Produktivität (Schlagkraft) der einzelnen Vertriebsmitarbeiter entwickelt.

Der Produktivitätsquadrant gestattet eine Übersicht über das Geschäftsjahr insgesamt (vgl. Abbildung 19). Um einen besseren Überblick zu gewähren, sollten quartalsweise die Ergebnisse der einzelnen Mitarbeiter ebenso in das „Kreuz" eingegeben werden. Wie in Tabelle 2 definiert, werden die jeweiligen Quartalsergebnisse mit AQ1, AQ2, BQ4, CQ3 etc. eingepflegt.

Mitarbeiter	Geschäftsjahr	Quartal 1	Quartal 2	Quartal 3	Quartal 4
A	A (G)	A Q1	A Q2	A Q3	A Q4
B	B (G)	B Q1	B Q2	B Q3	B Q4
C	C (G)	C Q1	C Q2	C Q3	C Q4
D	D (G)	D Q1	D Q2	D Q3	D Q4
N	N (G)	N Q1	N Q2	N Q3	N Q4

Tabelle 2: Periodenergebnisse

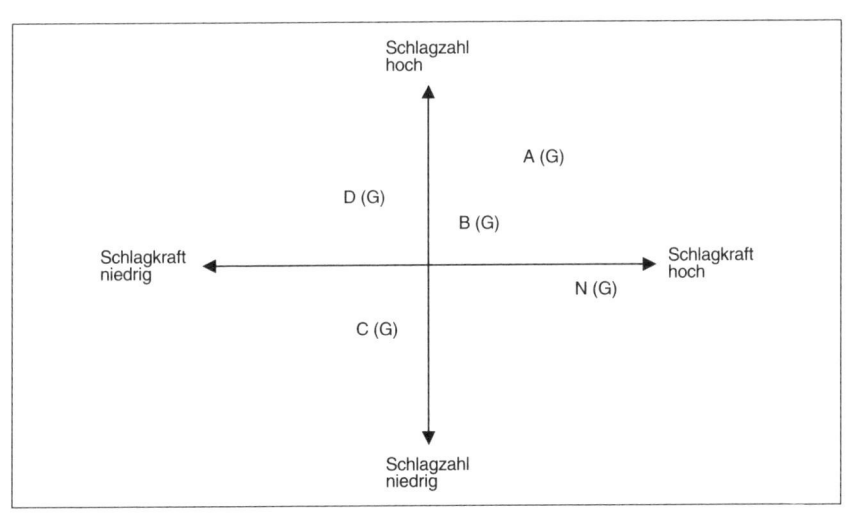

Abbildung 19: Produktivitätsquadrant (Vertriebsmitarbeiter)

9. Produktivität der Vertriebswege

Vertriebswege sind vertriebliche Herangehensweisen an den Markt und die (potenziellen) Kunden. Unterschieden werden kann sinnvollerweise zwischen den bereits zuvor erwähnten Aktivitäten (vgl. Abbildung 20):

- Telesales und Cold Calls (I)
- E-Mailings (II)
- Mailings (III)
- Messeakquise (IV)
- physische Kundenbesuche (V)

(G) steht hier für das gesamte Geschäftsjahr. Idealerweise betrachtet man zusätzlich zum Gesamtjahr auch die einzelnen Quartale des betreffenden Geschäftsjahres.

Mithilfe dieses Portfolios kann man verfolgen, wie sich die einzelnen Vertriebswege hinsichtlich Performance und Produktivität entwickeln. Hierdurch werden Effektivität und Effizienz für das gesamte Vertriebsteam verdeutlicht und gleichzeitig strategische Vertriebsmaßnahmen überprüft. Als Ergebnis kann sowohl stehen, dass man bestimmte Vertriebswege trotz geringer „Schlagzahl" äußerst effizient und ergebnissignifikant nutzen kann. Ebenso kann ein Ergebnis sein, dass es Vertriebswege gibt, die, egal mit wie viel Aufwand (Schlagzahl), zu keinerlei Produktivität (Schlagkraft) führen. Den Ergebnissen zufolge sind weitere strategische Vertriebsansätze abzuleiten.

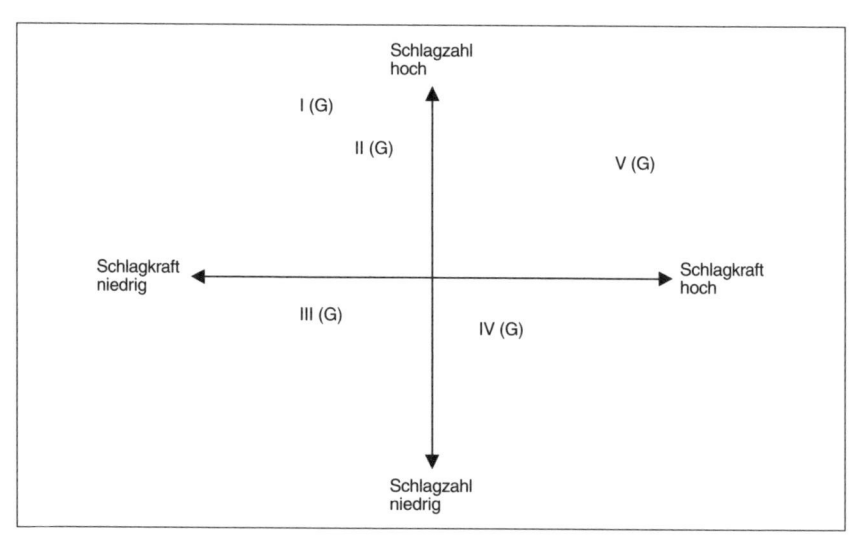

Abbildung 20: Produktivitätsquadrant (Vertriebswege)

3. Ausblick

Wenn die BSC eingeführt wird, so ist diese zunächst als Trichter zu sehen: Mit fortschreitender zeitlicher Nutzung wird eine Feinabstimmung vorgenommen. Dies bedeutet, dass durchaus Änderungen genutzt werden können, um möglichst unternehmensbezogene und standardisierte Werte und Kennzahlen zu definieren, aber individuelle Anpassungen leicht und verständlich vorgenommen werden können. Am Anfang einer ersten Nutzung kann dies einschneidende Veränderungsmaßnahmen notwendig machen, aber im Lauf der Zeit sind die Möglichkeiten und Hilfestellungen spürbar und die Korrekturen valider und transparenter.

Zieht man eine Parallele zum Erlernen des Radfahrens, dann werden die Schmerzen und Korrekturen anfangs hoch sein. Im Zeitverlauf wird die Technik erlernt, verinnerlicht und nur noch kleine Korrekturen vorgenommen. Sollte man das Rad wechseln oder wird das Gelände komplizierter beziehungsweise komplexer, so kann dies selbstverständlich Neuerungen, Veränderungen und Balanceakte verursachen. Am Ende ist ein Rad aber immer noch ein Rad. Wer es einmal gelernt hat, vergisst dies nie, passt seine Fähigkeiten „nur" noch an neue Modelle und Situationen an.

Der Vertrieb steht in vielen Branchen vor großen und kontinuierlichen Veränderungen mit zunehmendem Veränderungs-/Anpassungsdruck. Umso wichtiger ist der Aufbau eines intelligenten „Werkzeugkoffers", der, egal wie sich die „Modelle" und/oder Situationen/"Gelände" verändern, immer griffbereit und einsatzfähig ist, gleichzeitig eine lange Werthaltigkeit hat und zudem einfach in der Nutzung ist.

Die Einführung der BSC im Vertrieb bedeutet für das jeweilige Unternehmen die präzise Planung und Definition von

- ▶ kurzfristigen (0 bis 6 Monate),
- ▶ mittelfristigen (6 bis 12 Monate),
- ▶ langfristigen (12 Monate +)

qualitativen und quantitativen Zielen.

Wichtig ist das Bewusstsein, dass ein zielorientierter Veränderungsprozess angestoßen wird, welcher Ergebnisse der Gruppe und eines Einzelnen transparent macht. Des Weiteren sind regelmäßige Teamsitzungen notwendig und die Pflege der Kennzahlen essenziell, um eine zuverlässige Unternehmensplanung zu gewährleisten und flexibel in die Unternehmensplanung eingreifen zu können. Zu bedenken ist stets, dass der Vertrieb ein zentraler Aspekt des Unternehmenserfolgs ist und daher sowohl signifikante positive als auch negative Auswirkungen haben kann. Saubere Definitionen, Soll-Ist-Abgleiche und interne Potenzialanalysen sind die Grundlagen für jede Zielerreichung sowie eine eindeutige Kommunikation mit den Mitarbeitern und die Zusammenarbeit innerhalb des Vertriebsteams.

Checkliste: Einführung der BSC im Vertrieb

Bei der operativen Einführung der BSC im Vertrieb sind folgende Fragestellungen zu beantworten:

- ❑ Welche Kennzahlen existieren bereits im Unternehmen?
- ❑ Welche Unternehmensbereiche sind vom Vertriebsteam beeinflusst bzw. wirken beeinflussend?
- ❑ Was sind die Abhängigkeiten innerhalb des Vertriebsteams und wie sieht die Vertriebsstruktur aus?
- ❑ Gibt es definierte Umsatzziele und -vorgaben?
- ❑ Wird ein bestehendes Kennzahlen-Controlling-System abgelöst? Falls ja, welcher Zeitraum ist für den Übergang geplant? Falls nein, ist das bisherige System mit einer detaillierten BSC kompatibel und können die Ergebnisse transparent übertragen werden?
- ❑ Welche Personen sind bei der Einführung beteiligt? Sind diese Personen ausreichend informiert und gibt es ein einheitliches Verständnis bezüglich der BSC?
- ❑ Gründung eines Einführungs- und Leitungsteams: Bestimmung des Teams, Verantwortungen der einzelnen Personen, Zeitrahmen und Termine für regelmäßige Teamsitzungen.
- ❑ Gibt es Personen innerhalb des Unternehmens, gleich, welchen Bereichen diese angehören, die bereits Erfahrungen mit der BSC haben? Falls ja, sollte dieses Know-how genutzt werden.

Business Performance Management

Bodo Herlyn (Orenburg Deutschland GmbH)

1. Begriffsklärung

Die Jagd nach effizienten Wegen, um Information für eine Optimierung von Geschäftsprozessen nutzbar zu machen, hat Unternehmen viele Jahre lang beschäftigt und stellte für jeden, der an diesen Entwicklungen beteiligt war, eine enorme Herausforderung dar. Die immense Komplexität dieser Aufgabe ergibt sich aus der Notwendigkeit, folgenden Anforderungen zu entsprechen:

- formales Reporting
- unstrukturierte Analysen
- Unterstützung aller Organisationsebenen
- Flexibilität für die Endanwender
- Bewältigung großer Datenvolumina
- schnelle Applikationsentwicklung
- niedrige Anschaffungskosten
- Skalierbarkeit
- Geschwindigkeit

Business Performance Management nimmt diese Anforderungen als Basis, um die Software- und Service-Angebote der Anbieter in die Richtung der Anwendererwartungen zu entwickeln. Die Anwender sind ernüchtert, dass nach nunmehr drei Jahrzehnten die Versprechungen der Software-Industrie an entscheidungsunterstützende Systeme weitgehend unerfüllt geblieben sind (vgl. Abbildung 21). Kaum ein Unternehmer ist in der Lage, die wichtige Frage zu beantworten, wie profitabel eigentlich seine Kunden sind. Dabei liegen die Informationen dazu in den Enterprise-Resource-Planning-(ERP)-Systemen vor, insbesondere wenn diese um die den Kunden zurechenbaren Vertriebsaufwendungen aus Customer-Relationship-Management-Systemen (CRM) ergänzt werden.

Die Inhalte von Business Performance Management sind nicht neu, unterstreichen aber die ernüchternde Erkenntnis, dass der Fokus auf intelligente Software und Systeme nicht ausreicht, um beispielsweise die Wertschöpfung von Unternehmen zu erhöhen. Technologiebeladene Data-Warehousing-Projekte waren häufig von den konkreten Business-Anforderungen des Managements stark entkoppelt, sodass trotz hoher IT-Infrastrukturinvestitionen der greifbare geschäftliche Mehrwert auf der Strecke blieb.

Business Performance Management hat sich mittlerweile zu einem Lieblingsthema der Wirtschaftsauguren entwickelt. Unternehmen haben realisiert,

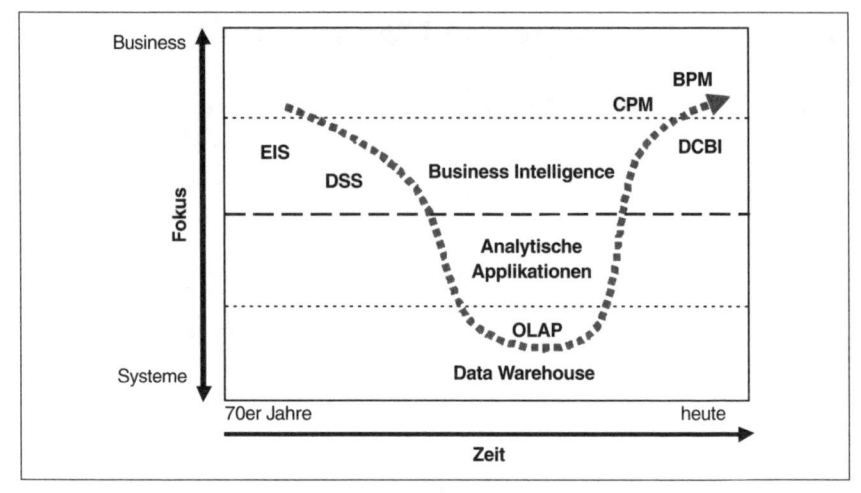

Abbildung 21: Dreißig Jahre Performance Management – zurück zum Management-Fokus

dass Anwendungen wie Reporting, statistische Analysen, Prognosen und Data Mining ihrer Organisation dabei helfen können, bessere Entscheidungen zu treffen. Doch die praktische Umsetzung erfolgte bislang nur in geringem Maße. Ergänzend erfordert die Unterstützung von Entscheidungsprozessen mehr als nur Reports, Charts, Drill-down-Funktionen und Key-Performance-Indikatoren.

Decision Centric Business Intelligence:
Die neue Plattform für Business Performance Management?

IDC veröffentlichte Anfang 2004 die Untersuchung mit dem Titel „Policy Hubs: Progress towards Decision Centric BI". Die Studie befasst sich mit einer Analyse des Entscheidungsprozesses und differenziert Aktivitäten und Phasen, die sich in den Schritten von der Informationsbereitstellung bis zur endgültigen Entscheidungsfindung abspielen und einen kollaborativen Entscheidungsfindungs-Workflow bilden.

Während in den ersten Phasen Business Intelligence (BI) wichtige Dienste leistet, wird für spätere Prozessschritte eine neue Form von BI benötigt, die Henry Morris als „Decision Centric Business Intelligence" (DCBI) bezeichnet.

Die häufig fehlende Verbindung zwischen der Informationsbereitstellung und den nachfolgenden Entscheidungsprozessen bezeichnet IDC als „learning gap". DCBI hilft den Unternehmen bei der Überwindung dieser Prozesslücke mit dem Ziel, effizientes Business Performance Management zu etablieren.

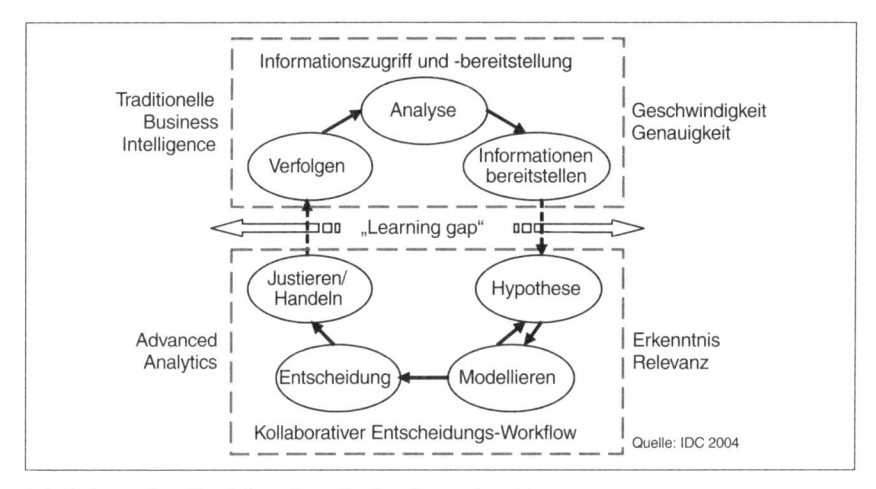

Abbildung 22: Decision Centric Business Intelligence

Somit ist es dringend erforderlich, zu einer neuen Definition der existierenden, realen Anforderungen zu gelangen, ist es doch erst dann möglich, ein Software-Produkt effizient zu bewerten und darauf zu prüfen, inwieweit es imstande ist, die Organisation hinsichtlich des Business Performance Managements zu unterstützen.

2. Implementierung von Decision Centric Business Intelligence

Es gibt stets zwei Arten von Daten – die, die man sucht, und die, die man schließlich findet. Diesem Prinzip folgten früher der Zugriff und der Gebrauch von Daten in vielen Unternehmen. Mit der Digitalisierung der Aktenschränke hat sich dieses Bild gewandelt. Dass sich die entscheidungsrelevanten Informationen zur richtigen Zeit, in der richtigen Form am richtigen Ort befinden ist nicht mehr dem Zufall überlassen. Unzureichende oder nur oberflächliche Kenntnisse der Werkzeuge, die Vernachlässigung der organisatorischen Aspekte und falsche Einschätzungen verhindern allerdings oftmals den effizienten Gebrauch der an sich hilfreichen Instrumente.

Genaue und realistische Projektstrukturierung

Voraussetzung einer zielgerechten BI-Lösung ist eine präzise Bedarfsanalyse. Diese muss klären, welche Kennzahlen durch das BI-System vorbereitet werden sollen, für welche Anwender mit welchen Anforderungen diese benötigt werden und aus welchen Datenquellen die entsprechenden Auswertungen gespeist werden sollen. Ungenaue Bestimmungen in diesem Bereich führen später zu Unklarheiten und Enttäuschungen. Äußerst hilfreich in diesem Prozess ist der schnelle Aufbau von Prototypen mit realen Kundendaten, die den späteren Anwendern bereits zu einem frühen Zeitpunkt realistische Ziele und Möglichkeiten aufzeigen. Aus dieser ersten Standortbestimmung leitet sich im Anschluss eine exakte Projektstrukturierung und -vorgehensweise ab, in der die einzelnen Implementierungsschritte festgelegt werden. Das Unternehmen bestimmt Zeitplan und Ablauf des Projekts zusammen mit dem beauftragten Beratungsunternehmen und legt in diesem Zusammenhang sowohl Meilensteine als auch Verantwortlichkeiten fest.

Qualität und Verfügbarkeit der Informationen aus den Quellsystemen

Um Daten effizient einbinden zu können, muss zunächst der Zugriff auf diese Daten geklärt sein: Wie und in welcher Form sind die Daten über welche Schnittstellen abrufbar und welche Änderungen müssen vorgenommen werden, um den Datentransfer im gewünschten Format zu gewährleisten? Weiterhin ist zu untersuchen, ob die Daten konsistent sind und mit welchem Verdichtungsgrad diese übernommen werden sollen. Die Entscheidung über den Verdichtungsgrad (Granularität) hat umfangreiche Auswirkungen auf den Detailierungsgrad und die Performanz der Analysen. Wichtig ist hierbei, dass nicht undifferenziert der Detailreichtum operativer ERP-Systeme nachgebildet wird, da dies in der Regel auf Kosten der analytischen Aussagekraft geht.

Einbindung und Schulung der Fachabteilungen

Alle betroffenen Mitarbeiter sollten bereits von Beginn an erste Projektschritte begleiten und über die Ziele, den Ablauf und die Struktur der BI-Lösung informiert sein, um die Implementierung aktiv unterstützen zu können. Angesichts hartnäckiger Skeptiker in verschiedenen Fach- und IT-Abteilungen ist diese Integration und Abstimmung besonders wichtig, um eine erfolgreiche und effiziente Nutzung der BI-Instrumente nach der Implementierung sicherzustellen.

Berücksichtigung des Zeitaufwands für die Erstellung von BI-Applikationen

Bei der Implementierung von BI-Lösungen tauchen immer wieder Missverständnisse auf, die auf fehlende Kenntnisse der Verantwortlichen zurückzuführen sind. Sie unterschätzen häufig den Aufwand, der mit der Installation einer solchen Lösung verbunden ist. Dauer und Vorgehensweise der Implementierung führen in der Folge häufig zu Ernüchterung. Es setzt unbedingt Erfahrung im Umgang mit BI-Lösungen voraus, um zu realistischen Einschätzungen zu kommen, zumal Verzögerungen immer auch Mehraufwand implizieren.

Priorisierung des BI-Projekts

Die Priorisierung des Projekts ermöglicht einen stringenten und verzögerungsfreien Ablauf der Implementierung. BI-Projekte sind Chefsache. Dies ist zwar häufig geäußerter Anspruch vieler IT-Projekte, doch geht es im BI-Kontext um nicht weniger als die Schaffung einer Basis für erfolgreiche Unternehmenssteuerung. Da in Unternehmen erfahrungsgemäß ein ständiger Wettbewerb um Projekthierarchien herrscht, sollte diese von Anfang an verbindlich fixiert werden.

Realistische Erwartungen der Kunden

Die Arbeit mit BI ist kein auf einen kurzen Zeitraum begrenztes Projekt, sondern ein Prozess, der seinen Mehrwert nur auf Basis ständiger Aktualisierungen und Anpassungen an neue Herausforderungen erbringen kann. Hierbei sollten die ausgewählten Werkzeuge gewährleisten, dass die Projektverantwortlichen in den Unternehmen die implementierte Lösung nachvollziehen können und Anpassungen auch ohne IT-Spezialisten beherrschbar sind. Die einfache Wartung und Pflege von BI-Systemen entscheidet nicht nur über die laufenden Kosten, sondern vor allem über den Nutzen und das Potenzial für das gesamte Unternehmen und somit dessen Wettbewerbsfähigkeit.

Business Intelligence ist kein Allheilmittel und Erfolgsgarant für Unternehmensstrategien. Auf die Firmenbedürfnisse abgestimmt und konfiguriert, können jedoch entscheidende Vorteile gegenüber Mitbewerbern am Markt erzielt werden.

3. Das Management Intelligence Toolkit

Die innovativste Lösung für die Optimierung von Entscheidungsprozessen und damit Business Performance Management ist es, Unternehmen die Möglichkeit zu geben, die von ihnen benötigten Applikationen, ohne jede Programmierung, allein durch das Kombinieren von Komponenten und Funktionen zu generieren. Dieser Toolkit-Ansatz garantiert ein Maximum an Entwicklungsgeschwindigkeit, eine kundenspezifische Anpassung und minimalen Wartungsaufwand. Um diesen, ausschließlich auf unternehmerische Anforderungen ausgerichteten und auf Prozesse der Entscheidungsfindung zugeschnittenen Ansatz klar von der technologielastigen Business Intelligence zu differenzieren, haben wir den Begriff der Management Intelligence geprägt. Das Konzept entspricht den Decision-Centric-Business-Intelligence-Lösungen.

Software-Werkzeuge, die dazu dienen, einfache und kosteneffiziente Lösungen für die Implementierung von Business Performance Management über die gesamte Organisation hinweg bereitzustellen, lassen sich als Management Intelligence Toolkits (MIT) klassifizieren. Bei dieser neuen Generation von Werkzeugen handelt es sich um Applikationsgeneratoren, die Unternehmen bei der Erstellung von Modellen ohne jegliche Programmierung unterstützen, um flexibel, einfach und bezahlbar die einzelnen Unternehmensprozesse abbilden, simulieren und managen zu können.

Hierbei sind der Kreativität der Anwender keine Grenzen gesetzt, da Business Performance Management weder spezielle Kenntnisse über Prozeduren und Techniken noch das Erlernen komplexer bzw. starrer Sprachen voraussetzt. Die Aufgabe des Unternehmensmanagements ist es, permanent Lösungen für die unterschiedlichsten und leider meist nicht vorhersagbaren Probleme zu finden. Hierfür kann es keine vorgefertigten Standardantworten geben; vielmehr sind die benötigten Antworten geformt, modelliert und perfektioniert, um sie exakt auf das vorliegende Problem abzustimmen.

Eine erste Liste mit Anforderungen könnte beispielsweise folgende Kriterien beinhalten:

- ▶ **Einfachheit:** Das System sollte möglichst einfach sein, und zwar hinsichtlich der Implementierung, der Nutzung sowie der Wartung, und sich darüber hinaus durch geringe Anschaffungskosten auszeichnen. Idealerweise erfordert ein solches System keine Programmierung und garantiert kurze Entwicklungszeiten.

- ▶ **Erweiterbarkeit:** Dasselbe System sollte imstande sein, die spezifischen Erfordernisse der unterschiedlichen funktionalen Einheiten einer Organisation zu berücksichtigen, wie Verkauf, Marketing, Finanzen, Geschäftsführung usw. Ein solches System vermeidet somit die für Standardanwendungen typischen Einschränkungen und garantiert eine integrierte Unterstützung der verschiedenen Abteilungen eines Unternehmens.

- ▶ **Strukturierte multidimensionale Modellierung:** Während die enorme Bedeutung des multidimensionalen Modells mittlerweile eine breite Akzeptanz findet, wird die Relevanz von Datenstrukturen bislang oftmals unterschätzt. Doch erst eine vollständige Nutzung der Datenstrukturen bildet die Grundlage für:
  - die Realisierung interaktiver und flexibler Analysen,
  - die konsistente Informationsnutzung innerhalb des gesamten Unternehmens,
  - die Integration unterschiedlicher Datenquellen,
  - die Bereitstellung eines Framework für Modellierung und Applikationsentwicklung.

- ▶ **Multi-User-Support:** Innerhalb eines Unternehmens kooperieren Mitarbeiter der verschiedenen vertikalen und horizontalen Organisationsebenen miteinander. Für ein Maximum an Produktivität sollten sie deshalb die vorhandenen Informationen gemeinsam nutzen können. Daher ist ein Multi-User-Lese-und-Schreib-Zugriff auf Informationen ein für die Optimierung von Geschäftsprozessen wie Budgetierung und Planung essenzielles technisches Feature.

▶ **Geschwindigkeit:** Geschwindigkeit ist auf allen Ebenen von entscheidender Bedeutung. Daher sollte das System neben kurzen Antwortzeiten auch Online-Konsolidierungen ermöglichen sowie eine schnelle Entwicklung multidimensionaler Simulationsmodelle gewährleisten, ohne hierdurch Probleme wie exponentiell wachsende Datenbankvolumina zu verursachen.

▶ **Beweisbarkeit:** Der Nutzen eines Systems, dessen Konzeption speziell auf Schnelligkeit, Einfachheit und Flexibilität ausgerichtet ist, sollte jederzeit mithilfe eines Proof of Concept auf der Basis realer Daten nachweisbar sein.

4. Fallbeispiele für Business Performance Management

Im folgenden Abschnitt gehen wir auf drei Beispiele mit Vertriebsfokus ein, die echtes und flexibles Business Intelligence in der Praxis aufzeigen und damit Business Performance Management unterstützen.

Kompass Karten

Kompass Karten ist seit über 50 Jahren im Bereich Wanderkarten und Wanderbücher tätig und seit vielen Jahren Marktführer in Österreich, Deutschland und Oberitalien. Daneben ist *Kompass* auch seit vielen Jahrzehnten die Vertriebsorganisation in Österreich für Verlage wie *Marco Polo*, *Falk*, *HB-Verlag*, *Hallwag*, *Baedeker* u. a.

„Der Weg von der Anfrage bis zum entsprechenden Anfrageergebnis konnte durchaus länger dauern", so der Vertriebsleiter von Kompass Karten, Martin Überegger. Früher konnte das mitunter so laufen:

07.30 Uhr   Der Vertriebsleiter grübelt beim Morgenkaffee über einer Idee.

08.30 Uhr   Der Vertriebsleiter ruft in der EDV-Abteilung an: „Ich bräuchte dringend die Absatzzahlen über all unsere Wanderkarten in Tirol in den letzten sieben Monaten. Ja, und wenn Sie schon dabei sind, dann reihen Sie die Liste beginnend mit den absatzstärksten."

08.45 Uhr   Mithilfe von MS Access-Abfragen wird hurtig ein bereits bestehender Bericht mit einer neuen Abfrage gefüllt, die Formatierung noch etwas angepasst – und fertig.

09.30 Uhr	Die Auswertung geht an den Vertriebsleiter.
10.00 Uhr	Der Vertriebsleiter geht die Auswertung durch. Warum ist der Absatz bei den Wanderkarten für das Zillertal so hoch? Wer hat hier so viel verkauft?
10.15 Uhr	Vertriebsleiter an EDV-Abteilung: „Ach, machen Sie mir doch eine detailliertere Aufstellung nach Vertriebsmitarbeitern."
11.00 Uhr	Die EDV meldet den fertigen Bericht.
11.15 Uhr	Der Verkaufsleiter hat einen Termin mit der Geschäftsführung und diskutiert die Erkenntnisse aus den generierten Berichten. Den Geschäftsführer würde nun auch noch interessieren, welche Kunden hier für diesen Umsatz maßgeblich waren, und die Vergleichswerte zum Vorjahr wären noch wichtig. Ach ja, und könnten wir noch ein zwei Grafiken dazu bekommen? Kein Problem, wir leiten dies gleich weiter.
12.15 Uhr	Die EDV-Abteilung ist in der Mittagspause.
13.00 Uhr	Der EDV-Verantwortliche nimmt die Anforderungen auf und meint, ob die Daten pro Monat oder kumuliert von Interesse seien. Vertriebsleiter: „Geht beides?"
15.30 Uhr	„Die Auswertungen sind fertig", mailt die EDV-Abteilung.
16.00 Uhr	Der Verkaufsleiter wundert sich, war der Umsatz bei Kunde Mustermann im letzten Jahr wirklich so hoch? Eifrig wird in alten Unterlagen gesucht. In der EDV-Abteilung wird ebenfalls nochmals nachgefragt.
16.15 Uhr	Der EDV-Verantwortliche überprüft nochmals seine Abfrage und entdeckt einen Fehler im Abfrageergebnis. Es gab Änderungen in den Gliederungskriterien. Für die Vergleichbarkeit muss eine Schlüsseltabelle eingefügt werden. „Das wird bis morgen dauern!"

Michael Kreitz, EDV-Verantwortlicher von *Kompass Karten GmbH*, suchte nach einer Lösung, welche die Ressourcen der EDV-Abteilung wieder freisetzt, den Vertriebsmitarbeitern aber trotzdem Ihre Anfragen beantwortet. Gesucht wurde ein System, das diese einfach ausgesprochenen Fragestellungen mit komplexen Zusammenhängen im Hintergrund mit besonders kurzen Beantwortungszeiten ausarbeiten kann. Weiterhin sollte das räumliche Problem für die Außendienstmitarbeiter überwunden werden, auch sie sollten bequeme Abfragemöglichkeiten bekommen, egal, in welcher Ecke Österreichs sie sich gerade befinden.

Binnen zwei Monaten wurde die neue Lösung aufgesetzt. Die Einschränkungen auf ausgewählte Datenbereiche für die jeweiligen Verantwortlichen war von Beginn an eine wichtige Voraussetzung und leicht umsetzbar. Erste Ergebnisse und Auswertungen waren schnell verfügbar – und das war wichtig so. Denn bereits beim ersten Analysieren fielen einige „falsche Daten" ins Auge. Durch das Sichtbarmachen der breiten Datenbasis über Balkengrafiken, ABC-Analysen und Bubble-Charts wurden schnell „Ausreißerwerte und Fehlbuchungen" aufgedeckt. Ein wesentlicher Prozess in der Umsetzung – das Steigern der Datenqualität. Der Zugang zum System wurde für alle Vertriebsmitarbeiter, die EDV-Abteilung und die Geschäftsführung eingerichtet. Ausgehend von einem Set an Standard-Analyseauswertungen können nun alle mit den in Board M.I.T. integrierten Funktionen beliebig Folgefragen an das System stellen – ad hoc und zu jeder Zeit. Die Antwortzeiten belaufen sich auf zwei bis zehn Sekunden.

Das Ziel, die EDV-Abteilung wesentlich zu entlasten, wurde klar erreicht. Die EDV-Verantwortlichen können sich wieder voll auf ihre Kernaufgaben konzentrieren und haben zusätzlich 30 Prozent an freier Kapazität für andere schon dringend anstehende Projekte gewonnen. Und die Vertriebsmannschaft kann nach belieben – auch schon um 8 Uhr morgens – ihre Ideen und Anfragen im System analysieren: topaktuell und bestens vorbereitet für das nächste Kundengespräch!

GlaxoSmithKline

GlaxoSmithKline (GSK) ist einer der weltweit führenden forschenden Arzneimittelhersteller und Anbieter von Gesundheitsprodukten. Mit mehr als 40 000 Mitarbeitern in den Bereichen Sales & Marketing verfügt das Unternehmen über eine der größten Vertriebsorganisationen in der Pharmabranche.

Die Niederlassung in Italien benötigte ein Informationssystem, welches die 1 300 Vertriebsmitarbeiter im Planungsprozess unterstützt und hierbei auf bestehende Daten zurückgreift. Zusätzlich sollte das Management die Möglichkeit bekommen, Kostenkontrolle und Finanzplanung sowie Effizienzmessung des Vertriebs zu vereinfachen.

GlaxoSmithKline entschied sich unter anderem aufgrund der hohen Userzahl für den Einsatz einer Web-Lösung. Bis zu 1 500 Mitarbeitern wird es so ermöglicht, Forecasting, Budgetierung und Drei-Jahres-Planung mithilfe der Simulationsfähigkeiten des Tools durchzuführen. Die Software wurde vollständig in das bestehende Unternehmensportal integriert und ermöglicht ferner den Zugriff auf Marktdaten via Internet sowie auf tagesaktuelle Umsatzreports jedes einzelnen Vertriebsmitarbeiters. Die Bandbreite der Zugangsberechtigung eines jeden Einzelnen orientiert sich an der individuellen geografischen und personellen Verantwortung. So ist es einem Mitarbeiter ohne Personalverantwortung nicht möglich, die Performace-Auswertung seiner Kollegen einzusehen. Bei *GlaxoSmithKline* ist es möglich, über 600 Reports, Analysen und ca. 300 Webpages abzurufen. Zusätzlich stehen 50 verschiedene Forecasting- und Finanzplanungsmodelle zur Verfügung. „Mit Board M.I.T. haben wir eine Software im Einsatz, die so einfach zu bedienen ist, dass es jeden Mitarbeiter, egal welchen ‚User-Levels', in die Lage versetzt, die Ergebnisse schnell und effizient einzusetzen. Die größte Stärke des Tools ist allerdings die Simulation von Plandaten sowie die Flexibilität, das Planungsmodell an sich immer wieder ändernden Marktanforderungen anzupassen." (Paolo Pogliani, Vice President Information Technology, GSK Italy)

Manpower

Die Erfolgsgeschichte von *MANPOWER* liest sich wie die Verwirklichung des American Dream: Seit der Firmengründung zweier Anwälte 1948 in den USA entwickelt sich das Unternehmen rasch vom lokalen Personaldienstleister zum national vertretenen Franchisekonzern. Der Philosophie des „Perfect Match" folgend, wählt *MANPOWER* für jeden Personalbedarf entsprechend Qualifikation und Persönlichkeit stets den optimal zum Kunden passenden Mitarbeiter aus. Heute bedient der Personaldienstleister 400 000 Kunden in 63 Ländern. Als einer der größten globalen Arbeitgeber erwirtschaftete *MANPOWER Deutschland* im Jahr 2002 einen Umsatz von 259 Millionen Euro.

Als eine Konzernvorgabe im Jahr 2002 die Anpassung an ein neues internationales Berichtswesen forderte, war sich Marcus Schulz, Mitglied der Geschäftsleitung von *MANPOWER Deutschland*, schnell über die Funktionalitäten der hierzu nötigen Software im Klaren: Die Lösung sollte über das reine Reporting hinaus auch Datenanalysen und die Durchführung von Planungsszenarien ermöglichen. „Bei der Auswahl des geeigneten Tools richteten wir das Augenmerk auf eine effiziente Lösung, die uns auf Knopfdruck Ergebnisse wie beispielsweise die Rentabilität pro Auftrag liefert", erklärt Marcus Schulz seine Auswahlkriterien. „Und um die Akzeptanz und die Nutzung der Anwendung sicherzustellen, wollten wir eine einfach zu bedienende Lösung, die dem Anwender keine Programmierkenntnisse abverlangt." Darüber hinaus war die Systemkompatibilität und -flexibilität eine wesentliche Voraussetzung, da aufgrund der dezentralen Organisationsstruktur von *MANPOWER* sowohl Daten aus Powerbase als auch aus SAP und der DKS-Finanzbuchhaltung verarbeitet werden. „Früher hatte jeder Geschäftsbereich sein eigenes Berichtswesen", schildert Marcus Schulz die Herausforderung. „Die vielfältigen Systeme, die im Einsatz waren, ließen kein einheitliches Reporting zu. Um entscheidungsrelevante Informationen aufzubereiten, mussten jedes Mal unzählige Einzelberichte manuell zusammengefasst werden. Oft entstanden dabei Excel-Arbeitsmappen in Tapetengröße", erinnert er sich. „Unser Controlling war mit dem Einsammeln und Kopieren der Daten beschäftigt, statt sich mit der eigentlichen Datenanalyse beschäftigen zu können. Und in Meetings wurde auf Zahlen zugegriffen, die zum Zeitpunkt des Meetings schon nicht mehr aktuell waren."

Es wurde in einem ersten Schritt ein neues Reporting nach den nationalen Vorgaben modelliert. Der Online-Zugriff auf aktuelle Unternehmensdaten ermöglicht jederzeit und papierlos präzise Soll-Ist-Abfragen, ermittelt Deckungsbeiträge und visualisiert Vertriebsdaten pro Rekruiter, Zeitarbeitsnehmer, Kunde, Niederlassung und Region.

Dies trägt nicht nur zur Effizienzsteigerung und Qualitätsverbesserung im Controlling bei, sondern hilft, im gesamten Unternehmen mittelfristig Kosten zu senken. „Wir haben nicht nur das Reporting optimiert, sondern uns das ehrgeizige Ziel gesteckt, mit Board M.I.T. den jährlichen Gross-Profit signifikant zu steigern", erklärt Marcus Schulz. „Vertriebsorientierte Erfolgsanalysen wie die Bewertung der Rentabilität einzelner Aufträge oder das Ranking der effektivsten Vertriebsmitarbeiter und Kunden tragen zu einer kontinuierlichen Verbesserung unserer Leistung bei. Darüber hinaus liefern uns diese Analysen Kennzahlen, die zukünftig auch für unser Mitarbeiter-Bonussystem interessant sind." Als nächste Projektschritte plant die MANPOWER Geschäftsleitung, den Regional-Direktoren regelmäßig Budgetanalysen zur Verfügung zu stellen sowie bundesweit alle Rekruiter mit Clients auszustatten. Darüber hinaus ist die Ermittlung der Rentabilität pro Auftrag auf Deckungsbeitragsebene II und III geplant. „Das Management-Tool kommt bei unseren Mitarbeitern erstaunlich gut an", kommentiert Marcus Schulz die geplante Erweiterung. „Unsere Regional-Direktoren haben gerade mal vier Stunden für eine Schulung gebraucht und waren danach fit für den Umgang mit Berichten und Analysen."

5. Die nächsten Schritte

Die Vorstellung, dass nur ein kleiner Knopfdruck notwendig ist, um zu wissen, wie es um die Geschäfte steht, ist einfach unwiderstehlich und einer der Hauptgründe für die außerordentliche Anziehungskraft von Business-Intelligence-Werkzeugen. Aber das ist nur der Anfang. Denn die Möglichkeit, das „Wie und Warum" zu verstehen und Antworten auf die Frage „Was wäre, wenn ..." zu erhalten, wird dazu beitragen, innerhalb des gesamten Unternehmens ein umfassenderes und sehr viel effizienteres Wissen zu etablieren und es zu vergrößern.

Decision Centric Business Intelligence setzt Geschwindigkeit, Kosteneffizienz und Einfachheit voraus, um Business Performance Management zu realisieren. Diese Kombination ist es, die Unternehmen dabei helfen wird, ihren Informationsressourcen eine entscheidungsrelevante Bedeutung zu geben und ihre Geschäftsprozesse zu optimieren.

Telesales als Erfolgsfaktor in einer neuen Vertriebsstrategie

Hannes Haefele (Oracle Deutschland GmbH)

1. Die Ausgangslage

Steigende Kosten, stagnierende oder sogar sinkende Umsätze und geringere Margen kennzeichnen die Ausgangslage in gesamtwirtschaftlich schwierigen Zeiten. Aufgrund der sinkenden Nachfrage erhöht sich der Konkurrenzdruck, und die Marktmacht der Käuferseite wird stärker. Die Abnehmer haben in dieser Situation die Möglichkeit, günstiger und besser am Markt bedient zu werden. Die Erwartungen der Kunden an ihre Lieferanten lassen sich unter den folgenden Punkten zusammenfassen:

- niedrigere Einstandspreise,
- höhere Qualität von Produkten und Dienstleistungen,
- kürzere Liefer- bzw. Reaktionszeiten,
- mehr Produktvielfalt und
- Innovation.

Im ersten Fall reagiert der Vertrieb gemeinhin mit höheren Preisnachlässen, was bei bestehender Kostenstruktur und stabilen oder sinkenden Absatzmengen zum Margenverzicht führt. In den weiteren Fällen richtet sich ein klarer Qualitätsanspruch an den Vertrieb, von dem ein besserer Service unter anderem in Form von Know-how, Erreichbarkeit und Reaktionsgeschwindigkeit erwartet wird. Auch die Erweiterung des Produktangebots und der Raum für Innovation erfordern Zeit und Ressourcen. Dies zieht umgehend eine Diskussion in Bezug auf die Effizienz und die Qualität, aber auch die Effektivität und Kreativität der bestehenden Vertriebsorganisation nach sich.

Neben dieser innerorganisatorischen Betrachtung muss die Auseinandersetzung mit dem Markt stattfinden. Dazu gehören die Identifikation lukrativer Nischen, die Bearbeitung bislang vernachlässigter Kundensegmente und die Expansion in neue Märkte. Hierbei handelt es sich jedoch vielfach um konkurrierende Ziele, die in gegenseitiger Abhängigkeit stehen. Eine Effizienzsteigerung durch Kostensenkungen kann dabei kurzfristig der oftmals mit Investitionen und Zeit verbundenen Verbesserung von Qualität und Innovation im Wege stehen. Beides gilt jedoch als Voraussetzung, um bestehende Kundenbeziehungen zu halten und neue Potenziale am Markt zu erschließen.

2. Veränderte Marktgegebenheiten fordern neue Vertriebsstrategien

Drei Wege in Richtung Leistungssteigerung

Grundsätzlich lässt sich eine Leistungssteigerung bestehender Systeme und Organisationen durch drei unterschiedliche Herangehensweisen erreichen. Diese unterscheiden sich vor allem darin, wie schnell und mit welcher Nachhaltigkeit ein Effekt erzielt wird. Weicht im Verlauf der Zeit die Leistung von den Erwartungen ab, so kann an den Einsatz der verfügbaren Ressourcen die Forderung nach

MEHR, BESSER oder ANDERS

gestellt werden. Um Effizienz und Qualität zu steigern, wird in den meisten Fällen als erstes die Forderung nach MEHR laut. Parolen wie „Wir müssen härter arbeiten!", „Die Zahl der Kundenbesuche muss steigen!" und „Wir benötigen mehr Unterstützung vom Marketing!" werden laut. Kurzfristig lässt sich damit tatsächlich ein Effekt erzielen. Unterstellt man aber, dass eine Organisation auch in der Vergangenheit nahe an der Auslastungsgrenze operiert hat, wird ein MEHR auf Dauer zu Überlastungsreaktionen und Verschleißerscheinungen führen. Und zusätzliches Personal in Krisensituationen genehmigt zu bekommen, ist beinahe illusorisch.

Reicht das *Mehr* nicht aus, wird in der Folge ein *Besser* verlangt: „Wir müssen konzentrierter arbeiten!", „Präsentationen müssen besser werden!", „Gut ist nicht gut genug!", „Die Fehlerquote unserer Produkte muss sinken!". Aber auch hier steht die Behauptung im Raum, dass bislang wissentlich der Qualitätsanspruch vernachlässigt wurde, obwohl genügend Zeit und Ressourcen dafür vorhanden waren. Letztendlich kann aber mit der Verbesserung bestehender Systeme lediglich ein begrenzter Effekt erzielt werden. So war es beispielsweise im Flugzeugbau ein vergebliches Unterfangen, die Geschwindigkeit durch mehr oder bessere Propellermotoren signifikant zu steigern. Erst ein *anderer* Antrieb verlieh dem Düsen-Jet die notwendige Schubkraft.

Verändern sich das Umfeld, die Spielregeln oder die Beteiligten, so können bestehende Strukturen und Prozesse nur bedingt greifen. Dies gilt gleichermaßen für Vertriebsorganisationen, die sich ständig neuen Marktgegebenheiten und sich wandelnden Vorgaben der eigenen Organisation ausgesetzt sehen. Um in einem neuen Umfeld erfolgreich bestehen zu können, sind *andere* Strategien, angepasste Strukturen und Prozesse, neue Technologien und Ressourcen erforderlich. Damit sind aber auch *andere* Verhaltensweisen gefragt. Organisatorische Veränderungen und neue Verhaltensweisen lassen sich jedoch nicht von heute auf morgen implementieren. Analyse- und Adaptionsprozesse sind erforderlich, und in diesem Zusammenhang führt die unabdingbare Lernkurve kurzfristig sogar zu Minderleistungen. In dieser organisatorischen „Reaktionszeit" sind Geduld, Mut und Durchhaltevermögen gefordert. Die Verkürzung dieser Anpassungsprozesse wird zum Schlüsselkriterium für den dauerhaften Erfolg und nicht zu Unrecht in zahlreichen *Change-Management*-Kursen trainiert. In der Umsetzung zeigt sich aber erst, welche Organisationen gelernt haben, sich extrem schnell und flexibel neu auszurichten. Gelingt es dabei, kommende Trends und Entwicklungen frühzeitig zu erkennen oder zu antizipieren, dann lassen sich Innovationen ohne das in Krisenzeiten enge Korsett knapper Budgets meistern.

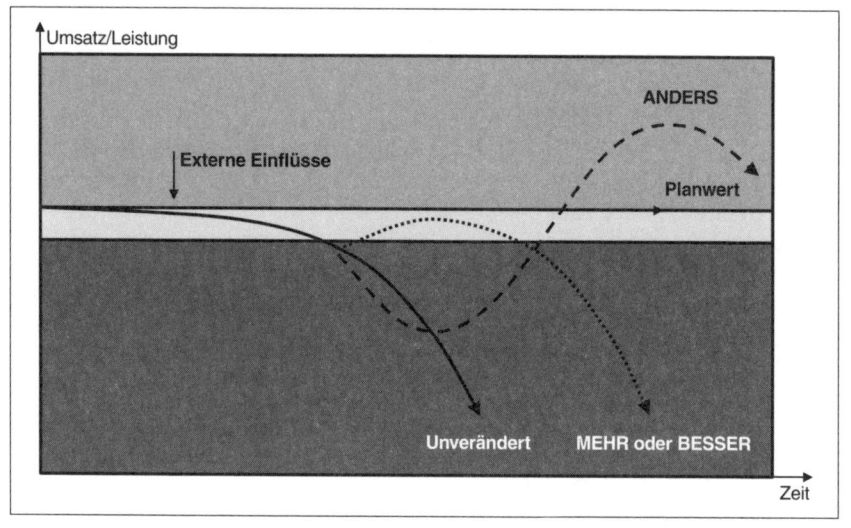

Abbildung 23: Handlungsstrategien und deren Einfluss auf den Leistungsverlauf unter Berücksichtigung von Fehler- und Lernkurven

Die Gefahr der Lähmung

Trifft ein Unternehmen auf verschärfte Marktbedingungen und sinkende Umsätze, kommt es vielfach zu internem Aktionismus, der eine intensivere Auseinandersetzung mit dem Absatzmarkt verhindert. Die Forderung nach detaillierten Aktions- und Business-Plänen wird laut. Die Zahl der *Business Reviews* nimmt zu und der Rechtfertigungsdruck steigt an. Schnelle Lösungen sind gefragt und ein Mangel an MEHR und BESSER wird eingestanden. Parallel dazu verschärft sich der Konflikt zwischen den Vertriebskanälen, und vorhandene Projekte und anstehende Abschlüsse werden von mehreren Parteien als Eigenleistung dargestellt. Die Umsatzchancen, die sich bereits in Reichweite befinden oder ohnehin bereits im Bereich des Sicheren liegen, sind nun im Fokus unterschiedlicher Vertriebsressourcen. Notwendig wäre in einer solchen Situation aber die Konzentration auf neue Umsatzmöglichkeiten, die außerhalb des bislang Bekannten liegen. Dazu müssen die vorhandenen Vertriebseinheiten jedoch auf die Identifizierung und Schaffung neuer Bedarfe ausgerichtet werden. Der Erfolg dieser Aktivitäten lässt sich aber für Geschäftsdurchsprachen nicht kurzfristig darstellen.

Erhöht sich der Druck weiter, wird die Sprache im Unternehmen zum Gradmesser der Situation. Der Umgangston wird militärischer. *„War Rooms"* werden geschaffen, *„Task Forces"* zusammengerufen, bestehende Marktanteile „verteidigt", Mitbewerber werden „attackiert" oder „angegriffen", „Disziplin" wird eingefordert und Maßnahmen „exekutiert", Marktanteile wieder „erobert" und Strategien werden „flankierend, frontal" eingesetzt. Wer in einem solchen Moment die Vorgaben hinterfragt, wird gerne vorschnell als „Blockierer" gebrandmarkt. Alles in allem führt eine solche Situation zu härteren Strukturen, zu weniger Spielraum und zu einer steigenden Unsicherheit im Unternehmen. Punkte, die einem flexiblen, individuellen und reflektierten Handeln entgegenstehen.

Die Wahl der Vertriebskanäle

Effizienz stellt den intelligenten Umgang mit den vorhandenen Ressourcen dar. Für den Vertrieb bedeutet dies, dass die verfügbaren Vertriebskanäle optimal auf den Markt abgestimmt werden, sodass immer der Zugang zum Kunden gewählt wird, der die niedrigsten Transaktionskosten für einen Abschluss erzeugt. Voraussetzung ist dabei, dass derselbe Abschluss auch durch unterschiedliche Vertriebskanäle realisiert werden kann – und dies hängt einzig von der Akzeptanz des Kanals durch den Kunden ab.

Im Wesentlichen stehen die folgenden Vertriebskanäle bzw. eine Kombination daraus zur Verfügung:

- Vertriebsaußendienst
- Telefonvertrieb
- Vertrieb über Partnerorganisationen
- Vertrieb über elektronische Plattformen (im Wesentlichen das Internet)
- je nach Branchenschwerpunkt auch Filialvertrieb, Katalogvertrieb u. a.

Innerhalb des eigenen Unternehmens lässt sich zweifelsohne sagen, dass die Transaktionskosten elektronischer Einkaufsplattformen am niedrigsten liegen und der Vertriebsaußendienst die teuerste Kostenstruktur aufweist. Da elektronische Vertriebsformen allerdings den persönlichen Kontakt zum Kunden fast völlig vernachlässigen, erlangt der Telefonvertrieb mit moderaten Transaktionskosten und persönlicher Ansprache eine bedeutende Rolle.

Lässt sich nun eine Balance zwischen der Kundenakzeptanz und der Wahl des kostengünstigsten Vertriebskanals finden, wird durch das abgestimmte Zusammenspiel der Vertriebskanäle eine immense Kostenersparnis möglich. Dieses Zusammenspiel ist aber auch für die optimale Erschließung neuer Marktpotenziale von größter Bedeutung. Denn nur so kann mit den vorhandenen Mitteln eine möglichst große Marktabdeckung und Kundenpenetration erreicht werden. Dabei pflegt oder schafft der Außendienstvertrieb die Kundenbindung an strategischen Stellen und setzt den persönlichen Kontakt gezielt im Vertriebszyklus ein. Der Telefonvertrieb erhöht die Kontaktfrequenz und dehnt die Reichweite in bislang kaum oder gar nicht betreute Gebiete oder Kundenabteilungen aus. Vertriebspartner dienen mit ihren Vertriebsorganisationen als Multiplikatoren, erschließen Nischen, und verstärken die regionale Präsenz. Gewisse Marktsegmente lassen sich dabei nur durch die Fach- und Branchenkompetenz von Vertriebspartnern und deren segmentspezifischen Lösungen adressieren. Elektronische Plattformen wie das Internet erweitern die vertriebliche Reichweite zudem und ermöglichen die Interaktion mit nahezu jedem Marktteilnehmer.

Mangelt es an klaren Regeln für die gemeinsame Marktbearbeitung, so kommt es zur Konkurrenz der Vertriebskanäle und damit unweigerlich zum redundanten Ressourceneinsatz. Im schlimmsten Fall unterbieten sich dabei die eigenen Vertriebskanäle gegenseitig im Angebotspreis und reduzieren die Margen.

Der Einsatz neuer Technologien

Der Einsatz neuer Technologien im Vertrieb umfasst interne Informations- und Steuerungssysteme, Kommunikationstechnologien und Transaktionslösungen. Unternehmensintern stellt das Vertriebsinformationssystem das zentrale Werkzeug für alle Vertriebskanäle dar. Dabei sind die Anforderungen an ein solches System stark gestiegen, denn jeder Vertriebskanal verlangt nach einer unterschiedlichen Arbeitsoberfläche, die auf die Belange der jeweiligen Aufgabe und Funktion abgestimmt sind. Herzstück einer solchen Anwendung sind die Kunden und Projektdaten, die sich nicht nur einfach einsehen und analysieren lassen müssen, sondern ständig durch unterschiedliche Quellen auf dem neuesten Stand gehalten werden. Insellösungen sind dabei zentralen datenbankbasierten Systemen gewichen. Kunden- und Projektdaten stellen unternehmenskritische Werte dar, die entsprechend gepflegt und gesichert werden. Neben der Sicherung gegen Datenverlust spielen vor allem die Zugriffssicherheit, die Garantie der Datenkonsistenz sowie die ständige Verfügbarkeit eine wettbewerbsentscheidende Rolle.

In diesem Zusammenhang stellen sich folgende Fragen:

- ▶ Existiert ein unternehmensweites Vertriebsinformations- und Steuerungssystem mit Zugriff auf alle relevanten Kundendaten (sowie Partnerinformationen)?

- ▶ Erlaubt das Vertriebsinformationssystem die Dokumentation des Fortschritts im Vertriebszyklus eines Projekts und kann damit eine verlässliche Umsatzprognose und -planung erfolgen?

- Ist das Vertriebsinformationssystem Teil eines integrierten CRM-Systems (*Customer Relationship Management*)?
- Ist der Zugriff auf Vertriebsinformationen jederzeit ohne Ausfallzeiten garantiert (24 Stunden × 7 Tage)?
- Ist die Bereitstellung aller relevanten Informationen auf beliebigen Endgeräten, einschließlich des mobilen Zugriffs über PDAs und Mobiltelefone garantiert?
- Erlaubt das Vertriebsinformationssystem eine nahtlose Integration in weitere Bereiche wie Marketing, Entwicklung, Produktion, Service, Gehaltsabrechnung und Geschäftsplanung?
- Existiert eine zentrale Kalenderanwendung zur Koordination aller notwendigen Ressourcen wie Vertriebsteams, Produktspezialisten, Management, aber auch von Räumen und Präsentationstechnik?

Über das Vertriebsinformationssystem hinaus benötigen die Mitarbeiter mit Kundenkontakt einen einfachen und schnellen Zugriff auf alle verfügbaren Informationen bezüglich des Marktes, der Mitbewerbersituation sowie des eigenen Produkt- und Leistungsspektrums. Diesem Informationsbedürfnis wird mit so genannten Intranet-Portalen begegnet, die Zugang zu den Informationen aus unterschiedlichsten Quellen gewährleisten.

Neben dem Ad-hoc-Zugriff auf Informationen ist der Einsatz von neuen Technologien auch im Bereich der internen Weiterbildung hilfreich. So ergänzen und unterstützen Online-Kurse das Angebot an Vertriebstrainings und *Coaching* im herkömmlichen Sinne.

Den wahrscheinlich größten Schritt erzielen neue Technologien allerdings im Bereich der Kommunikation und Zusammenarbeit. Telefonanlagen erlauben eine Integration in CRM-Systeme, der Wechsel des Mediums von Telefon über *E-Mail* in Internet-Angebote erfolgt fließend, und *WebCams*, *Desktop Sharing* oder *Co-Browsing* erlauben eine gemeinsame Sicht auf die Dinge, ohne dass Reisetätigkeiten notwendig sind. Wurfsendungen und Informationsbroschüren verschwinden zugunsten elektronischer *Newsletter*, die aufgrund von Interessenprofilen kunden- bzw. marktspezifisch angepasst werden können. Dabei ist ein einfaches Abonnieren, Weiterleiten, aber auch Kündigen jederzeit möglich. Online-Befragungen lassen sich innerhalb kürzester Zeit beantworten, erzielen damit höhere Rücklaufquoten, lassen sich in Echtzeit auswerten und geben somit Entscheidungshilfen in einem Bruchteil der bisher benötigten Zeit.

Auch der Kunde profitiert direkt vom Einsatz neuer Technologien, wenn

- klar strukturierte, umfassende und leicht zugängliche Internet-Auftritte mit tagesaktuellen Inhalten vorhanden sind;
- Internet-Shop-Anwendungen ein unkompliziertes und schnelles Einkaufen mit individuellen Konditionen erlauben;
- Auskunftssysteme zur Information und Selbsthilfe zur Verfügung stehen;
- Web-basierte Schulungs- und Seminarangebote zur Aus- und Weiterbildung bereitgestellt werden;
- *Tracking*-Systeme die Liefer- oder Bearbeitungsstati eines Auftrags oder einer Anfrage erlauben;
- Internet-Foren zum Informationsaustausch innerhalb von Anwender- und Kundengruppen sowie zwischen Anwender und Anbieter anregen.

Strukturoptimierungen

Ein Fokus in der Optimierung von Strukturen im Vertrieb liegt auf der Schaffung neuer und kostengünstigerer Vertriebskanäle, soweit diese nicht vorhanden sind. Dazu gehören z. B. *Internet-Shops*, *Call Center* und Telefonvertriebseinheiten in unterschiedlicher Ausprägung. Grundlage für eine weitere Strukturierung und gezieltere Ausrichtung der einzelnen Vertriebskanäle kann sein:

- die Erhöhung der Reichweite in bislang nicht bediente Regionen und Segmente,
- die Erschließung von Nischen,
- die Schaffung von Vertriebseinheiten mit speziellem Fokusbereich auf definierte Lösungen, Produkte oder Themen,
- die Vertikalisierung in Branchenorganisationen mit vertieftem Know-how der Kundenprozesse und Marktgegebenheiten,
- der gezielte Aus- und Aufbau von Geschäftspartnern und deren Integration in das Vertriebsmodell.

Mit steigender Komplexität und der Entstehung von Matrix-Organisationen wächst jedoch die Gefahr von zeitaufwändigen Abstimmungsprozessen und Konflikten zwischen den Vertriebskanälen. Es kann zu internen Kämpfen um die vorhandenen Kunden bzw. Projekte mit der höchsten Gewinn- oder Umsatzerwartung kommen. Diese Tendenz zeigt sich vor allem in schwierigen Zeiten, wenn ein Rechtfertigungsdruck aufgrund fehlender Projekte entsteht. Damit kehrt sich der Vertriebsfokus nach innen auf die zu geringen bereits identifizierten Umsatzpotenziale, und eine fatale Vernachlässigung der Erschließung neuer Geschäftspotenziale kann die Folge sein. Abhilfe schaffen hier nur klare Verantwortlichkeiten für Produkte, Projekte, Branchen, Geografien oder Kundensegmente.

Prozessoptimierungen

Die Prozessoptimierung unterliegt in vielfacher Hinsicht externen Rahmenbedingungen. Hierzu gehören rechtliche Gegebenheiten wie gesetzliche Dokumentationspflichten, Auflagen für börsennotierte Unternehmen und industriespezifische Qualitätsnormen. Speziell bei Unternehmen, die häufigen Reorganisationen unterliegen oder ein starkes Wachstum verzeichnen, besteht die Gefahr, dass sich Prozessketten mit einer Komplexität bilden, die einer kundenorientierten Reaktionsgeschwindigkeit entgegenwirken. Diese Entwicklung lässt sich jedoch korrigieren, da sie aufgrund interner Veränderungen entstanden ist. Der Vertrieb muss mit Blick auf die Kundenanforderungen darauf achten, dass die vertriebsinternen wie die unterstützenden Prozesse ständig hinterfragt und optimiert werden. Dazu gehören Überlegungen zu folgenden Punkten:

- Beschleunigen der vorhandenen Prozesse (z. B. durch Beseitigen redundanter Prozessschritte)
- Parallelisieren von Prozessketten (Kann z. B. eine Angebotserstellung parallel zur Erfassung von Kundendaten erfolgen? Können mehrere Personen gleichzeitig an einem Dokument arbeiten?)
- Minimieren von Schnittstellen (z. B. weniger Prozessbeteiligte)
- Vereinfachen der Übergabe und Konsolidierung von Informationen (z. B. durch zentrale Datenhaltung)
- Standardisieren von Prozessen (z. B. Kampagnen-Management mit wiederverwendbaren Komponenten und identischen Abläufen)
- Einführen von *Self-Service*-Anwendungen zur Effizienzsteigerung (weniger Zeitaufwand z. B. für Reiseanträge, Reisekostenabrechnung, Urlaubsanträge, Schulungsbuchungen)

Der Schlüssel zu diesen Prozessoptimierungen liegt vielfach im Einsatz zentraler Systeme. Eine Zusammenfassung von Daten zur Analyse oder ein Konsolidieren für die Umsatzplanung ist anders nur mit hohem Aufwand und zeitlicher Verzögerung möglich. Die aktive Weitergabe oder das Einfordern von Informationen und Unterlagen verzögert den Prozessablauf. In zentralen Systemen sind alle Informationen von Anfang an zusammengeführt, und ein Rollenkonzept regelt, wer wann welche Sicht mit welchen Zugriffsrechten auf die Daten hat. An Stelle einer aktiven Datenübergabe erfolgt lediglich eine Freigabe, welche die vorhandenen Informationen für den weiteren Nutzer sichtbar macht. Mehrfacherfassungen und erneutes Zuordnen von Daten wird somit verhindert. Die Macht solcher Systeme kommt jedoch nur zum Tragen, wenn der Zugriff auf die Informationen ohne weiteres dezentral erfolgen kann. In diesem Punkt hat die Internet-Technologie die Möglichkeit geschaffen, an beliebigen Orten mit beliebigen Endgeräten auf alle Informationen zuzugreifen. Eine Verwaltung von technischer Seite erfolgt dabei wiederum an zentraler Stelle oder durch einen externen Anbieter, um Ressourcen zu schonen.

3. Telesales als integraler Bestandteil einer Vertriebsorganisation

Der Vertriebskanal mit dem höchsten Innovationspotenzial

Mit der Bereitstellung von mobilen Endgeräten, einer intelligenten Datenübertragung und verbesserten Präsentationsmöglichkeiten sind die technischen Innovationspotenziale des klassischen Außendienstvertriebs nahezu ausgeschöpft. Dies ist nicht weiter tragisch, da diese Form des Vertriebs ohnehin mehr auf die Wirkung der persönlichen Präsenz zielt und damit die intensivste Art des Kundenkontakts darstellt.

Weitaus größeres Innovationspotenzial bietet der Einsatz neuer Technologien dabei dem Telefonvertrieb. Während intelligente Telefonanlagen das Besetztzeichen weitgehend vermeiden helfen und sich die Sprachqualität in den vergangenen Jahren deutlich verbessert hat, steht nun die Integration der Kommunikationstechnik mit der unternehmensinternen Informationstechnologie im Mittelpunkt. Dies ermöglicht den Vertriebsmitarbeitern am Telefon den direkten und somit schnellsten Zugriff auf alle vom Unternehmen für den Vertriebsprozess bereitgestellten Daten und Informationen. Faxe werden vom PC versandt sowie auf elektronischem Weg empfangen und weitergeleitet. Diese technischen Verbesserungen werden vom Kunden als Zugewinn an Zeit und Kompetenz wahrgenommen.

Im nächsten Schritt wird die Kommunikationsschnittstelle zum Kunden durch die Möglichkeiten des Internets erweitert. Der klassische Telefonvertrieb wird zum kombinierten Telefon- und Internet-Vertrieb. Korrespondenz erfolgt verstärkt über *E-Mail*, die den rauen Charme des Telegrammstils verloren hat und sich nun mit zeitgemäßem Layout und direkten „*Links*" zum einfachen Zugriff auf weitere Information präsentiert. Altmodische Serienbriefe gehören der Vergangenheit an. Der Vertrieb hat nun die Möglichkeit, eine deutlich höhere Anzahl an Schreiben mit individuell auf den Empfänger abgestimmten Inhalten zu versenden. Basis ist wiederum das Vertriebsinformationssystem, das die notwendigen Informationen zu Kontakten, deren Funktion und Interessen bereitstellt. Diese werden mit vorhandenen Text- und Layout-Bausteinen kombiniert, um individuelle Kommentare ergänzt und direkt vom Arbeitsplatz versandt.

Bisher war der Telefonvertrieb stark auf den Einsatz von Wort und Schrift eingeschränkt. Das Internet bietet nun die Möglichkeit, dem Kunden auch Bilder zu präsentieren. Über *Web-Conferencing*-Anwendungen können nicht nur die klassischen Folienpräsentationen gezeigt werden. Es ist vielmehr möglich, beliebige Programme und Anwendungen in Echtzeit zu präsentieren. Dabei kann dem Kunden Einblick in die eigenen Systeme oder in Referenzlösungen bei anderen Kunden geboten werden. Dokumente lassen sich gemeinsam bearbeiten und Skizzen über beliebige Entfernungen hinweg gemeinsam erstellen. Der Kunde kann von seiner Seite aus Einsicht auf Dokumente gewähren, und es besteht die Möglichkeit, gemeinsam auf Web-Anwendungen zu arbeiten. Das Erarbeitete lässt sich schnell dokumentieren und kann umgehend allen Beteiligten auf elektronischem Weg zur Verfügung gestellt werden. Diese Form der Interaktion lässt sich auch auf mehrere Teilnehmer ausdehnen. Damit können ohne Reiseaufwendungen zahlreiche Spezialisten beim Kunden wie beim Anbieter gemeinsam präsentieren, diskutieren und gestalten. Vom einfachen Dialog bis hin zum moderierten Web-Seminar mit nahezu unbegrenzter Teilnehmerzahl ist alles denkbar.

Die Kundenpräsentation als ursprüngliches Alleinstellungsmerkmal des Außendienstvertriebs ist damit zu einer absoluten Stärke des kombinierten Telefon- und Internet-Vertriebs geworden. Es lassen sich nun einfacher und häufiger Präsentationen durchführen – und das mit geringer Vorlaufzeit ohne die Notwendigkeit von Reiseaufwendungen. Die knappen internen Ressourcen wie beispielsweise Spezialisten lassen sich effizienter und häufiger einsetzen, und beim Kunden können mehr Ansprechpartner über unterschiedliche Lokationen hinweg adressiert werden, da die neue Art der Präsentation nicht einmal das Verlassen des eigenen Arbeitsplatzes erfordert. Zeit und Personalressourcen sind auch bei den Kunden ein knappes Gut, weshalb die Akzeptanz eines Telefonats oder einer Web-Präsentation an Stelle eines persönlichen Besuchs stetig steigt. Bedingung für diese erweiterte Art des Telefonvertriebs ist jedoch zwangsläufig eine Zielgruppe, die über einen entsprechenden Internet-Zugriff verfügt. Dies ist bei den meisten Entscheidern heutzutage auch gegeben.

Mitarbeitern des kombinierten Telefon- und Internet-Vertriebs kommt eine immer zentralere Rolle zu. Sie haben die Möglichkeit, vom Arbeitsplatz aus auf alle vorhandenen Systeme zuzugreifen, können die Verfügbarkeit aller Ressourcen umgehend überprüfen und stehen mithilfe der modernen Kommunikationstechnik mit allen Unternehmensbereichen in Verbindung. Sie sind die Informationsdrehscheibe, mit der sich die Kundenkontaktrate und die Reichweite erhöhen lässt. Der Kunde erhält mit dieser Organisationsform einen zentralen Ansprechpartner, der Zugang zu allen benötigten Informationen und Kontakten bieten kann. Somit wird eine unschlagbare Reaktionsgeschwindigkeit auf Anfragen ermöglicht, verbunden mit einer neuen Dimension der Service-Qualität.

Vertriebsinnendienst	Vertriebsaußendienst
• Vertriebsunterstützung, Assistenzcharakter, Zuarbeiten z. T. für ganze Teams • hoher administrativer Arbeitsanteil • keine Umsatzverantwortung oder allenfalls geringer variabler bzw. umsatzabhängiger Gehaltsbestandteil • Juniorposition z. T. mit Weiterentwicklungspfad in den Vertriebsaußendienst	• direkte Umsatzverantwortung • hoher variabler/umsatzabhängiger Gehaltsbestandteil • Kunden- bzw. Gebiets- oder Produktverantwortung • hoher direkter Kundenkontakt/hohe Reisetätigkeit • Schwerpunkt Beziehungsmanagement • starker Repräsentationscharakter • Ressourcen-Management
Call Center	**Telesales**
• Aufteilung (z. T. auch personell) in Outbound- und Inbound-Geschäft • Serviceorientierung (Auskunftscharakter, Bestellannahme, selten Verantwortung für kompletten Vertriebszyklus, oftmals mit Switchboardcharakter, z. T. für unterschiedliche Firmen) • Tendenz zu einheitlichem Set-up der einzelnen Arbeitsplätze, freie Austauschbarkeit der Mitarbeiter hinsichtlich Verantwortungsbereich • Einsatz von Rufschleifen, keine dedizierte Kundenzuordnung • Kampagnenschwerpunkt • Zielvorgaben an Transaktionen und nicht an Umsatzvolumen (z. B. Telefonzeit, Anzahl Telefonate oder *Abandon Rate*) • Maximale Erreichbarkeit	• hohe Kundenkontaktrate, keine oder kaum Reisezeiten • Kundenkontakt über elektronische Medien (Telefon, Fax, E-Mail, WWW, Desktop-Sharing) • Umsatzverantwortung mit hohem variablem Gehaltsbestandteil • z. T. spezielle Kunden-, Gebiets- oder Produktverantwortung • hohe Reichweite ohne geografische Einschränkung • hohe Transaktionsrate (Anzahl Kundentelefonate, Angebote, Verträge, Präsentationen etc.) • hohe Erreichbarkeit und schnelle Reaktionszeit

Tabelle 3: Abgrenzung von Vertriebsinnendienst, Call Center, Telesales und Vertriebsaußendienst

Organisatorisch bietet eine *Telesales*-Organisation weitere Vorteile. Sie kann ohne geografische Bindung an unterschiedlichsten Orten angesiedelt werden. Kriterien für die Standortwahl können Kosten, Attraktivität für die Mitarbeiter, Zugang zum Arbeitsmarkt, geeignete Immobilien oder strategische Nähe zu bestimmten Unternehmensbereichen sein. Das Zusammenziehen aller *Telesales*-Bereiche in einer Örtlichkeit stellt organisatorisch keine Herausforderung dar und bietet die Möglichkeit eines einfacheren Managements. Zudem kann eine Umorganisation aufgrund neuer externer wie interner Gegebenheiten ohne Ortswechsel der betroffenen Mitarbeiter erfolgen. Betreuungsgebiete oder Aufgabenschwerpunkte können vielfach angepasst werden, ohne dass der angestammte Arbeitsplatz verändert oder verlassen werden muss. Die Reorganisation einer zentralen *Telesales*-Abteilung gelingt weit schneller als die eines dezentralen Außendiensts.

Da die regionale Nähe zum Kunden für den Telefonvertrieb keine Einschränkung darstellt, kann eine organisatorische Aufteilung in Branchensegmente oder produktspezifische Fokusbereiche bei einer weit kleineren kritischen Masse als bisher implementiert werden. Umorganisationen bis hin zum Zusammenlegen oder Aufteilen von Teams lassen sich unkompliziert durchführen. In Zeiten sich rasch ändernder Gegebenheiten ist der kombinierte Telefon- und Internet-Vertrieb die ideale Organisationsform, um Ressourcen schnell, flexibel und optimal einsetzen zu können.

Die Aus- und Weiterbildung der Vertriebsmitarbeiter wird in diesem Fall ebenfalls erleichtert. Die gesamten *Telesales*-Abteilungen können an einem Ort geschult werden. Knappe Trainer-Ressourcen konnten bislang nicht für kurze Auffrischungen eingesetzt werden, da ein einstündiges Training pro Niederlassung den Zeit- und Reiseaufwand nicht rechtfertigen. Bei einem großen *Telesales*-Bereich kann in mehreren Blöcken und kleineren Gruppen das gesamte Team an einem Tag geschult werden. Der Trainer ist damit voll ausgelastet, und die Erreichbarkeit der *Telesales*-Mitarbeiter kann parallel erhalten werden. Gleichermaßen effektiv wie effizient können Einzel-*Coachings* durchgeführt werden. Verbunden mit den am Arbeitsplatz präsenten Möglichkeiten der Schulung per Internet-Kursen entsteht ein optimales Lernumfeld.

Beziehungsmanagement über das Telefon

Produkt, Unternehmen und die eigene Person des Vertriebsmitarbeiters sind die drei Komponenten, die in jeder Vertriebssituation „verkauft" werden. Bei gegebenem Produkt- bzw. Service-Angebot und vorhandenem Firmenimage stellt die Person im Vertrieb kurzfristig die Variable mit der größten Bandbreite dar. Im direkten Kontakt zum Kunden ist der Vertrieb stark vom Beziehungsmanagement zum Geschäftspartner geprägt, und genau an dieser Stelle hat der Telefonvertrieb seine größte Schwachstelle. Beziehungsaufbau und -pflege gelingen am besten durch den persönlichen Kontakt. Jeder Mensch ist darauf trainiert, Stimme, Mimik, Körperhaltung und Aussehen seines Gegenübers zu interpretieren. Daraus bildet sich innerhalb kürzester Zeit ein erster Eindruck, und die Basis für Sympathie, Vertrauen und Akzeptanz wird gelegt. Um trotz Limitierung auf elektronische Kommunikationsformen eine tragfähige Geschäftsbeziehung aufbauen zu können, benötigen die Mitarbeiter ein sehr hohes Maß an emotionaler Intelligenz. Stimme, Sprachwahl und

Akzente sind beschränkte Komponenten, um Sympathie aufzubauen. Kompetenz kann nicht durch Seniorität im Auftreten oder durch entsprechende Kleidung untermalt werden, sondern wird vielmehr an Fakten gemessen. Vertrauen muss stärker durch Leistungen wie Zuverlässigkeit, Erreichbarkeit und Reaktionsgeschwindigkeit aufgebaut werden.

Hilfreich ist dabei eine dauerhafte Kundenbeziehung über mehrere Geschäftsjahre hinweg, ein tiefer greifendes Produkt- und Branchen-Know-how und punktuelle Treffen mit Geschäftspartnern. Letzteres kann im Rahmen komplexer Vertragsverhandlungen, bei Messen oder bei Veranstaltungen am *Telesales*-Standort geschehen.

Die richtigen Mitarbeiter

Es wird klar, dass die Anforderungen an die Mitarbeiter im *Telesales* bezüglich Ausbildung, Know-how und Können sehr hoch sind. Zu den Produkt- und Lösungskenntnissen kommt die Fähigkeit hinzu, über das Telefon eine Kundenbeziehung aufzubauen und zu pflegen. Vertriebsgespür ist Grundvoraussetzung, und die Kenntnisse über die neuesten Internet-Anwendungen müssen ständig auf dem Laufenden gehalten werden. Von den Mitarbeitern wird zudem eine andauernde Stressbelastbarkeit auf relativ hohem Niveau gefordert. Die ständige Erreichbarkeit lässt kaum Schwankungen in der Arbeitsbelastung zu. Wird im Großraumbüro gearbeitet, sind die eingeschränkte Rückzugsmöglichkeit und der Einfluss einer weitgehend fehlenden Intimsphäre auf das persönliche Wohlbefinden nicht zu unterschätzen. Die Einarbeitung in Projekte, die Weiterbildung in kundenspezifischen Themen und die Ausarbeitung von Präsentationen erfolgt gemeinhin am Arbeitsplatz zwischen den Routinen des täglichen Arbeitsablaufs. Die Mitarbeiter müssen damit in der Lage sein, mehrere Abläufe simultan zu bearbeiten, wobei Unterbrechungen zur Regel werden. Sind die Ressourcen im *Telesales* zu knapp ausgelegt, so fehlt den Mitarbeitern die Möglichkeit, den Vertriebsprozess proaktiv zu planen und zu steuern. Hier besteht die Gefahr, dass lediglich reaktiv gearbeitet werden kann, was den Vertriebsmitarbeiter im *Telesales* in die Nähe der Bestellannahme oder des Anrufbeantworters rückt. Telefonzeiten von zwei bis drei Stunden pro Tag stellen daher schon ein Maximum dar, das sich lediglich an speziellen Aktions- oder Präsentationstagen überbieten lässt.

Das Image des Telefonvertriebs hinkt immer noch der rasanten Entwicklung der jüngsten Zeit nach. Vielfach herrscht das Bild eines *Call Centers* oder des Vertriebsinnendiensts vor. Hinzu kommt, dass Arbeitsmittel des Außendiensts wie Firmenwagen und Mobiltelefone zum Teil als Statussymbole wahrgenommen werden und deren Fehlen als Nachteil empfunden wird. Dies erschwert die Rekrutierung hochqualifizierter Mitarbeiter und stellt hohe Anforderungen an die Personalabteilungen.

Des Weiteren gilt es, Mitarbeiter zu gewinnen, die das notwendige Verständnis und das Innovationspotenzial mitbringen, um an einer ständigen Prozessverbesserung mitwirken zu können. Eine stetige Optimierung der kritischen Reaktionszeit kann nur dann garantiert werden, wenn die Anforderungen an die Arbeitsabläufe und Software-Anwendungen von den Anwendern selbst kommen. Eine nicht zu unterschätzende Herausforderung ergibt sich im weiteren Verlauf für die Personalentwicklung, um die Qualität der Mitarbeiter in Bezug auf Wissen, Fähigkeiten und Einstellungen aufrechtzuerhalten. Nur mit entsprechenden Aus- und Weiterbildungskonzepten lassen sich die notwendigen Vertriebsprofis lange genug halten. Eine dauerhafte Betreuung durch denselben kompetenten Ansprechpartner stellt den Schlüssel zum erfolgreichen Beziehungsmanagement dar, und dies ist unter anderem ein Garant für den vertrieblichen Erfolg.

Open Office versus Home Office

Die technische Machbarkeit bietet heutzutage die Möglichkeit, dass die Mitarbeiter im Vertriebsumfeld alle notwendigen Bürotätigkeiten von zuhause aus erledigen. Der Zugriff auf alle relevanten Systeme lässt sich per Telefon und Internet sicherstellen. Auf diese Weise lassen sich weitere Kosteneinsparungen realisieren. Auf dem Weg vom Einzelbüro über das Großraumbüro verringert sich somit kontinuierlich der Bedarf an Büroräumen und -ausstattungen. Andererseits entstehen logistische Schwierigkeiten in Bezug auf Aus- und Weiterbildung sowie den persönlichen Kontakt zum Manager. Sieht sich letzterer auch als Coach, wird diese Rolle nur sehr schwer über ein *Home-Office*-Konzept zu realisieren sein.

Der *Home-Office*-Arbeitsplatz birgt die Gefahr, dass der soziale Kontakt zu Kollegen und zum Management abbricht. Ein aktives und enges soziales Umfeld ist aber Garant für eine dauerhafte Bindung und Identifikation. So erschwert die isolierte Arbeit im privaten Arbeitszimmer die formelle wie informelle Kommunikation im Unternehmen und den daraus resultierenden Vertrauensaufbau zwischen Kollegen. Am Ende steht die schwindende Identifikation mit der eigenen Abteilung und damit zwangsläufig auch die sinkende emotionale Bindung an den Arbeitgeber. Ein Wechsel des Unternehmens ist ohne Arbeitsplatzwechsel möglich und wird auch nicht durch den Verlust eines bestehenden Beziehungsumfelds im Unternehmen verhindert.

Wie bei allen dezentral organisierten Teams steigt auch im *Home-Office*-Umfeld die Anforderung an das Management hinsichtlich Steuerung und Kontrolle stark an. Ein Stimmungsbarometer über den täglichen Kontakt in der Zusammenarbeit ist über eine Abteilung hinweg nicht mehr möglich.

Im Open Office hingegen muss mehr Gewicht auf Fairness und Gerechtigkeit gelegt werden, da immer transparent ist, wie viel sich beispielsweise ein Vorgesetzter mit einzelnen Mitarbeitern auseinandersetzt. Beziehungsnetzwerke werden sofort deutlich, und Konflikten kann nur noch bedingt aus dem Weg gegangen werden. Die Privatsphäre ist im Großraumbüro kaum zu wahren, und das Gefühl einer ständigen Beobachtung durch Kollegen und Vorgesetzte kann entstehen. Obwohl der einzelne Mitarbeiter normalerweise intensiveren Kontakt zum Management hat, kann dennoch ein Gefühl der Vernachlässigung entstehen, wenn der Anteil an Aufmerksamkeit im Vergleich zu anderen Mitarbeitern aus unterschiedlichen Gründen geringer ausfällt.

Je höher die strategische Bedeutung der *Telesales*-Einheit ist, desto sinnvoller ist die zentrale Zusammenführung und das direktere Management in einem Open Office. Generell ist gerade für junge Organisationen und in Bereichen mit sich rasch wandelnden Umfeldern ein Großraumbüro die zu bevorzugende Variante, denn nur so können Schieflagen schnell genug erkannt und korrigiert werden.

Die Integration in bestehende Organisationen

Als größte Hürde erweist sich die Integration des kombinierten Telefon- und Internet-Vertriebs in bestehende Vertriebsorganisationen. In weiten Teilen wird der Vertriebsaußendienst nicht nur ergänzt, sondern auch abgelöst. Dies macht den Mitarbeiter im Außendienst nicht überflüssig, zwingt ihn aber, gewisse Verantwortungsbereiche abzugeben und sich auf neue, beispielsweise strategischere Aufgaben zu konzentrieren. Die Abwicklung und Verantwortung eines hohen Transaktionsvolumens durch den Telefonvertrieb entlastet den in der Regel teureren Außendienst und schafft gestalterische Freiräume, die vertrieblich sinnvoll genutzt werden müssen. Auf diese Weise kann durch Übertragung bisheriger Verantwortlichkeiten auf den Telefonvertrieb der Fokus des Vertriebsaußendiensts schneller auf neue Themen und Produkte oder strategischere Beziehungen gelegt werden. Der Vertrieb erfolgt nun im Team mit mehreren Beteiligten, die unterschiedliche Aufgaben und Schwerpunkte haben. Dies erschwert den einheitlichen Marktauftritt und erfordert ein hohes Maß an Abstimmung und Kooperationsbereitschaft von den beteiligten Mitarbeitern der unterschiedlichen Vertriebskanäle. Ohne die Unterstützung des gesamten Managements ist ein enges Zusammenspiel nur bedingt zu erreichen.

Das Zusammenspiel der Vertriebskanäle muss nun so angelegt werden, dass „*Channel*-Konflikte" vermieden werden. Klare provisionstechnische Regelungen helfen, das Verhalten über Vertriebskanäle hinweg zu steuern. Dabei besteht die Möglichkeit, Umsätze aufzuteilen, mehrfach zu verprovisionieren oder mit unterschiedlicher Gewichtung anzurechnen. Inhaltlich können weitere Vorgaben die Verantwortungsbereiche regeln. Demnach kann eine Ausrichtung der unterschiedlichen Vertriebskanäle zum Beispiel nach folgenden Kriterien erfolgen:

- ▶ unterschiedliche Kundenverantwortung (Großkunden-, Flächenkunden, Branchenorientierung)
- ▶ unterschiedliche Transaktionen (nach Auftragsgröße, Auftragsart)
- ▶ unterschiedliche Produkt-/Service-Verantwortung (bestimmte Produktgruppen nur über bestimmte Kanäle)
- ▶ unterschiedliche Phasen im Vertriebsprozess (z. B. *Lead*-Generierung, Bedarfsidentifikation, *Value Proposition* durch verschiedene Bereiche)
- ▶ unterschiedliche Kontaktpersonen (z. B. Vorstände und Bereichsleiter über Außendienst, Fachabteilungen und Einkauf durch *Telesales*)
- ▶ unterschiedliche Vertragsarten (Rahmenverträge, konsolidierte Verträge, Einzelaufträge, Abrufaufträge)
- ▶ Vertriebsstrategien (Initial-Sell, Cross-Sell, Up-Sell)

4. OracleDirect als Beispiel einer erfolgreichen Vertriebsstrategie

Als weltweit führender Software-Anbieter legt die Oracle Corporation einen starken Fokus auf den Ausbau ihrer *Online*- und *Telesales*-Vertriebskanäle. Neben dem klassischen Vertrieb über Außendienstmitarbeiter und einem großen Netz an Vertriebspartnern wurde in den letzten Jahren der Telefonvertrieb in den Mittelpunkt der vertrieblichen Reorganisation gerückt. Mit *OracleDirect* wurde ein Unternehmensbereich geschaffen, der mithilfe von Telefon und Internet-Anwendungen den Kontakt zum Markt intensiviert. Dabei konzentriert sich *OracleDirect* schwerpunktmäßig auf Teilbereiche des Software-Lizenz- und Service-Geschäfts. Die Vertriebsbeauftragen bei *OracleDirect* arbeiten in funktionalen Teams mit dem Außendienstvertrieb zusammen und haben eine dedizierte Kundenzuordnung mit individueller Quotenvorgabe. Die Team-Organisation erfolgt spezialisiert nach Branchenbereichen bzw. aufgrund von Postleitzahlenbereichen im Mittelstandsvertrieb. Business-Pläne werden zusammen mit den Kollegen im Außendienst erarbeitet und Fokusbereiche innerhalb des gemeinsamen Verantwortungsbereichs definiert. Das Auftreten am Markt erfolgt gemeinsam und abgestimmt als Team. Der *Account Manager* im Außendienst hat dabei die führende Rolle mit strategischem Fokus und der gesamten Umsatzverantwortung. Der *Telesales*-Kollege konzentriert sich auf das operative Geschäft mit Schwerpunkt auf eine hohe Zahl an Einzeltransaktionen. Der Freiheitsgrad für die Selbstregulierung im Team ist dabei sehr hoch belassen, wobei der *Account Manager* die Verantwortung für den Gesamtumsatz trägt.

Als generelle Richtlinie ist ein so genannter *Cut-Off* gesetzt, der als Trennlinie vorgibt, bis zu welcher Auftragshöhe Umsätze im *Telesales* berichtet werden. Liegt ein Projekt über dem Cut-Off von derzeit 150 000 Euro Lizenzvolumen, so wird er vom Vertrieb im Außendienst in der Umsatzplanung ausgewiesen und im CRM-System verantwortet. Neben der Auftragshöhe ist die Projektverantwortung auch an die Produkt- bzw. Service-Kategorie gebunden. Dabei werden derzeit ca. 80 Prozent des Auftragsvolumens und 30 Prozent des Umsatzvolumens von *OracleDirect* ausgewiesen. In weiten Bereichen des Mittelstands liegt die Kundenverantwortung sogar ausschließlich bei *OracleDirect*.

Der Einsatz der neuesten firmeneigenen Software-Anwendungen ist dabei eine Selbstverständlichkeit. Alle Mitarbeiter greifen auf ein zentrales *E-Mail*- und Kalendersystem zu, das mehr als 40 000 Mitarbeiter sowie weitere verfügbare Ressourcen, wie Besprechungs- und Präsentationsräume, verwaltet. Die Mitarbeiter von *OracleDirect* nutzen das gesamte Spektrum der vorhandenen Internet-Technologien vom Versand individualisierter *E-Mail-Newsletter* bis hin zum Präsentieren über das Internet. Gemeinsam mit dem Kunden werden IT-Architekturen aufgezeichnet, Lösungsvarianten erarbeitet und Beispielanwendungen online demonstriert.

Die enge Zusammenarbeit zwischen den Vertriebskanälen wird durch ein CRM-System ermöglicht, das allen beteiligten Vertriebsmitarbeitern Zugriff auf den identischen zentralen Datenbestand garantiert. Dabei unterscheiden sich lediglich die Benutzeroberflächen aufgrund ergonomischer Anforderungen der jeweiligen Funktionen. Das CRM-System garantiert die Bereitstellung der Vertriebsinformationen in der für die unterschiedlichen Vertriebsbereiche passenden Form. Der Außendienst hat die Möglichkeit des mobilen Zugriffs über beliebige Endgeräte. Die *Telesales*-Mitarbeiter arbeiten mit einer Oberfläche, die einen umfassenden Zugriff auf alle Informationen ermöglichen und eine Vielzahl von Projekten verwalten lassen. Das internationale *Call Center* von Oracle verlangt nach einer schnellstmöglichen Eingabe wie Abfrage, und Marketing sowie Management genießen eine konsolidierte Sicht. Vertriebspartner haben die Möglichkeit einer selektiven Sicht, und Produkt- wie Lösungsspezialisten stehen detaillierte Analysefunktionalitäten zur Verfügung. Diese enge Integration auf einem einzigen Daten-Pool und genau definierte Prozesse zum „*Lead-Flow*" garantieren die reibungslose Zusammenarbeit im gesamten Vertriebsprozess von der Identifikation des Bedarfs bis hin zum Abschluss.

Neben der Unterstützung durch technische Kollegen innerhalb der Räumlichkeiten von *OracleDirect* greifen die Vertriebsmitarbeiter auf internationale Ressourcen zurück. So unterstützen IT-Spezialisten von Irland bis Indien die Vertriebsmitarbeiter bei der Erstellung kundenspezifischer Anwendungsbeispiele, die im Layout und in der Funktionalität den Anforderungen des Kunden entsprechen. Was bisher mehrere Wochen dauerte, wird nun in einem beispiellosen *Rapid Prototyping* innerhalb weniger Tage oder Stunden dem Kunden online in vollem Funktionalitätsumfang präsentiert.

Da Oracle auch den Vertrieb und die Abwicklung über den eigenen „Internet Store" stark vorantreibt, findet eine enge Integration in die Prozesse von *OracleDirect* statt. Die Vertriebsmitarbeiter von *OracleDirect* führen Kunden an die Möglichkeiten der *Online*-Bestellung heran und nutzen selbst Schnittstellen zum elektronischen Bestellwesen. Die Grenzen der Vertriebskanäle verschwinden damit zunehmend. Ziel ist es, dass der Kunde den für ihn idealen Weg in der Kommunikation mit Oracle findet. Dabei ist es für den Kunden irrelevant, in welchem Vertriebskanal er sich bewegt, solange er den optimalen Service bezüglich Erreichbarkeit, Kompetenz und Geschwindigkeit garantiert sieht. Der individuelle Ansprechpartner bei Oracle wird für den Kunden zum Moderator zwischen den einzelnen Abteilungen und Systemen und dient dabei einer raschen Lösungsfindung.

OracleDirect gilt als Referenz für eine innovative Implementierung eines kombinierten Telefon- und Internet-Vertriebs und bietet interessierten Kunden die Möglichkeit, sich vor Ort ein Bild von Aufbau und Arbeitsweise des überaus erfolgreichen Vertriebskanals zu machen.

Produkt- und Dienstleistungstrends

Trend 6: Kürzere Produktlebenszyklen

Open Source CRM – Neue Wege bei Unternehmensanwendungen
Christoph Mueller (CRIXP Corporation)

Trend 7: Höhere Wertigkeit von Dienstleistungen

Erhöhung des Produktnutzens durch Applikations- und Anwendungsberatung in der Spezialchemie
Heinz-Ulrich Stolte (OPC – Organisations & Projekt Consulting GmbH)

Differenzierung durch Multi-Channel-Service
Frank Baumgärtner (TellSell Consulting GmbH)

Trend 8: Kunden- und wertorientierte Preisfindung

Kundenwertorientierte Preisfindung – Ein Beispiel aus der pharmazeutischen Industrie
Martin Baumann (Capgemini Deutschland GmbH)

Open Source CRM – Neue Wege bei Unternehmensanwendungen

Christoph Mueller (CRIXP Corporation)

1. Was ist Open Source Software?

Unter Open Source Software versteht man – grob gesprochen – Software, die jedermann frei nutzen und weiterverbreiten darf. Der Quellcode solcher Software (also der Bauplan) wird mit einer entsprechenden Open-Source-Lizenz veröffentlicht (weitere Informationen unter http://www.opensource.org). Um Misskonzeptionen vorzubeugen, sei schon an dieser Stelle darauf hingewiesen: Open Source Software ist nicht gleichbedeutend mit „Gratis-Software". Der Aspekt der Anschaffungskosten sollte allerdings bei Software-Lösungen sowieso nicht überbewertet werden, da bei allen Rentabilitätsüberlegungen immer die Kosten über die gesamte Nutzungsdauer (d. h. inkl. Ausbildung, Wartung und Betrieb) zu berücksichtigen sind.

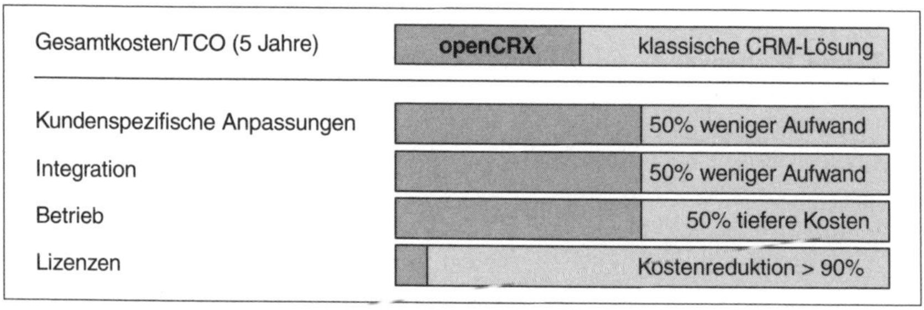

Gesamtkosten/TCO (5 Jahre)	openCRX	klassische CRM-Lösung
Kundenspezifische Anpassungen		50% weniger Aufwand
Integration		50% weniger Aufwand
Betrieb		50% tiefere Kosten
Lizenzen		Kostenreduktion > 90%

Abbildung 24: Total Cost of Ownership (TCO) von Open Source versus klassischer CRM-Lösung

Der Einsatz von Open Source basierten Unternehmensanwendungen ist heute noch nicht sehr weit verbreitet. Allerdings kann der Trend hin zu offenen Lösungen, der bei Server-Anwendungen schon eindrückliche Spuren hinterlassen hat, auch bei Unternehmensanwendungen ganz neue Möglichkeiten eröffnen. Open-Source-Lösungen, die sich zu äußerst attraktiven Gesamtkosten einsetzen lassen, existieren mittlerweile auch für das Einsatzgebiet Customer Relationship Management (CRM). In Anbetracht der Millionenbudgets, die für umfangreiche kommerzielle CRM-Lösungen zu veranschlagen sind, ist es natürlich keine große Überraschung, dass das Interesse für Open Source basierte CRM-Lösungen weit über den Mittelstand hinausreicht.

Linux

Linux wird beispielsweise als Ersatz für Betriebssysteme von Microsoft oder Sun eingesetzt (vgl. http://www.microsoft.com/windows, http://www.sun.com/software/solaris, http://www.linux.org, http://www.suse.de/de, http://www.redhat.com).

Apache

Apache ist der wohl bekannteste Web Server (vgl. http://httpd.apache.org).

JBoss

JBoss wird z.B. als Ersatz für die Applikations-Server von BEA Systems und IBM eingesetzt (vgl. http://www.jboss.org, http://www.bea.com, http://www.ibm.com/software/websphere).

Wenn heute von Open Source Software gesprochen wird, dann stehen Produkte wie *Linux*, *Apache* oder *JBoss* oft im Mittelpunkt. In jüngster Zeit haben sich allerdings auch solche Open-Source-Initiativen etablieren können, die statt der technischen Plattform umfangreiche Geschäftsanwendungen in den Mittelpunkt stellen. Dazu zählen beispielsweise *OpenOffice*, eine Sammlung von Büroautomationsapplikationen (vergleichbar mit der Office Suite von Microsoft) oder *openCRX*, die lizenzfreie CRM-Standardlösung. Diese Entwicklung führt dazu, dass vermehrt auch Endbenutzer mit Open-Source-Geschäftsanwendungen in Kontakt kommen.

2. Vorteile von Open Source Software

Es gibt – zusätzlich zum **Kostenargument** – viele Gründe, weshalb ein Open-Source-Produkt kommerzieller Software überlegen sein kann. Obwohl die Vorteile von plattformunabhängigen Applikationen eigentlich bekannt sind, können sich kommerzielle Hersteller leider nur selten zu einer echten Plattformunabhängigkeit durchringen. Der Software-Nutzer ist dann der Leidtragende, wenn er zusammen mit dem Applikationsentscheid gleichzeitig auch noch einen Plattformentscheid fällen muss. Es wäre sicher übertrieben, hier ein Bild in schwarzweiß zu malen. Es ist aber offensichtlich, dass es für die Hersteller von Open-Source-Produkten deutlich weniger Anreize gibt, die Nutzer auf eine bestimmte Plattform zu drängen, als dies im Bereich von proprietärer Software der Fall ist.

Echte **Plattformunabhängigkeit** einer Open-Source-CRM-Lösung bedeutet konkret, dass sie in völlig unterschiedlichen Szenarien eingesetzt werden kann, und zwar ohne jegliche applikatorischen Anpassungen:

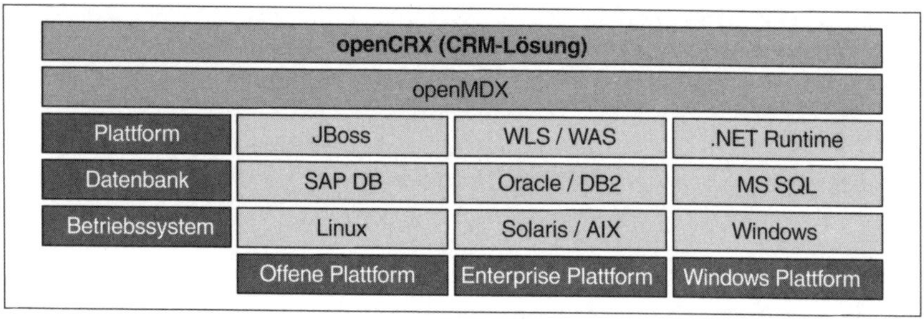

	openCRX (CRM-Lösung)		
	openMDX		
Plattform	JBoss	WLS / WAS	.NET Runtime
Datenbank	SAP DB	Oracle / DB2	MS SQL
Betriebssystem	Linux	Solaris / AIX	Windows
	Offene Plattform	Enterprise Plattform	Windows Plattform

Abbildung 25: Plattformunabhängigkeit von OpenCRX

Während der Pilotphase, für kleinere Projekte oder auf einem Laptop für den Außendienst kann die CRM-Lösung beispielsweise auf einer offenen Plattform (mit Open Source Software) betrieben werden. Die identische CRM-Lösung kann aber auch in einer globalen Enterprise-Umgebung mit vielen tausend gleichzeitigen Benutzern eingesetzt werden. Dabei spielt nicht nur das Konzept der Plattformunabhängigkeit eine zentrale Rolle, auch die **Skalierbarkeit** einer Applikation ist ein sehr wichtiges Kriterium.

OpenOffice

OpenOffice wird als Ersatz für Microsoft Office eingesetzt (vgl. http://www.openoffice.org).

openCRX

openCRX ist eine neue Open-Source-CRM-Standardlösung, die mit der führenden Open-Source-MDA-Plattform openMDX entwickelt wurde (vgl. http://www.opencrx.org, http://www.openmdx.org).

Die Vorteile von plattformunabhängigen und skalierbaren Lösungen offenbaren sich vielen Unternehmen leider erst dann, wenn sie wegen gestiegener Anforderungen (Zunahme der Anzahl gleichzeitiger Benutzer, starkes Transaktionswachstum etc.) dazu gezwungen werden, die gut eingeführte PC-Lösung durch eine neue, mächtigere CRM-Applikation zu ersetzen. Die rein finanziellen Kosten, die eine solche Migration verursacht, sind im Normalfall noch das kleinste Problem.

Positionierung von openCRX
Skalierbarkeit / unterstützte Plattformen

openCRX					
Kontakte	Produkte	Verkaufsprozess	???	...	

Notebook
Single-User-Installation

Sync

Mid-range Server
Multi-User-Installation für
Kleinbetriebe und Mittelständer

Sync

Die unterschiedlichsten
Installationsszenarien
werden ohne jeglichen
Programmieraufwand
unterstützt

Large-scale Server
Enterprise Umgebung mit
vielen hundert bis mehreren
tausend gleichzeitigen Benutzern

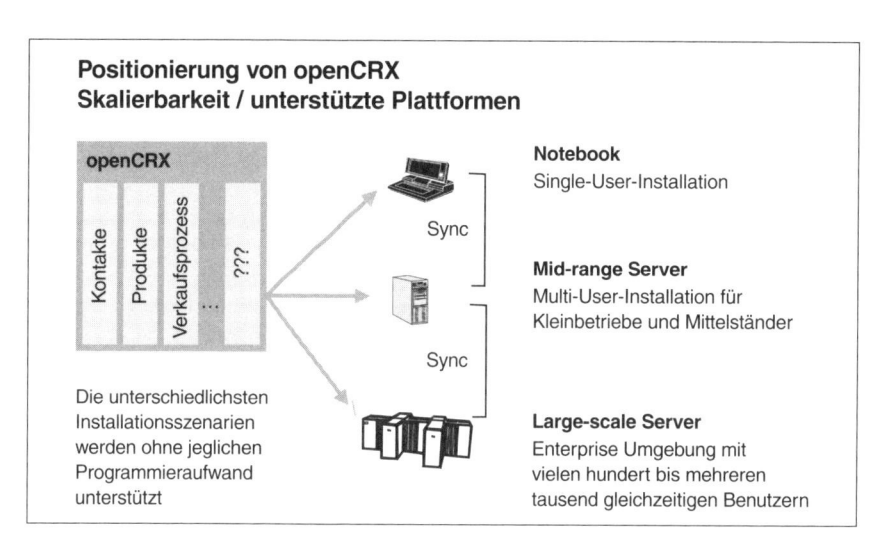

Abbildung 26: Skalierbarkeit von openCRX

Die **Herstellerneutralität** der meisten Open-Source-Initiativen wird von den Nutzern ebenfalls sehr geschätzt. Die Anreize, bestimmte Funktionen oder Schnittstellen nicht einzubauen oder bewusst zu verzögern, existieren nämlich nur bei Herstellern von proprietären Lösungen. Hinter vielen Open-Source-Projekten stehen ganze Netzwerke von Entwicklern, Nutzern, Standardisierungsgremien, und teilweise auch kommerziellen Unternehmen. Diese breite Abstützung garantiert, dass man als Nutzer von Open-Source-Applikationen nicht auf Gedeih und Verderb den Launen eines einzigen Herstellers ausgeliefert ist. Mit dem Entscheid für ein Open-Source-Produkt entscheidet man sich quasi automatisch für eine risikoreduzierende Multi-Sourcing-Strategie.

Ein weiterer entscheidender Vorteil von Open Source Software ist die Tatsache, dass der **Interoperabilität** und **offenen Standards,** das heißt dem Zusammenspiel mit anderen Applikationen, sehr viel mehr Gewicht beigemessen wird als bei proprietären Applikationen. Offene Standards – integrale Bestandteile von Open-Source-Lösungen – stellen für die Nutzer einen ausgezeichneten Investitionsschutz dar. Nicht zuletzt vereinfachen sie auch die Aufgabe, CRM-Lösungen mit den übrigen Applikationen zu integrieren. Wie erfolgsentscheidend dieses Zusammenspiel zwischen verschiedenen Applikationen im Einzelfall sein kann, wissen all jene Unternehmen bestens, die den äußerst limitierten Nutzen eines „Stand-alone"-CRM-Systems schon erkannt haben. Kundenrelevante Informationen effizient und unternehmensweit über Organisationen, Systeme und Prozesse hinweg zu verwalten und nutzbringend einzusetzen ist ja gerade eine extrem wichtige Voraussetzung für die erfolgreiche Umsetzung jeder CRM-Strategie.

3. Risiken von Open Source Software

Selbstverständlich birgt der Einsatz von Open Source Software auch gewisse Risiken. Die **Hersteller von Open Source Software sind vertraglich kaum zu binden,** das heißt, es stellt sich die Frage nach gesicherter Wartung und zuverlässigem Support. Bei kleineren Open-Source-Initiativen läuft man sogar Gefahr, dass die Entwickler plötzlich die Lust am Projekt verlieren. Der Entscheid für eine Open-Source-Lösung wird deshalb manchmal mit einer risikoreichen Investition gleichgesetzt, weil das Leistungsangebot und die Verantwortlichkeiten für Wartung, Support und Weiterentwicklung vertraglich nur schwer zu fixieren sind. Vergleichbare Risiken existieren allerdings auch bei proprietären Lösungen, und nicht nur im Zusammenhang mit kleinen Firmen. Es gibt ja genügend Beispiele von Firmenübernahmen, die vor allem die Elimination eines lästigen Konkurrenten – und dessen Produkten – zum Ziel hatten.

Die offensichtlichste Maßnahme zur Risikoreduktion ist der Aufbau von eigenem Know-how, was mit dem Vorliegen des Quellcodes im Normalfall einen überschaubaren Aufwand nach sich zieht. Voraussetzung ist allerdings, dass im Betrieb genügend IT-Kapazitäten vorhanden sind. Gerade kleinere Unternehmen stoßen hier rasch an Grenzen. Es muss also darauf hingearbeitet werden, einen geeigneten lokalen Partner für Wartung und Support zu identifizieren. Trotz aller virtuellen Netzwerke gilt nämlich für Supportbelange bei Open-Source-Lösungen, was sich auch bei kommerziellen Lösungen immer wieder zeigt: **Wirklich guter Support ist lokal.** Andererseits eröffnen sich einem Unternehmen, das sich aktiv an der Open Source Community beteiligt, auch ganz neue Möglichkeiten: Es ist nämlich nicht unüblich, dass Kundenwünsche „über Nacht" realisiert werden.

4. Ausblick

Die Offenlegung des Quellcodes würde für die Mehrzahl der Geschäftsmodelle, die auf proprietärer Software beruhen, ein schnelles Ende bedeuten. Gerade umgekehrt verhält es sich im Open-Source-Bereich: Hier ist die Offenlegung des Quellcodes eine elementare Voraussetzung für den Erfolg. Die Vorteile von frei zugänglichem Quellcode für die Nutzer liegen auf der Hand. Allerdings bringt die Veröffentlichung des Quellcodes auch für die Ersteller ganz handfeste Vorteile. Dieses Win-Win-Konzept ist der zentrale Treiber von Open-Source-Strategien. Kleine und dynamische Teams können dank dem Zugriff auf ein globales Netzwerk von Entwicklern große Ideen in Rekordzeit und mit äußerst bescheidenen Budgets realisieren. Das ist die Basis für eine Innovationskraft, die mit schöner Regelmäßigkeit Software-Lösungen mit einem extrem attraktiven Kosten-Nutzen-Verhältnis hervorbringt.

Dass Open Source Software mittlerweile eine echte Alternative zu proprietärer Software ist, beweisen übrigens so weltgewandte Anwender wie *DaimlerChrysler*, *Ikea* oder *Sony*. Aber auch der *Zentralverband des deutschen Handwerks* hat sich eines Besseren belehren lassen und setzt auf Open Source. Die Vorteile sind offensichtlich, die Risiken lassen sich gut kontrollieren. Falls Sie auch bereit sind für den Einstieg in die Welt der Open Source Software, so ist http://www.sourceforge.net ein ausgezeichneter Startpunkt. Oder setzen Sie sich mit jemandem in Verbindung, der schon Erfahrung hat. Sie müssen das Rad ja nicht neu erfinden.

Erhöhung des Produktnutzens durch Applikations- und Anwendungsberatung in der Spezialchemie

Heinz-Ulrich Stolte
(OPC – Organisations & Projekt Consulting GmbH)

1. Einleitung

Die Anbieter von Spezialchemikalien bedienen Marktnischen, deren Größe für Produzenten von Commodity-Chemikalien uninteressant ist oder deren Produkt- und Service-Anforderungen zu komplex sind. Grundlage für langfristigen Unternehmenserfolg ist auch in der Spezialchemie der Aufbau eines strategischen Wettbewerbsvorteils. Je schwieriger und aufwändiger es für den Wettbewerb ist, diesen Vorteil zu kopieren oder anderweitig zu ersetzen, desto gesicherter ist die Wettbewerbsposition.

Der strategische Wettbewerbsvorteil in der Spezialchemie liegt zunehmend im Angebot von kompetenter Applikations- und Anwendungsberatung. Hervorragende Produkte allein gewährleisten nicht unbedingt einen Wettbewerbsvorteil. Applikationsberatung unterstützt die Produktionsprozesse des direkten Kunden, Anwendungsberatung beschäftigt sich mit den Eigenschaften von Produkten der nachfolgenden Glieder der Wertschöpfungskette (vgl. Abbildung 27).

Commodity-Chemie		Spezialchemie		
Preis- und Distributionspolitik	Produktpolitik		Produktpolitik und Applikationsberatung	Produktpolitik und Anwendungsberatung

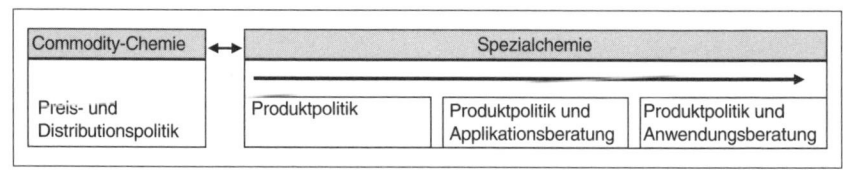

Abbildung 27: Entwicklung der Vertriebsschwerpunkte

Applikations- und Anwendungsberatung schaffen zusätzliche Werte, die vom Markt honoriert werden. Ausschlaggebend für diese Entwicklung sind technische Innovationen und zunehmender Kostendruck. Technische Innovation verlangt nach umfassendem und tiefem Verständnis von Wirkzusammenhängen der Produkte in ihrer Applikation und der Auswirkung auf die Produkte der folgenden Glieder in der Wertschöpfungskette. Gleichzeitig versuchen viele Unternehmen, nicht direkt wertschöpfende Aktivitäten wie beispielsweise F&E auf ihre Lieferanten zu verlagern. Hier liegt für die Kunden ein beträchtliches Potenzial für Kosteneinsparungen. Diesen mikroökonomischen

Widerspruch der Märkte nutzen innovative Unternehmen, um sich einen komparativen Vorteil gegenüber ihrer Konkurrenz zu verschaffen.

2. Entwicklung der strategischen Vertriebsschwerpunkte

Für erfolgreiches Marketing und erfolgreichen Vertrieb in der Spezialchemie ist das Instrumentarium des klassischen Marketings (Produkt-, Preis-, Kommunikations- und Distributionspolitik) eine Grundvoraussetzung, die für sich allein in modernen Anwendungen heute jedoch keinen Erfolg mehr garantieren können. Erfolgreiches Marketing in der Spezialchemie konzentriert sich auf Problemlösungen. Produkte sind hier nur Teil eines komplexen integrierten Marketinginstrumentariums. Das Marketing von Spezialchemie orientiert sich an den Kundenanforderungen von Marktnischen. Anders als bei der Vermarktung von Commodities legen die Marketingaktivitäten ihren Schwerpunkt nicht auf die Preis- und Distributionspolitik, sondern auf die Produkt- und Kommunikationspolitik (vgl. Abbildung 27).

Auf die Produktpolitik kommen zusätzliche Anforderungen zu, die Gewährleistung hoher Produktqualität allein ist nicht mehr ausreichend. Vom Markt werden Produkte erwartet, die auf die besonderen Anforderungen einer verhältnismäßig kleinen, klar definierten Kundengruppe zugeschnitten sind. Für die Anbieter bedeutet dies, dass sie in besonderer Weise mit den chemischen und technischen Gegebenheiten ihres Marktes vertraut sein müssen. Sie müssen in der Lage sein, Trends in der Nische rechtzeitig zu erkennen und mit adäquaten Produkten zu bedienen. Das Verständnis für die spezifischen Anforderungen einer Marktnische muss in die Produktentwicklung eingehen. Time-to-Market und Umsetzungsgenauigkeit der Nischenanforderungen sind Grundlage für die erfolgreiche Marktteilnahme. Eine intensive technische Marktanalyse gewährleistet, dass die Aktivitäten der Produktentwicklung an den Bedürfnissen der Marktnische ausgerichtet werden.

Anders als bei Commodities gibt es oftmals gravierende Unterschiede zwischen den Produkten verschiedener Anbieter. Die Anbieter sind bestrebt, sich durch besondere Produkteigenschaften einen Konkurrenzvorteil zu verschaffen. Erfolgreiche Unternehmen der Spezialchemie müssen ausreichend Ressourcen für technische Marktanalyse und Produktentwicklung zur Verfügung stellen. In der Spezialchemie ist die Technologieführerschaft Grundlage für den langfristigen Unternehmenserfolg.

Die Kommunikationspolitik ist in der Spezialchemie nicht nur auf die Produkte, sondern auch auf deren Eigenschaften in der Anwendung ausgelegt. Dies bedeutet, dass innovative Unternehmen sich intensiv mit ihren Anwendungsmärkten befassen müssen. Es sind besondere Kenntnisse über die Anwendungsmärkte und zielgerichtete Produktinformationen erforderlich. Technische Datenblätter mit den grundlegenden chemischen Daten sind nicht mehr ausreichend, zusätzlich müssen Informationen über ihre Wirkung in Applikation und Anwendung auf spezifischen Märkten bereitgestellt werden. Für Produkte, die in unterschiedliche Marktsegmente geliefert werden, müssen verschiedene Produktinformationen bereitgehalten werden.

Für Anbieter von Commodities ist der Markt für Spezialprodukte aufgrund seiner höheren Margen auf den ersten Blick interessant. Allerdings birgt der Markteintritt nicht unerhebliche Risiken: Der Aufbau der notwendigen Ressourcen zur Marktteilnahme ist kostenintensiv und kann die Kostenführerschaft im Massengeschäft gefährden. Weiterhin liegt der Spezialchemie ein grundlegend anderes Marktverständnis zugrunde. Mit dem Marktverständnis im Massengeschäft können die Anforderungen der Nischen nicht befriedigt werden. Andererseits ist das Marktverständnis der Spezialchemie für Märkte, auf denen nach Kostenführerschaft gestrebt wird, existenzgefährdend. Der Aufbau der für die in der Spezialchemie notwendigen Ressourcen für Produktinnovation und Kommunikation konterkariert das notwendige Streben nach Kosten- und Preisführerschaft auf anonymen Massenmärkten.

3. Qualitative Schritte hin zu mehr Kundenorientierung

Applikations- und Anwendungsberatung sind eine qualitative Weiterentwicklung des klassischen Marketinginstrumentariums. In der Applikations- und Anwendungsberatung erhalten Kommunikations- und Produktpolitik eine erweiterte und völlig neue Bedeutung.

Applikationsberatung

Die Applikationsberatung ist ein qualitativer Schritt von der Marktorientierung hin zur Kundenorientierung. Sie kann nur von Unternehmen geleistet werden, die über exzellente Produkte und ein hervorragendes Verständnis ihres Marktes, insbesondere der Kundenanwendung ihrer Produkte, verfügen. Im Sinne des klassischen Instrumentariums kann die Applikationsberatung auch als Weiterentwicklung von Produkt- und Kommunikationspolitik verstanden werden. Die Kommunikationspolitik beruht auf intensiver, gegenseitiger Kommunikation von chemischen und technischen Fachabteilungen und ist ein Vehikel für die Identifikation von Verbesserungspotenzialen im Produktionsprozess des Kunden. Der Identifikation folgen Lösungsansätze, die entweder auf neuen oder angepassten Produkten beruhen oder die zu Veränderungen der Applikation der Produkte in den Produktionsprozessen des Kunden führen. Applikationsberater sind Spezialisten, die sowohl die Chemie ihrer eigenen

Produkte als auch die Applikation dieser Produkte in den Produktionsprozessen ihrer Kunden im Detail verstehen. Sie müssen in der Lage sein, Applikationsprobleme intelligent zu interpretieren. Ihre Aktivitäten entscheiden, ob das Applikationsproblem am besten über eine Anpassung der eigenen Produkte oder über eine Anpassung der Prozesstechnologie des Kunden gelöst werden kann. Damit haben sie nicht nur wesentlichen Einfluss auf den Vertriebserfolg, sondern auch auf eine effektive Nutzung der Ressourcen ihres eigenen Unternehmens in F&E und Produktion.

Abbildung 28 stellt die enge Zusammenarbeit zwischen Lieferanten und Kunden dar. Je durchlässiger die Grenzen zwischen beiden sind, desto erfolgreicher kann die Zusammenarbeit sein. An der Schnittstelle zwischen den Unternehmen müssen organisatorische und mentale Hürden überwunden werden. Kunde und Lieferant müssen einander als Partner in der Problemlösung wahrnehmen. Dies erfordert Integrität auf beiden Seiten und ein besonderes Vertrauensverhältnis zueinander. Beide Seiten geben Know-how preis, das in vielen Fällen vertraulich ist und das sie vor dem Zugriff der Konkurrenz geschützt wissen wollen. Applikationsberater überbrücken damit das Spannungsfeld zwischen Kundenanforderung und Produktangebot in einem integrierten Dialog zwischen Kunde und Lieferant.

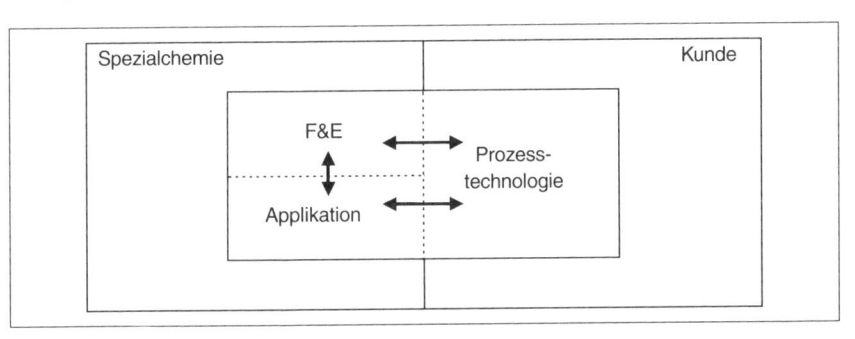

Abbildung 28: Funktionsweise der Applikationsberatung

Eine Zusammenarbeit in der Applikationsberatung ist eine unternehmenspolitische Entscheidung, die auf beiden Seiten explizit von der Unternehmensleitung gefällt werden muss. Für ein reibungsloses Funktionieren der Applikationsberatung ist es notwendig, dass diese von der Unternehmensleitung nicht nur unterstützt, sondern auch gefördert und vorangetrieben wird. Die aktive Beteiligung der Unternehmensleitung ist notwendig, um insbesondere die für die Prozesstechnologie verantwortlichen Mitarbeiter des Kunden für die Applikationsberatung zu gewinnen. Auf der Seite des Kunden muss sichergestellt sein, dass die Vorschläge zur Anpassung der Prozesstechnologie akzeptiert und implementiert werden. Die Implementierung von Ideen der Applikationsberater darf beim Kunden nicht zu einer negativen Bewertung der eigenen Mitarbeiter führen. Vom Applikationsberater wird damit neben chemischer und technischer Expertise ein besonderes Maß an menschlichem Einfühlungsvermögen erwartet. Er muss in der Lage sein, die Mitarbeiter des Kunden für neue Ideen zu begeistern. Auch intern muss der Applikationsberater für seine Ideen werben, weil sie besondere Anforderungen an F&E und Produktion des eigenen Unternehmens stellen können.

Für Unternehmen der Spezialchemie, die sich im Normalfall mit der Produktion von Spezialprodukten beschäftigen, ergeben sich nur geringe Chancen für einen erfolgreichen Start auf Märkten, die auf Applikationsberatung angewiesen sind. Ihnen mangelt es sowohl an Know-how als auch am notwendigen Vertrauen ihrer Kunden. Die Wandlung von der Spezialchemie zur Applikationsberatung muss als langfristiges Unternehmensziel verstanden werden, für das nicht unbedeutende Investitionen in Personal- und Kapitalressourcen notwendig sind. State-of-the-Art-Applikationsberater sind in der Lage, die Produktionsprozesse ihrer Kunden in eigenen Applikationslabors nachzustellen und ihren Kunden geprüfte Vorschläge zur Prozessverbesserung zu präsentieren.

Anwendungsberatung

Die Anwendungsberatung erstreckt sich über mindestens zwei Glieder der Wertschöpfungskette. Bei der Entwicklung von der Applikationsberatung zur Anwendungsberatung handelt es sich um einen weiteren qualitativen Entwicklungsschritt. Er zeichnet sich dadurch aus, dass die Anwendungsberatung sich nicht nur auf die eigenen Kunden konzentriert, sondern auch die Anwendung der Kundenprodukte und die Belange der folgenden Glieder der Wertschöpfungskette berücksichtigt. Anwendungsberatung geht davon aus, dass erfolgreiche Produkte nicht nur den Produktionsprozess des Kunden unterstützen müssen, sondern dass sie darüber hinaus den Produkten der Kunden Eigenschaften vermitteln sollen, die in der noch folgenden Wertschöpfung von Bedeutung sind. Erfolgreiche Anwendungsberatung verbessert nicht nur die eigenen Marktchancen, sondern auch die des Kunden und seiner Kunden. Sie ist das umfassendste Marketing- und Vertriebskonzept in der Spezialchemie. Anwendungsberatung sichert die eigene Existenz und Profitabilität, indem sie zur Verbesserung der Marktstellung von Kunden und Kundeskunden beiträgt. Sie ist auf die langfristige Sicherung ihrer Märkte und auf langfristige Profitabilität ausgerichtet.

Die Funktionsweise der Anwendungsberatung ist in Abbildung 29 dargestellt. Die Abbildung zeigt, wie sich das Know-how des Anwendungsberaters über die Wertschöpfungskette erstreckt. Die Implementierung der Anwendungsberatung setzt eine bereits gut funktionierende Applikationsberatung voraus. Einerseits ist sie Teil der Anwendungsberatung, andererseits setzt das Konzept Organisationsstrukturen voraus, die in der Lage sind, in hochkomplexen und in vielen Fällen chaotischen Strukturen zu agieren. Neben der Notwendigkeit, Know-how in neuen Wissensgebieten aufzubauen, kommt dem Innova-

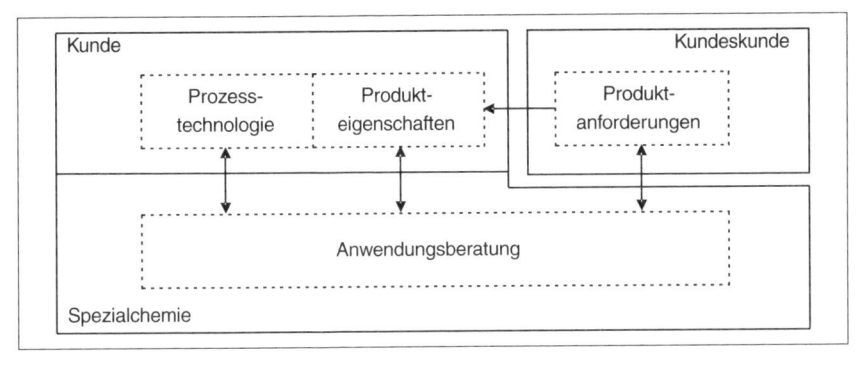

```
┌─────────────────────────────────────────────────────────────────┐
│ Kunde                              ┌─ Kundeskunde ──────────┐   │
│  ┌───────────┐  ┌───────────┐      │  ┌───────────┐         │   │
│  │ Prozess-  │  │ Produkt-  │◄─────┼──│ Produkt-  │         │   │
│  │technologie│  │eigenschaften│    │  │anforderungen│       │   │
│  └─────▲─────┘  └─────▲─────┘      │  └─────▲─────┘         │   │
│        │              │            └────────┼────────────────┘  │
│        ▼              ▼                     ▼                   │
│  ┌──────────────────────────────────────────────────────────┐   │
│  │              Anwendungsberatung                          │   │
│  └──────────────────────────────────────────────────────────┘   │
│ Spezialchemie                                                   │
└─────────────────────────────────────────────────────────────────┘
```

Abbildung 29: Funktionsweise der Anwendungsberatung

tionsmanagement eine besondere Bedeutung zu. Nur ein erfolgreiches Innovationsmanagement, das auf adäquate interne Aufbau- und Ablaufstrukturen zurückgreifen kann, ist in der Lage, erfolgreiche Anwendungsberatung voranzutreiben.

Mehr noch als die Applikationsberatung setzt das Konzept der Anwendungsberatung ein gefestigtes Vertrauensverhältnis zwischen Kunde und Lieferant voraus. Ohne das notwendige Vertrauen wird der Kunde wenig Interesse daran haben, dass sein Lieferant direkte Kontakte zu seinem Kunden hat. Nur ein gemeinsames Agieren über die Wertschöpfungskette kann langfristig für alle Parteien erfolgreich sein. Wesentliche Voraussetzungen für Vertrauen sind fachliche Kompetenz und Marktkenntnis der Anwendungs- und Applikationsberater. Sie haben oft einen wesentlichen Teil ihres Berufslebens in den von ihnen betrauten Märkten verbracht und verfügen über die notwendigen Netzwerke.

Nur finanzkräftige Unternehmen, die den langfristigen Unternehmenserfolg über kurzfristige Profiterwartungen stellen, können das Konzept erfolgreich umsetzen. Die Entscheidung für das Konzept bindet ein hohes Maß an finanziellen Ressourcen, die bei einer Änderung der Marktstrategie abgeschrieben werden müssen. Vor der Entscheidung für die Anwendungsberatung müssen adäquate Zielmärkte definiert werden. Am besten passt das Konzept der Anwendungsberatung zu Marktnischen, die sich durch spezielle, aber weitgehend homogene chemische und technische Anforderungen auszeichnen. Es ist jedoch gefährlich, sich ausschließlich von technischen Fragestellungen leiten zu lassen. Der Identifikation von Marktvolumen, erzielbarem Marktanteil und erzielbaren Margen kommt eine hohe Bedeutung zu. Weiterhin ist die Kundenstruktur der Marktnische zu analysieren. In fragmentierten Märkten mit überwiegend kleinen Marktteilnehmern kann das Konzept der Anwendungsberatung nicht erfolgreich umgesetzt werden.

4. Abstimmung von Vertriebsaktivitäten auf die Marktstellung

Gestaltung der Marktpreise

Für spezielle Produkte und Beratungsleistung werden, anders als bei Commodities, Marktpreise weniger über den Wettbewerb als vielmehr über den Kundennutzen bestimmt. Es handelt sich um Verkäufer- und nicht um Käufermärkte. In der Spezialchemie sind Produkte nur eingeschränkt vergleichbar. Im Verbund mit der Beratung wird das Angebot nahezu einzigartig. Diese Quasi-Monopolstellung erklärt die erhöhte Preisflexibilität der Kunden. Aus vergleichbar hohen Margen kann jedoch nicht zwangsläufig auf ein herausragendes Ergebnis geschlossen werden. Produkte und Services können nur durch einen besonders hohen Ressourcenaufwand zur Verfügung gestellt werden. Entsprechend sind die insbesondere bei kleinen und mittelgroßen Betrieben beliebten Margenkalkulationen unzureichend oder gar gefährlich. Die Preisflexibilität des Marktes wird in vielen Fällen nicht genügend ausgeschöpft, da den Anbietern ihre Quasi-Monopolstellung häufig gar nicht bewusst ist. Den Taktiken zur Preisreduzierung von professionellen Einkaufsabteilungen, insbesondere der Großkunden, wird oft zu bereitwillig nachgegeben. Eine Ursache hierfür liegt auch in der Konzentration von Entscheidungen auf die herausragenden Erfolgsfaktoren: die besonderen Kompetenzen bei Produkt, Applikation und Anwendung. Leichtfertige Preiskonzessionen können schnell die Profitabilität von technisch hervorragenden Unternehmen infrage stellen. Investitionen in Anwendungs- und Applikationsberatung sind nur für Unternehmen empfehlenswert, die sich in einem Markt befinden, der bereit ist, für den erweiterten Leistungsumfang einen Risikoaufschlag zu zahlen. Es muss im Einzelfall entschieden werden, ob chemisch-technische und kaufmännische Entscheidungen in ein und derselben Hand liegen können oder ob sie organisatorisch getrennt werden sollten.

Besonderheiten in der Zusammenarbeit mit Distributionsunternehmen

Besonderheiten gibt es auch bei der Einschaltung von Distributionsunternehmen als Bestandteil des Vertriebskonzepts. Insbesondere für Klein- und Kleinstkunden, aber auch auf ausländischen Märkten bietet sich der Vertrieb via Distribution an. Aufgrund der Besonderheit von Produkt und Service sind Distributionsunternehmen an einer engen Zusammenarbeit und besonders an technischer Beratung für Distributionskunden interessiert. Nicht selten dienen Produkte und Beratung den Distributionsunternehmen als Door-Opener für den Vertrieb von Commodities an denselben Kundenstamm. Produkte eines renommierten Unternehmens der Spezialchemie zu führen trägt grundlegend zum Image des Distributeurs bei und unterstützt das Geschäft mit Commodities. Hieraus ergeben sich für das Unternehmen der Spezialchemie Vorteile, die es auszunutzen gilt: Über das Beratungsangebot stehen Informationen über die mittelbaren Distributionskunden zur Verfügung, die sich nur wenig von den Informationen über Direktkunden unterscheiden. Die Marktaktivitäten der Distributeure können mit wenig Aufwand transparent gemacht werden, es wird nicht wie gewöhnlich an die Black-Box-Distribution geliefert. Dies führt zu einer maßgeblichen Reduzierung der Abhängigkeit vom Distributeur.

Aufgrund der besonderen Stellung im Markt können vom Distributeur weitgehende Konzessionen bezüglich Marge und Informationen verlangt werden. Dies führt aber nicht zwangsläufig zu einem einseitigen Vorteil für den Lieferanten, sondern kann für alle Seiten von Vorteil sein: Der Lieferant hat hervorragende Marktkenntnisse und kann Einfluss auf die Preisgestaltung am Markt nehmen. Das Distributionsunternehmen hat einen Lieferanten, der seine Marktstellung auf dem Markt für Commodities stärkt, und es kann bei Bedarf auf den Sachverstand seines Lieferanten zurückgreifen, den es aus eigener Kraft nicht aufbauen kann. Die kleinen Kunden der Distribution sichern sich Beratung, die sie als kleine und kleinste Direktkunden nicht erwarten können.

5. Fazit

Das Angebot von Anwendungs- und Applikationsberatung eröffnet Unternehmen der Spezialchemie völlig neue Marktchancen, birgt aber gleichzeitig nicht unerhebliche Marktrisiken. Für den Aufbau der Beratungsleistung müssen erhebliche Mittel bereitgestellt werden. Durch Investitionen, aber auch durch den Aufbau von fachlich geeigneten Personalressourcen wird die Kostenstruktur des Unternehmens nicht nur für das laufende Rechnungsjahr, sondern mitunter bis weit in die Zukunft hinein bestimmt. Fehlentscheidungen wirken sich für viele Jahre negativ auf die Gewinn- und Verlustrechnung aus. Die Entscheidung, Anwendungs- und Applikationsberatung anzubieten, ist eine strategische Entscheidung, die vom obersten Führungsgremium eines Unternehmens getroffen werden muss. Ihr müssen ausreichende Marktanalysen über Kunden, Wettbewerb, Technologie und Preisflexibilität des Marktes zugrunde liegen. Auf die Entscheidung müssen eine sorgsame Durchführungsplanung und gezielte Kommunikation sowohl intern als auch nach außen an den Markt erfolgen.

Der Schritt hin zu einem beratenden Unternehmen der Spezialchemie wird in erster Linie für erfolgreiche Unternehmen ratsam sein. Erfolgreich sollte ein Unternehmen hinsichtlich Marktanteil, Technologieführerschaft und Profitabilität sein.

Zusätzliche Anmerkungen

Unternehmen, deren Erfolg auf chemisch und technisch einzigartigem Know-how beruht, beschäftigen sich oftmals nur unzureichend mit betriebswirtschaftlichen Fragestellungen. Hier liegt in vielen Fällen ein erhebliches Potenzial zur Ergebnisverbesserung.

Checkliste für die Einführung von Applikations- und Anwendungsberatung

Die nachfolgenden Aussagen sollten auf ein Unternehmen, das sich für die Einführung von Applikations- und Anwendungsberatung entscheidet, weitgehend zutreffen. Sofern die Aussagen zu den Themengebieten Markt und unternehmenspolitische Entscheidung nicht zutreffen, ist die Einführung des Vertriebskonzepts mit grundlegenden Risiken behaftet.

Markt

❏ Marktvolumen und Preisflexibilität unserer Märkte rechtfertigen erhebliche Investitionen in die Marktbearbeitung.

❏ Unsere Märkte haben hohes Interesse an Innovation und sie sind in der Lage und willens, einen Aufpreis für Produktinnovation zu zahlen.

Unternehmenspolitische Entscheidung

❏ Applikations- und Anwendungsberatung werden als strategische Ziele definiert und von der Unternehmensleitung aktiv vorangetrieben.

❏ Die Finanzkraft unseres Unternehmens erlaubt Investitionen in die Zukunft.

Kundenbeziehung

❏ Unsere Kunden akzeptieren uns als Know-how Partner.

❏ Wir genießen das Vertrauen unserer Kunden und haben auch Zugang zu Informationen, die als vertraulich eingestuft werden.

Technologie

❏ Unser Unternehmen wird vom Markt als Technologieführer wahrgenommen.

❏ Wir sind mit der Prozesstechnologie unser Kunden vertraut.

Organisation

❏ Wir haben eine offene Kultur, in der das konstruktive Hinterfragen von Ideen auch zwischen Abteilungen nicht zu Abwehrreaktionen führt.

❏ Wir haben Strukturen für ein erfolgreiches Innovationsmanagement.

Differenzierung durch Multi-Channel-Service

Frank Baumgärtner (TellSell Consulting GmbH)

1. Status quo

Weniger als 25 Prozent der Automobilhersteller schaffen es, eine Probefahrt, die von einem potenziellen Kunden über das Internet, die Automobilmesse oder per Brief induziert worden sind, auch wirklich zu realisieren (vgl. TellSell Consulting Research, 2004). Kunden werden in vielfältigen Direktmarketing-Aktionen aktiv auf Versicherungsprodukte angesprochen; die Rückfrage zu dem Produkt löst bei dem zuständigen lokalen Versicherungsagenten nur ahnungsloses Achselzucken aus. Verlage bieten, nach dem das Kleinanzeigengeschäft bereits von Internet-Marktplätzen – wie Scout24.de oder mobile.de – beherrscht wird, das elektronische Medium nun auch als Vermarktungsservice an, und umgekehrt werden auch die reinen Online-Unternehmen zukünftig verstärkt „cross-medial" operieren müssen. Handelsunternehmen wie *Metro AG* oder auch *Karstadt-Quelle* signalisieren ihre Multi-Channel-Fähigkeit: Aber ähnlich wie bei *IKEA* oder *Tchibo* haben Mitarbeiter im Outlet keine Kenntnis von der gemachten Online-Bestellung oder der telefonischen Reklamation.

Auch Jahre nach dem Beginn des Internet-Booms hat die Integration der unterschiedlichen Eingangskanäle bei vielen Unternehmen noch nicht stattgefunden; im Gegensatz zu *Bertelsmann*, wo online ein Buch bestellt, dann per Brief die Bestellung geändert und später in der Filiale abgeholt werden kann. Egal, in welche Branche man schaut: Es herrscht Verdrängungswettbewerb, aber das Differenzierungsmerkmal Service durch eine Multi-Channel-Strategie wird unzureichend genutzt.

Die Ausgestaltung der einzelnen Kundenkontaktpunkte wurde erheblich professionalisiert. Keine Frage, hier haben Unternehmen in weiten Teilen – auch aufgrund guter Outsourcing-Partner – einen guten Beitrag für die Kundenzufriedenheit geleistet. Trotzdem sind die Kunden nicht zufrieden. Wird während eines Serviceprozesses der Kanal gewechselt, merken sie, dass wenige Unternehmen eine channelübergreifende Kundengesamtsicht haben. Diese Aussage wird durch die Ergebnisse des Kundenmonitors (vgl. Kundenmonitor Deutschland 2003) bestätigt.

Erkennen die Unternehmen diese Herausforderung und Chance nicht? Setzt sich keiner mit dem Thema auseinander? Natürlich, die Strategien sind auf Tausenden Powerpoint-Folien bis ins Detail ausformuliert, werden aber in der alltäglichen Praxis nicht gelebt. Im Folgenden werden einige kritische Erfolgsfaktoren für die Etablierung eines perfekten Multi-Channel-Services vorgestellt, damit diese Strategien auch für den Kunden erkenn- und erlebbar werden.

Betrachtet man die heute möglichen Channels, mit denen ein Unternehmen seine Business- und Endkunden ansprechen kann, so zeigt sich, dass zwischen der Kontrolle des Channels und den Kosten ein jeweiliger Ausgleich geschaffen werden muss. Das Ziel einer Multi-Channel-Strategie ist das optimierte Management und die Synchronisation der von den Kunden genutzten Kommunikationskanäle, -arten, und -inhalte, um eine maximale Kundenzufriedenheit bei minimalen Kosten zu erreichen. Dabei werden diese Mehrkanalstrategien nicht nur durch die Technik, sondern vor allem durch das veränderte Kundenverhalten induziert. So zeigt sich, dass Zuwachsraten von jährlich 35 Prozent bei dem Verkauf von Büchern, Reise-, Bahn- und Flugtickets, Hotelbuchungen und -reservierungen, CDs und auch schon von Medikamenten zu erreichen sind, wenn man bestimmte Transaktionen auf neue Channels verlagert.

Dabei ist abzuwägen, ob ein direkter dialogfähiger Kommunikationskanal, bei dem zwischen dem Kunden und dem Unternehmen ein direkter Dialog möglich ist, oder ob ein indirekter Kanal, der in der Regel niedrigere Kontaktkosten hat, aber nur einen vom Empfänger induzierten Dialog ermöglicht, gewählt wird (vgl. Abbildung 30).

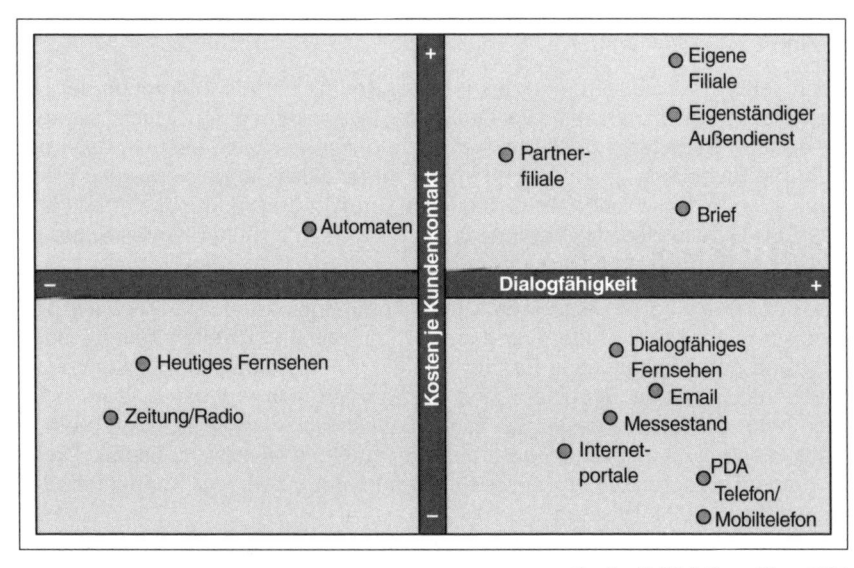

Quelle: TellSell Consulting, 2004

Abbildung 30: Klassifizierung von kommerziellen Servicechannel-Anwendungen

Die Verlagerung der Kundenströme von einem teuren auf einen kostengünstigeren Kanal offeriert enorme Kostenreduktionspotenziale: Während eine Banktransaktion via Filiale ca. 100 Euro kostet, so reduziert sich dies bei der gleichen Transaktion per Call Center auf 64 und per Internet auf 21 Euro (vgl. Credit Swiss, 2003).

Ein erstes Zwischenfazit ist, dass eine strategisch geplante und mit allen Konsequenzen umgesetzte Multi-Channel-Strategie eine Veränderung des Unternehmens und seiner bestehenden Absatz- und auch internen Strukturen nach sich zieht. Neben der grundsätzlichen Entscheidung, welche Services über welche Channels bestmöglich von den Kunden akzeptiert werden, besteht die Aufgabe darin, diese miteinander zeitadäquat zu einer effizienten Servicestrategie zu synchronisieren und keine isolierten Insellösungen entstehen zu lassen.

2. Multi-Channel-Service in allen Verkaufsphasen

Der Begriff „Multi-Channel-Service" impliziert sowohl die gleichzeitige und parallele Nutzung unterschiedlicher Channels, als auch mehreren Kundengruppen unterschiedliche Services, also Informationen, Angebote oder Tätigkeiten, die für einen Käufer einen Wert darstellen, zu bieten. Dabei strebt ein modernes Unternehmen an, einen aus der Sicht des Kunden in Verbindung mit der eigentlichen Transaktion vor- und nachgelagerten und abgeschlossenen Serviceteilprozess möglichst aus einer Hand zu bedienen. Eine Kundenprozessanalyse gibt Aufschluss darüber, welche Prozessleistungen in der Vorkaufphase, bei der eigentlichen Transaktion und in der Nachkauf- und Nutzungsphase die Kunden über welche Channels mit dem Unternehmen austauschen und zukünftig austauschen wollen, und was ihnen ein solcher Service wert ist. Teilweise stellt der einfache Zugang schon einen Wert an sich dar.

Es gilt, die Vertriebskanäle so zu verknüpfen, dass möglichst viele positive Wechselwirkungen zwischen ihnen realisiert werden. So können die unterschiedlichen Channels auch unterschiedliche Funktionen erfüllen: Beispielsweise Information über das Internet und Kauf im Laden, wie viele Studien belegen. Aus Kundensicht bedeutet dies, dass es nicht genügt, wenn ein Unternehmen unterschiedliche Absatzwege isoliert betrachtet, sondern es muss für den Kunden möglich sein, die sinnvollen Angebote des Unternehmens in allen beliebigen Kanal-Kombinationen zu nutzen. Nur dann stellen diese einen echten Mehrwert dar. Die Herausforderung dabei ist, dass bei jedem Kontakt alle relevanten Kundendaten vorhanden sind: Und nicht nur die Adresse und das Kaufdatum, sondern der Stand des Kundendialogs, also die Kundengesamtsicht!

Während des Kaufprozesses nutzen über 50 Prozent der Konsumenten mehr als vier Kanäle, und bei jedem Kundenkontakt fallen relevante Informationen an, die nicht nur für den nächsten Kontakt mit dem gleichen Medium wieder verfügbar sein müssen, sondern auch in anderen horizontalen Servicechanneln (vgl. Abbildung 31). Und diese Informationen, die beim Kontakt mit dem Hersteller anfallen, müssen auch in anderen Vertriebs- und Servicestufen vorhanden sein und umgekehrt. Die Channel-Integration ist unabdingbar, da jeder Kontakt relevante Informationen über die Zielgruppen und den Markt bringt und somit eine Verkaufschance zum Erwerb von Zusatzprodukten und Services ermöglicht. Up- und Cross-Selling ist in modernen Servicekonzepten nicht mehr wegzudenken, und damit sind die Themen „Multi-Channel-Service und -Vertrieb" nicht mehr voneinander zu trennen.

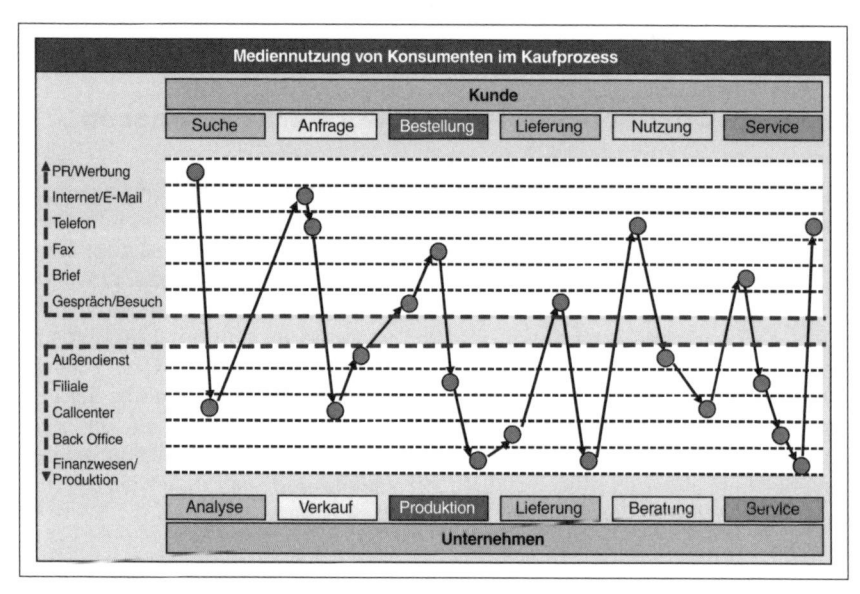

Quelle: TellSell Consulting, 2004

Abbildung 31: Wechsel der Channels in den unterschiedlichen Kauf-/Servicephasen (Beispiel Automobilhandel)

Kernstück eines Multi-Channel-Systems ist die Kundendatenbank, die alle Kontakte der Kunden an allen Kundenkontaktpunkten verknüpft (vgl. Abbildung 32). Das heißt: Hier liegen alle relevanten Kundendaten mit der kompletten Kontakthistorie und ermöglichen eine Gesamtsicht der Kundenbeziehung. Darauf aufbauend können individuelle Kaufwahrscheinlichkeiten für Produkte und Services im Rahmen von Datamining-Prozessen ermittelt werden.

Unternehmen sind dann erfolgreich, wenn *alle* Medien nicht nur als separates Instrumentarium eingesetzt werden, sondern jeweils als wesentliche Struktureinheit eines in sich geschlossenen Lead-Management-Systems von der Kontaktgenerierung (Lead Generierung) bis hin zur Kontaktkontrolle (Lead Controlling). Das Ziel ist es, keinen Kontakt verloren gehen zu lassen, nur die wirklich Erfolg versprechenden Kontakte (Lead Qualifikation) an die richtigen Stellen weiterzuleiten und über die gesamte Wertschöpfungskette zu verfolgen.

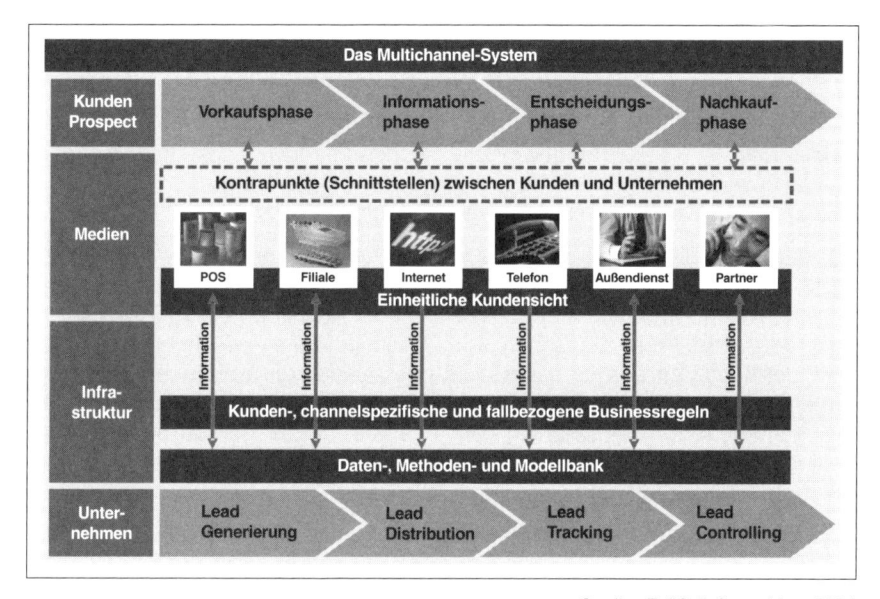

Quelle: TellSell Consulting, 2004

Abbildung 32: Das System eines Multi-Channel-Services

Unabhängig von der Branche, der jeweiligen Markt- und Produktspezifika und auch den besonderen Bedürfnissen der jeweiligen Zielgruppe ist festzustellen, dass überall dort, wo Unternehmen mit einer Vielzahl von Business- oder Endkunden mit Geschäftsmodellen interagieren, die eine Servicekomponente in der Vor- oder Nachkaufphase beanspruchen, die gleichen Herausforderungen angehen müssen.

Mit der Multi-Channel-Service-Strategie wird die Bereitstellung der richtigen Kanäle für die richtigen Kunden mit den richtigen Service-Inhalten bei gleichzeitiger Vernetzung und Synchronisation dieser Kanäle verstanden. Damit wird die größtmögliche Effizienz des Services gewährleistet. Das heißt aus Unternehmenssicht:

▶ konsequente Aktivierung von Kundenpotenzialen, die man mit den bestehenden Channels nicht aktivieren kann,

▶ Harmonisierung der Channels hinsichtlich der einheitlichen Markenauflagen (Design, Aussagen, Emotionalisierung etc.) des Unternehmens,

- bestmögliche Bedienung bestehender Kunden, um diese langfristig an das Unternehmen zu binden,
- Senkung der Kanalkosten durch die systematische Steuerung der Kundenströme auf „billigere" Kanäle,
- systematische Ausschöpfung des vollen Kundenpotenzials durch Up- und Cross-Selling,
- unnachgiebige horizontale und vertikale Integration der Servicechannels über alle Medien, Servicestufen und Produkt-/Markenlinien hinweg.

Diese Ziele – Neukundengewinnung, Kundenbindung, Kostenoptimierung, Kundenausschöpfung sowie horizontale und vertikale Integration – sind in allen Branchen gleich und nahezu allgemeingültig.

Damit der Kunde bei der Inanspruchnahme von mehreren Service-Channels keine inkonsistenten Erfahrungen mit dem Unternehmen macht und dieser bei einem Anruf im Service Center die gleichen Auskünfte erhält wie in der Filiale, oder Probleme, die schon dem Filialmitarbeiter beschrieben worden sind, dem Call-Center-Mitarbeiter nicht noch einmal erklären muss, ist sicherzustellen, dass alle Mitarbeiter über alle Kunden eine einheitliche Sicht über den Kunden haben: unabhängig vom Channel, den er gerade benutzt. Dies bedingt eine moderne IT-Infrastruktur, um ein modernes Database-Management abbilden zu können.

Eine Multi-Channel-Service-Strategie konfrontiert das Management aber auch mit internen Konflikten und Problemfeldern:

- Kannibalisierung zwischen den einzelnen Service- und Vertriebskanälen,
- Verschiebung des Anforderungsprofils an die Mitarbeiter und ganze Abteilungen,
- Preisdifferenzierungen in den einzelnen Services je Kanal und Absatzstufe,
- Desynchronisation der neu entstehenden Kanäle,
- mangelnde Integration der Front- und Back-Office-Funktionalitäten, da die Abstimmung der Arbeitsabläufe oft auf Organisationsebene stattfindet,
- zu optimistischer Business-Case aufgrund unrealistischer Annahmen.

Neben diesen Problemfeldern gibt es auch vielfältige Herausforderungen, die sich auf die Beziehung zu den nachgelagerten Absatzstufen beziehen:

- Aufbau eines Direktvertriebs als Wettbewerb zu den indirekten Absatzmittlern,
- Einfluss- und Kontrollverschiebung gegenüber den Absatzmittlern,
- Verschiebung der Wertschöpfungskette durch das Angebot von Zusatzservices.

Bei vertrieblichen Aufgaben sind Kanalkonflikte aufgrund von horizontalen und vertikalen Interessenskonflikten nie ganz zu vermeiden und maximal zu minimieren. Dagegen sind reine Services, wie Informationsbereitstellung, Reklamationen oder auch nur Anforderung von Monteuren (nahezu) konfliktfrei in mehrstufigen Vertriebssystemen zentralisierbar und Kundengesamtsichten für diesen Bereich etablierbar. Auch hier sind die Regeln für den Besitz der Kundendaten und den Verwendungsgrad derselben zu definieren und häufig kontrovers zu diskutieren.

Die Etablierung eines Konkurrenzmodells ist in manchen Branchen zu empfehlen. Hier treten die Channels in einen Wettbewerb zueinander und buhlen um die gleichen Kundengruppen bei einer eindeutigen Differenzierung über Preis und Leistung. Durch ein solches Modell kann die Ausschöpfung des maximalen Marktpotenzials erfolgen. Über mehrere Handelsstufen hinweg birgt dieses Modell aber auch das größte Konfliktpotenzial und sollte vor der Einführung wohl überlegt werden.

Letztendlich beruht die Notwendigkeit der Umsetzung einer Multi-Channel-Service-Strategie aufgrund der sich ständig verändernden Ansprüche und Gewohnheiten der Kunden. War vor zehn Jahren eine telefonische Hotline für After-Sales-Services noch ein USP für *Dell Computers*, so ist dies heute der Standard für alle Computerhersteller. Gute Beispiele für die Integrität der Vertriebs- und Servicekanäle sind Unternehmen wie *Microsoft*, *Citibank*, *Deutsche Lufthansa* und *Deutsche Telekom*, die allesamt verschiedene Kernprozesse über eine multi-channel-fähige IT-Plattform abwickeln. Bei dem Multi-Channel-Angebot von *Electronic Partner* kann der Kunde beispielsweise online bestellen und beim nächst gelegenen Händler das Produkt abholen und bezahlen. Interessenten, die sich online informieren, aber im stationären Handel kaufen wollen, nutzen häufig die Möglichkeit, Produktinformationen zu drucken. Anhand des Ausdrucks kann der Händler erkennen, dass der Kunde bereits vorinformiert ist, und kann ihn gezielt bedienen. Sollte das gewünschte Produkt nicht vorrätig sein, so kann der Händler gemeinsam mit dem Kunden vor Ort über das Internet-Terminal bestellen. Ein guter Anfang ist gemacht!

Das Zwischenfazit ist, dass das Spannungsfeld, in dem sich eine Multi-Channel-Service-Strategie bewegt, branchenunabhängig ist. Die Chancen liegen ganz klar bei der Kundenbindung, der Generierung von Wettbewerbsvorteilen, der Kosteneffizienz und vor allem der Ausschöpfung des vollen Kundenpotenzials. Sofern das Unternehmen sich weit vor dem immer höher werdenden Marktstandard positionieren kann, so sind über Multi-Channel-Services noch echte Wettbewerbsvorteile zu generieren. Aber Vorsicht ist geboten, denn die Unternehmen setzen eine Spirale in Gang: Jede wahrgenommene Verbesserung des Services steigert die Erwartungshaltung des Kunden und erhöht zunächst die Anforderungen an das Unternehmen, dieser zu entsprechen. Eine solche Anspruchsspirale macht für das Unternehmen das Management des Prozesses schwieriger. Damit löst der Prozess teilweise das Produkt als

Benchmark ab. Nur wenn ein Unternehmen bereit ist, diesen Weg konsequent zu gehen, wird es Erfolg haben. Die – ebenfalls branchenunabhängigen – Risiken liegen vor allem in der Organisation selbst begründet, was ein Top-Management-Engagement für dieses Thema unabdingbar macht.

3. Die wesentlichen Herausforderungen im Multi-Channel-Service

In dem folgenden Abschnitt werden die wesentlichen Schritte – Business-Innovation, -implementation und Innovations-Management –, die zur Umsetzung einer Multi-Channel-Service-Strategie notwendig sind, dargestellt und sollen als Denkanstösse für die Realisierung einer eigenen Strategie verstanden werden.

Vorab: Wenn das Top-Management nicht hinter dem Konzept steht, dann sollte man das Thema vergessen! Dann kann man diesen Beitrag getrost überspringen, denn das Unternehmen wird keinen Erfolg bei dieser Herausforderung haben.

Konzept/Pilot für die Business-Innovation

Sofern das Top-Management hinter dem Konzept steht, gilt es, ein Vorgehensmodell zu wählen, das den optimalen Erfolg aus Sicht der Kunden, des Marktes, der Vertriebspartner, der Produkte und Services sowie der Kosten sicherstellt. Ziel muss sein, die heutigen und zukünftigen Kundenwünsche und die Anforderungen des Gesamtmarktes mit samt den eigenen Marketing- und Vertriebsstrategien und denen des Wettbewerbs zu verstehen und auf diesen Analysen aufbauend multi-channel-basierte Business-Innovationen zu gestalten. Bei der Analyse sollten neben der Beobachtung der Branche, in der das Unternehmen tätig ist, auch – ähnlich einem Im- und Exportmodell – versucht werden, Trends, die in anderen Branchen heute zu beobachten sind, auf die Realisierbarkeit für das eigene Vorhaben zu prüfen. Hier ergeben sich gute Ansatzpunkte für neue Branchen-Innovationen. Neben der Eignung des Produkts und des anzubietenden Services für einen Channel muss auch geprüft werden, welchen Nutzen solche Services aus Kunden- und Unternehmenssicht darstellen. Beispielsweise bietet die *Lufthansa* für ihre Top-Kunden eigene Telefonnummern und diverse Kundenkarten. Andere Unternehmen preisen die Nutzung unterschiedlicher Zugangschannels auch unterschiedlich: So müssen bei vielen Fluggesellschaften Extragebühren für die Buchung per Telefon gezahlt werden, während das Internet nicht nur bessere Angebote hat, sondern auch keine Buchungsgebühr kostet. Solche Preisdifferenzierungen werden immer stärker angewendet, dürfen den Kunden aber nicht verwirren. Am Ende wird ein Businessplan, der alle Investitionen, Zusatzerlöse, Transaktionskosten und mögliche Marktanteilsverschiebungen berücksichtigt, der „proof of concept" dieser ausgearbeiteten Strategie sein. Und vor allem: Es gilt, die Annahmen und die damit angenommenen Zusammenhänge in Form von Piloten zu testen, um dann wiederum die Businesspläne anzupassen. Denn die Erfahrung zeigt, dass erfolgskritische Annahmen hinsichtlich

- Up- und Cross-Selling-Raten teilweise nicht realistisch sind,
- Zeiträumen, in denen Kunden ihr Verhalten ändern, nicht eintreffen,
- Zahlungsbereitschaften für Zugangsservices in der Realität nicht vorhanden sind.

Um Annahmen zu verifizieren, sind Pilotprojekte und Tests unabdingbar. Die Zahlen der *Lufthansa*, der *Deutschen Bahn* und auch der *Deutschen Telekom* zeigen, dass es Jahre dauert, bis die Kunden Buchungen, Auskünfte und sonstige Fragen von dem traditionellen Medium Telefon auf andere Medien verlagern und die prognostizierten Kosteneinsparungen zum Tragen kommen. Die Piloten beantworten die relevanten Kernfragen, ob

- der Kunde diesen Kanal für den angebotenen Service auch nutzen will,
- der Service für sich einen Wert, für den der Kunde bereit ist zu zahlen, darstellt,
- der Gesamtnutzen für den Kunden über die Summe der Channels höher ist als mit der bisherigen Anzahl an Möglichkeiten,
- der Kunde in bestimmten Situationen aufgrund seiner Bedürfnisstruktur den gleichen Vorgang über andere Channels abwickelt,
- unterschiedlich wertige Kunden auch verschiedene Eingangschannels für unterschiedliche Services angeboten bekommen sollten,
- die angesetzten Preise für das Serviceangebot je Eingangschannel adäquat sind,
- der Nutzer vor und während der Produktnutzung viele Kontakte mit den einzelnen Kontaktpunkten hat,
- die angebotenen Services den Kunden optimal über seinen gesamten Lebenszyklus begleiten,
- die Produkte und Eingangschannels vermarktbar sind und ob die Kundenströme wirtschaftlich sinnvoll gelenkt werden können,
- sich die Cross- und Up-Selling-Raten realisieren lassen,
- jeder Kanal für sich autarke Funktionen erfüllen soll, oder ob er in eine interdependente Aufgabenverteilung eingebunden werden soll,
- die realen Kosten mit den geplanten Kosten übereinstimmen.

Prozesse/IT-Infrastruktur der Business-Implementierung

Sofern nun alle relevanten Fragen aufgrund der Tests geklärt sind und damit ein optimierter Channel-Mix gefunden ist, gilt es, die Prozesse im Unternehmen zu etablieren. Dabei wird ein erfolgskritischer Faktor auch die Gestaltung der IT-Infrastruktur sein. Und jetzt wird es ernst: Denn die Unternehmen machen dies nicht auf der grünen Wiese. Um die definierten Ziele zu erreichen, muss ein stringentes bereichsübergreifendes Projektmanagement aufgesetzt werden und müssen auch alt gewohnte Prozesse in Frage gestellt werden.

Es sind nicht nur die Channels vollständig zu integrieren, sondern es muss auch der channelübergreifende Kreislauf, die Sammlung, Analyse und Nutzung der Kundendaten gewährleistet sein. Eng damit verbunden ist auch die Frage, ob neue Standardsysteme den Anforderungen genügen oder ob die bestehenden Systeme adaptiert werden können. Dabei sollten sich Unternehmen objektiv beraten lassen und nicht Systemintegratoren oder Software-Lieferanten fragen, bei denen keine objektive Empfehlung zu erwarten ist. Eine andere Herausforderung ist es, das richtige Tempo der Konsolidierung und Integration zu bestimmen. Alle Channels gleichzeitig, sozusagen in einem großen Wurf zu integrieren, kann ebenso Sinn machen wie eine sukzessive Integration. Auch wenn es keine allgemeingültige Antwort auf diese Frage gibt, so zeigt die Erfahrung, dass eine sukzessive Konsolidierung der Channels aufgrund der realisierbaren „quick-wins", die alle Beteiligten für die weitere Arbeit motivieren, häufiger zum Erfolg führt.

Erfolgskritisch in diesem Prozess ist, dass die IT-Lösung und die Prozesse aus Kundensicht – gemäß dem verabschiedeten Fach- oder Feinkonzept – getrieben werden und nicht von der IT-Abteilung. Letztendlich muss das Technikkonzept der Output der Anforderungen von der Fachseite sein und nicht umgekehrt. Damit sind schon die wesentlichen Herausforderungen der Umsetzung eines solches Konzepts angesprochen:

▶ Alle Prozesse sind vom Markt – also vom Kunden – her zu planen, und es sind alle anderen übergreifenden Unternehmensprozesse (Personal, Organisation und Beschaffung) auf die kanalspezifischen Prozesse anzupassen.

▶ Die IT-Umgebung muss den Kreislauf – Datensammlung, -auswertung (Datamining) und -nutzung – vor allem für Up- und Cross-Selling-Anwendungen unterstützen und Fragen nach Datenhoheit und Bestandsschutz von Altsystemen unterordnen.

▶ Die ideale IT-Unterstützung für ein effizientes Multi-Channel-Service-Management orientiert sich an den Anforderungen der Zielgruppen-Kunden und versucht, diese optimal zu unterstützen.

Der Grad der Verknüpfung der einzelnen Kanäle auf Prozess- und IT-Ebene ist für die Bestimmung des Erfolgs einer Multi-Channel-Strategie eine Bedingung, um die gesteckten Ziele hinsichtlich Up- und Cross-Selling, Kundenzufriedenheit und Wirtschaftlichkeit zu erreichen. Der synchronisierte Einsatz mehrerer Kanäle ist die Herausforderung und keineswegs die Gestaltung von „Best-Practice-Anwendungen" einzelner Kanäle. Betrachtet man die IT-Systeme der einzelnen Kommunikationskanäle, lässt sich schnell erkennen, dass je zentraler die IT-Systeme angesiedelt sind und je direkter der Kunde auf die einzelnen Geschäftsprozesse Einfluss nehmen kann, umso geringer die Zahl der Applikationen und genutzten Systeme sein wird. Aber umso komplexer wiederum werden diese Systeme. Das bedeutet auch, dass zentrale Systeme dann kostengünstiger zu managen sind, da die Synchronisation vieler Applikationen wiederum in der Regel zu extrem hohen Kosten führt.

Die kanalspezifische IT-Infrastruktur und die dazugehörigen Prozesse für das Kanalmanagement – als zentrale Verknüpfungsinstanz zwischen den Kanälen – ist ein weiterer erfolgskritischer Faktor. Alle anderen Prozesse und IT-Systeme sind dem Kanalmanagement unterzuordnen. Die IT-Umgebung muss sicherstellen, dass alle relevanten Informationen jeweils am richtigen Kundenkontaktpunkt vorhanden sind, damit die größtmögliche Anzahl an Prozessen fallabschließend bearbeitet werden kann. Und aus Kundensicht bedeutet diese Anforderung, dass dieser zukünftig über alle Kanäle hinweg die kundenspezifischen Informationen, die zur Durchführung der jeweiligen Prozesse notwendig sind, bereitgestellt bekommt.

Sofern Unternehmen diese Herausforderungen meistern, so werden dann auch branchenübergreifend den Kunden- und Marktbedingungen Rechnung getragen, nämlich, dass

▶ die Kunden vermehrt multiple Kommunikationskanäle nutzen werden und damit eine durchgängige Kommunikation auf diesen Kanälen ebenso einfordern werden, wie die Anforderungen an optimaler Erreichbarkeit, fallabschließender Bearbeitung seines Anliegens und einer hohen Servicebereitschaft.

▶ die Anzahl der möglichen Kommunikations- und Distributionschannels weiterhin sehr schnell ansteigen wird, und damit auch die Komplexität des Channel-Managements für das Unternehmen steigen wird.

▶ die Kommunikation mit dem Kunden immer individualisierter stattfinden wird,

▶ die sich schnell verändernden Kundenwünsche und -verhaltensweisen umgehend in neue Services umgesetzt werden.

Vor allem auch der letzte Punkt zeigt, dass sich die Anforderungen an moderne IT-Systeme sehr stark verändern werden. Die Anforderungen werden von immer schneller entstehenden neuen Channels und Anwendungen für den Kundenservice bestimmt werden. Dabei müssen die IT-Infrastruktur und vor allem auch die Prozesse so volatil sein, dass diese sich in einer ähnlichen Geschwindigkeit verändern können. Daran werden zukünftig IT-Abteilungen und Betriebsorganisationen gemessen werden.

Organisation: Management der Business Innovation

Mitarbeiter, vor allem jene, die direkt mit dem Kunden interagieren, müssen das Konzept leben und werden damit zum erfolgskritischen Bestandteil bei der Umsetzung einer solchen Strategie. IT-Systeme können nicht über eine Hilfestellung für die Erreichung der Ziele hinauskommen. Dies leuchtet zunächst jedem ein, und in der Theorie ist das auch alles ganz einfach.

Aber in der Praxis ist das mit dem Faktor „Mensch" nicht so einfach. Die Etablierung einer konsequenten Multi-Channel-Strategie wird für das Unternehmen nachhaltige Veränderungsprozesse mit sich bringen und bestehende Bereichs- und Abteilungsgrenzen in Frage stellen. Einerseits entstehen neue Chancen für ambitionierte Mitarbeiter, andererseits werden Mitarbeiter versuchen, ihre Besitzstände zu wahren und sich gegen die Veränderungen zu wehren. In diesem Spannungsfeld wird eine neue Organisationsform entstehen müssen, die nicht mehr entlang der Produktlinie oder einzelner Verrichtungsstufen ausgerichtet ist. Es muss eine Organisation entstehen, die sich einer Multi-Channel-Strategie verschrieben hat, also eine auf den Kunden ausgerichtete Organisationsform (vgl. Grimm/Röhricht, 2003).

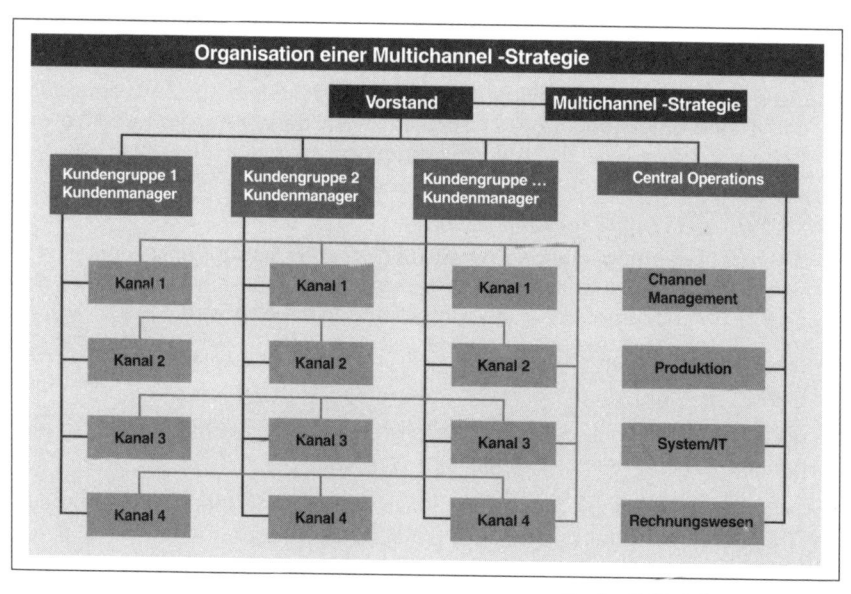

Quelle: TellSell Consulting, 2004

Abbildung 33: Beispielhafte Organisationsform einer Multi-Channel-Strategie

So wird durch eine solche Organisationsform keinesfalls die bisherige Organisationsform abgelöst, sondern die Aufgaben und Rollen werden aufgrund der zentralen Kundenorientierung neu definiert. Die bisherigen Erfahrungen zeigen, dass sich eine Orientierung an den Kundensegmenten eines Unternehmens – egal, ob diese sich nun nach Wertigkeit, Kontakthäufigkeit, Potenzial oder Branchenzugehörigkeit richtet – dann auszahlt, wenn ein Kundenmanager für eine Kundengruppe in dem jeweiligen Kundensegment verantwortlich ist. Diese Verantwortung umfasst alle Aufgaben von der Marktforschung bis hin zu der kundenspezifischen Zusammenstellung des Serviceangebots. Dagegen ist das „Channel-Management" dafür zuständig, dass im Rahmen der Strategie alle Kanäle auch verfügbar sind, was die Abstimmung und Positionierung der Kanäle untereinander sowie die Funktionen der jeweiligen Kanäle beinhaltet. Hier ist auch die Abstimmung mit der IT-Abteilung angesiedelt. Die weiteren Rollen und Abteilungen „Systeme/IT", „Produktion" und „Rechnungswesen" ordnen sich als interne Dienstleister den Kundenmanagern unter und bilden ein wichtiges Steuerungs- und Supportinstrument. Dies ist dann erfolgskritisch, wenn das Unternehmen in vielen Märkten und Branchen die Kundensegmente professionell managen will.

Die Organisationsform als solches ist für viele tayloristisch gegliederte Unternehmen eine Revolution. Aber beim Aufbau gilt es, evolutionär vorzugehen. Denn es müssen

- ▶ herkömmliche (Bereichs-)Denkweisen durch eine durchgängige Kundenorientierung ersetzt werden,
- ▶ bestehende Arbeitsabläufe, die auf der Verrichtung von Tätigkeiten beruhen, durch das Management der Kundenbetreuung ersetzt werden,
- ▶ die produktorientierten in kundengruppenorientierte Services, die sich nach Lebenseinstellungen, Lebenszyklen und soziodemografischen Merkmalen orientieren, umgestaltet werden,
- ▶ Verständnis und Verhaltensweisen für das Up- und Cross-Selling-Geschäft aufgebaut und trainiert werden,
- ▶ komplett neue Motivationsstrukturen in Form von Lohnmodellen und Arbeitsbedingungen für die Mitarbeiter implementiert werden,
- ▶ Schulungsmaßnahmen, häufig im großen Stil, absolviert werden, um die Organisation in die gewünschte Richtung zu transformieren.

Kurzum: In dem Unternehmen wird ein kompletter Change-Management-Prozess ablaufen, mit allen seinen positiven und negativen Konsequenzen. Denn letztendlich wird das Ziel maximaler Wertgenerierung bei jedem Kundenkontakt zu minimalen Kosten nur über entsprechende Qualität der Mitarbeiter zu generieren sein.

4. Zurück in die Zukunft? Alles schon da gewesen oder eine Revolution?

CRM, TQM, Direktmarketing, Database Marketing, kundenorientierte Unternehmensphilosophie, Corporate Culture und viele andere Begriffe und Managementphilosophien postulieren die Ausrichtung der Prozesse auf den Kunden. Viele Themen, die angesprochen worden sind, spiegeln sich in diesen Konzepten wider, und sehr viele Dinge, die in den letzten Jahren umgesetzt worden sind, tragen auch der Multi-Channel-Strategie Rechnung. In den 90er Jahren herrschte weltweit im Contact Center ein wahrer Technologie-Boom. CRM hieß das Zauberwort, mit dessen Hilfe Marketing, Verkauf, Kundenservice und Back-Office zusammengeführt werden sollten. Beträchtliche finanzielle und personelle Ressourcen wurden in aufwändige Software-Pakete und Multi-Channel-Strategien investiert. Das Ziel, das mit den meisten dieser Konzepte erreicht werden sollte, hat auch heute noch Gültigkeit: Zugriff auf eine gemeinsame Datenbasis, Erstellung von fundierten Kundenprofilen, um den Verkaufs- und Serviceprozess den Kundenbedürfnissen anzupassen. Jetzt werden die Unternehmen den nächsten Schritt tun müssen: die Mitarbeiter und die Organisation auf diesen Prozess konsequent auszurichten. Denn letztendlich ist auch die Umsetzung einer Multi-Channel-Strategie nichts Neues, sondern nur die konsequente Weiterentwicklung dieser Philosophien. Am Ende stellt sich immer die ganz banale Frage: Schaffen es Unternehmen, für ihre Kunden einen bestmöglichen Service bei gleichzeitiger Ausschöpfung des vollen Kundenpotenzials und optimierten Kosten anzubieten?

Aber vielleicht birgt die Geschwindigkeit, in der sich neue Services und Eingangskanäle etablieren, die Chance:

> **Die radikale Ausrichtung der Prozesse und vor allem des Tuns der Mitarbeiter auf den Kunden!**

> *„Guten Tag, hier ist die telefonische Hotline von Fotofix. Sie haben uns ihre Fotos über die Upload-Station am Bahnhof in Berlin gesendet. Und jetzt möchten Sie fünf Abzüge haben. Dies erledigen wir gerne für Sie! Was ist Ihnen lieber: Wollen Sie diese lieber in der Filiale abholen oder sollen die Abzüge per Post versendet werden?" (...)*

> (Einen Tag später in der Filiale:)

> *„Guten Tag, Ihre Fotos liegen, wie von Ihnen gewünscht, heute für Sie bereit. Frau Meier, darf ich Ihnen noch die neueste Digitalkamera zeigen, zu der Sie in der letzten Woche per Internet ein Prospekt angefordert haben? Sofern Ihnen diese zusagt, können Sie diese per Banküberweisung bezahlen."*

So oder ähnlich werden Serviceführer ihre Channels professionalisiert haben und entsprechend Erfolg haben. Zukunftsmusik? Nein, auf unzähligen Folien steht schon alles: **Es muss nur alles mal umgesetzt werden!**

Literatur

Grimm, S./Röhricht, J.: Die Multichannel Company – Strategien und Instrumente für die integrierte Kundenkommunikation, Bonn 2003.

Kundenmonitor Deutschland 2003, München 2003.

o.V.: Credit Suisse, Multichannel Company, Zürich 2003.

o.V.: Empirische Daten und Prognosen zum Multi-Channel-Management – Vorteile einer Multi-Channel-Strategie: Eine nüchterne Betrachtung, E-Commerce-Center Handel (ECC Handel) am Institut für Handelsforschung an der Universität zu Köln (IfH)

o.V.: Multi-Channel Marketing: Recipe for Success, About Digital Connexxions Inc., http://www.dconx.com, Toronto 2002.

o.V.: Multichannel-Management, Erreichbarkeit für den Kunden anytime and anywhere, Fraunhofer Institut Arbeitswissenschaft und Organisation (IAO), Stuttgart 2001.

o.V.: TellSell Consulting Research, Frankfurt am Main 2004.

Kundenwertorientierte Preisfindung – Ein Beispiel aus der pharmazeutischen Industrie

Martin Baumann (Capgemini Deutschland GmbH)

1. Ausgangssituation im Unternehmen

Kaum ein Unternehmen kennt den tatsächlichen Wert seiner Kunden. Die Rentabilität einzelner Unternehmensbereiche hingegen ist bekannt. Erschwert wird die Ermittlung der Kundenrentabilität dadurch, dass Kunden häufig Geschäftsbeziehungen mit mehreren Bereichen innerhalb eines Unternehmens unterhalten.

Insbesondere der Umsatz und die Umsatzentwicklung im historischen Zeitverlauf werden genutzt, um die Spreu vom Weizen zu trennen. Das heißt, Kunden mit höherem Umsatz werden höher priorisiert als Kunden mit vergleichsweise geringerem Umsatz. Dies spiegelt sich direkt in besseren Serviceleistungen, kostenlosen Zusatzleistungen oder Rabattansprüchen wider. Nicht selten gelten diese Ansprüche für eine längere Zeitperiode und sind innerhalb dieser Periode absolut starr.

Die vergangenheitsbezogene Umsatzbetrachtung erlaubt allerdings nicht, den tatsächlichen Wert eines einzelnen Kunden zu messen. So können beispielsweise hohe Akquisitionskosten und nachträgliche unentgeltliche Zugeständnisse für ein Referenzprojekt die Rentabilität des einzelnen Kunden beträchtlich schmälern.

Beispiel

Eine Unternehmensberatung gibt ein Angebot für die Implementierung eines Customer Relationship Management (CRM) Systems für ein Unternehmen der Medienbranche ab. Das Medienunternehmen erwartet bereits im Angebot detaillierte Lösungsansätze für diverse Problemstellungen. Durch das qualitativ hochwertige Angebot kommt die Beratung in die Runde der letzten vier Anbieter. Das Unternehmen der Medienbranche fordert nun die Präsentation exemplarischer, technisch umgesetzter Lösungen, die bereits auf das Unternehmen zugeschnitten sind. Die danach verbleibenden drei Anbieter werden aufgefordert, einen Referenzbesuch bei einem weiteren Kunden zu organisieren. Nach dem Besuch der besten Referenzen bleiben noch zwei Anbieter bestehen. Mit diesen beginnen nun die Vertrags- und insbesondere Preisverhandlungen. Dem Beratungsunterneh-

men, das letztendlich bestehen bleibt, wird nach dem fünfmonatigen Auswahlprozess mitgeteilt, dass das Projekt aufgrund eines Managementwechsels auf einen noch nicht definierten Starttermin verschoben wird.

Das Beispiel zeigt, dass während des gesamten Prozesses ein hoher zeitlicher Invest sowie CRM-, Branchen- und Technologieexpertise erforderlich sind. Möchte das Beratungsunternehmen das Projekt zukünftig als Referenz für die Medienbranche nutzen, so werden sicherlich weitere preisliche Zugeständnisse notwendig.

2. Kundenwertorientierte Preisfindung als Lösungsalternative

Insbesondere bei langwierigen und kostenintensiven Akquisitionen steht das Management stets vor der Frage, ob das Engagement und die vereinbarten finanziellen Zugeständnisse für diesen Kunden angemessen sind. Das Prinzip der kundenwertorientierten Preisfindung soll dazu beitragen, eine Antwort zu formulieren. Dafür sind zunächst Kenntnisse über den Wert einzelner Kunden erforderlich. Um die richtigen Schritte und Zugeständnisse abzuleiten, muss ein Rabattsystem institutionalisiert sein, dass sich flexibel dem ermittelten Kundenwert anpasst.

Wertigkeit des Kunden

Unternehmen verfügen heute über eine Vielzahl an Kundeninformationen, die sich in vergangenheitsorientierte, gegenwärtige und zukunftsgerichtete Informationen gruppieren lassen. Durch die Konsolidierung des Wissens der Außendienstmitarbeiter und den Einsatz neuer Technologien, wie beispielsweise Online Analytical Processing (OLAP), kann ein erheblicher Beitrag geleistet werden, um eine möglichst realistische Klassifizierung der Kunden zu erhalten.

Flexibles Rabattsystem

Das Rabattsystem muss flexibel, transparent, verständlich und in sich schlüssig aufgebaut sein. Für das Modell selbst sollten unterschiedliche Facetten in Einklang gebracht werden. So ist der klassische monetäre Rabatt nur ein Element neben Naturalrabatt oder besseren Serviceleistungen. Denkbar ist hierbei alles, was einen Mehrwert für den Kunden darstellt und aus unternehmerischer Sicht unter Kostenaspekten vertretbar ist.

Welche Kriterien für die Ermittlung der Wertigkeit eines Kunden herangezogen werden können, wie ein flexibles Rabattmodell erstellt werden kann und wie dies letztendlich zusammengebracht werden sollte, wird im Folgenden anhand eines *Vier-Stufen-Modells* dargestellt.

3. Vier-Stufen-Modell zur kundenwertorientierten Preisfindung

Eine Umsetzung in die Praxis lässt sich durch vier klar definierte Stufen erreichen, wie sie in Abbildung 34 dargestellt werden.

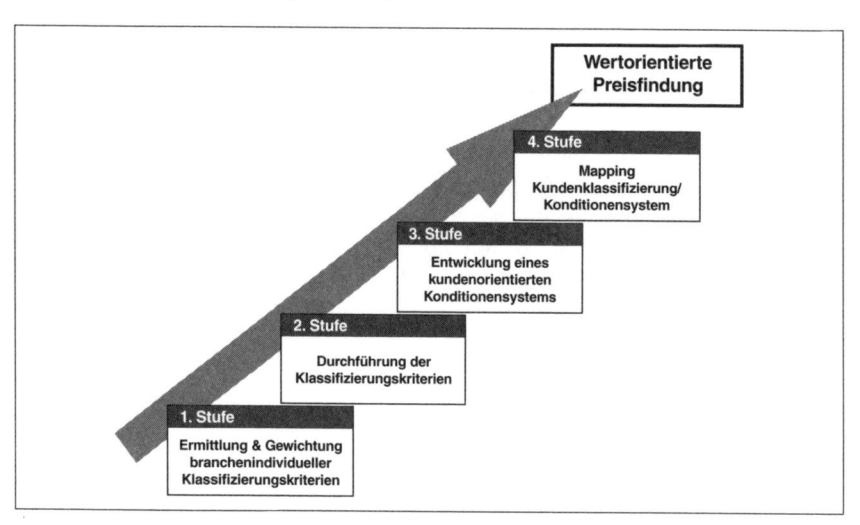

Abbildung 34: Vier-Stufen-Modell zur wertorientierten Preisfindung

In der ersten Stufe werden branchenindividuelle Klassifizierungskriterien ermittelt. Anschließend erfolgt die operative Durchführung der Kundenklassifizierung. Danach wird ein kundenorientiertes Konditionensystem entwickelt und abschließend Kundenklassifizierungen und Konditionensysteme zusammengebracht.

1. Stufe: Ermittlung und Gewichtung branchenindividueller Klassifizierungskriterien

Kriterien für die Klassifizierung eines Kunden können von Branche zu Branche abweichen. Aus Unternehmenssicht ist hierbei elementar, ob es primär Geschäftskunden und andere Unternehmen (*Business-to-Business*) oder Endverbraucher (*Business-to-Consumer*) bedient.

Eine gute Ausgangsbasis für die Kundenklassifizierung bietet die „Intranationale Marktsegmentierung" von Meffert (vgl. Meffert/Bolz, 1998). Hierbei werden demografische, sozioökonomische und psychografische Segmentierungskriterien berücksichtigt. Durch die Erweiterung um klassische Unternehmenskennzahlen, wie beispielsweise Umsatz und Gewinn, der mit dem jeweiligen Kunden erzielt worden ist, resultiert eine gegenwärtige beziehungsweise vergangenheitsorientierte Klassifizierung. In Tabelle 4 werden Beispiele aufgezeigt.

Segmentierungskriterium	Beispiel
Soziodemografisch	Alter Beruf
Verhaltensorientiert	Nutzungsintensität Geschäftstreue
Psychografisch	Motive Interessen
Geografisch	Ortsteil Land
Unternehmenskennzahlen	Umsatz Gewinn

Tabelle 4: Segmentierungskriterien

Innovative Kundenklassifizierung geht einen Schritt weiter. Neben Vergangenheit und momentaner Situation wird eine zukunftsgerichtete Betrachtung einbezogen. Es erfolgt dadurch eine Konzentration auf das Gesamtpotenzial eines einzelnen Kunden.

Bei der zukunftsgerichteten Betrachtung wird beispielsweise untersucht, wie sich Umsatz und Gewinn in den kommenden Jahren entwickeln werden, inwiefern sich das soziodemografische Umfeld verändert oder welche Expansionspläne bestehen.

Die Bewertung und Gewichtung der einzelnen Kriterien führt zu einem Modell, das Aufschluss darüber gibt, welches die geschäftstreibenden Elemente im Unternehmen sind. Um die Komplexität möglichst gering zu halten wird empfohlen, sich auf zwei Hauptkriterien zu konzentrieren. Durchaus können hierbei einzelne Unterelemente oder -kriterien wiederum in den Hauptkriterien aufgehen. Die Konzentration auf zwei Hauptkriterien bietet den Vorteil, dass sich die Kundenklassifizierung anhand einer zweidimensionalen Grafik verdeutlichen lässt (siehe späteres Praxisbeispiel aus der pharmazeutischen Industrie).

2. Stufe: Durchführung der Kundenklassifizierung

Sind die Kriterien ermittelt, müssen im nächsten Schritt die Bestandskunden und zukünftig auch die Neukunden klassifiziert werden. Ein Kernproblem in der Praxis ist die Beschaffung der hierfür notwendigen Informationen. Zahlreiche Informationen werden bereits vorhanden sein, wenn sich ein Unternehmen ohnehin auf höchstmögliche Kundentransparenz konzentriert. Die notwendige Strukturierung der Kundeninformationen kann durch ein CRM-System erfolgen.

Fehlende Informationen können sowohl aus *internen* als auch aus *externen* Informationsquellen bezogen werden. Interne Quellen sind die eigenen Unternehmensbereiche, die mit Kundeninformationen arbeiten. Marketing-, Vertriebs- und Serviceabteilungen mit direktem Kontakt zum Kunden seien hier an erster Stelle genannt. Aber auch Abteilungen wie zum Beispiel Finanz- und Rechnungswesen, die im Hintergrund Kundendaten aufarbeiten und weiterleiten, sind von Interesse. Externe Informationsquellen können Anbieter sein, die sich darauf spezialisiert haben, Unternehmensdaten aufzuarbeiten und zu verkaufen. Aber auch Internet, Homepage und die Jahresberichte betrachteter Kunden geben wertvolle Informationen preis.

Bei Neukunden sollte zukünftig darauf geachtet werden, dass die notwendigen Daten von vornherein bei den Abteilungen mit direktem Kundenkontakt eingefordert beziehungsweise eingeschätzt werden. Hier ist es wichtig, dass der Außendienstmitarbeiter, basierend auf seiner Erfahrung, eine solide Einschätzung liefert.

Sind sämtliche Informationen über die Kunden gesammelt, findet die Klassifizierung statt. Handhabt ein Unternehmen mehrere tausend Kunden, ist eine informationstechnologische Unterstützung unumgänglich. Anhand der einzelnen gewichteten Kriterien lässt sich eine Klassifizierung in Anlehnung an das Portfoliomodell der Boston Consulting Group vornehmen. Es herrscht anschließend Transparenz über Top-, Wachstums- und Normalkunden. Ebenfalls sind die aus Unternchmenssicht weniger interessanten Kunden klar identifiziert.

Entscheidend ist, dass die Klassifizierung flexibel ist und jederzeit durchgeführt werden kann. Zahlreiche Ereignisse, die unterjährig stattfinden, ändern die Wertigkeit des Kunden und erfordern eine Neuklassifizierung. Als Beispiele können hier Akquisition neuer Unternehmensbereiche oder Veränderung der Unternehmensstrategie genannt werden. Optimalerweise können Außendienstmitarbeiter neu gewonnene Informationen beim Kunden vor Ort direkt verarbeiten und dadurch Verhandlungen auf die resultierende Klassifizierung stützen. In der Praxis kann dies so aussehen, dass der Außendienstmitarbeiter das Klassifizierungsmodell auf seinem Laptop stets mit sich führt. Durch Korrektur entsprechender Parameter findet eine Neuklassifizierung des Kunden in Echtzeit statt.

3. Stufe: Entwicklung eines kundenorientierten Konditionensystems

Der Anspruch der Flexibilität an das Klassifizierungsmodell gilt natürlich auch für das Konditionensystem. Veränderungen der jeweiligen Parameter schlagen sich direkt in Konditionen nieder.

Das Konditionensystem muss für Mitarbeiter und Kunden klar verständlich sein. Ein Negativbeispiel hat uns in der Vergangenheit die Deutsche Bahn gezeigt. Zahlreichen Kunden und Mitarbeitern fehlte der Überblick über die Einflussfaktoren zur Preisfindung. Hohe Flexibilisierung ist wichtig, allerdings nicht auf Kosten der Transparenz und Verständlichkeit.

Preisverhandlungen reduzieren sich häufig auf eine Rabattierung in Form eines absoluten oder prozentualen Preisnachlasses bezogen auf den Kaufpreis. Bei der Ausgestaltung eines Konditionensystems können allerdings zahlreiche weitere Elemente berücksichtigt werden. Erlaubt ist, was dem Kunden einen Mehrwert bringt, aus unternehmerischer Sicht unter Kostenaspekten vertretbar ist und sich natürlich im gesetzlichen Rahmen bewegt.

Neben dem absoluten oder prozentualen Abschlag können zum Beispiel auch Naturalrabatt oder höherer Servicelevel in Betracht gezogen werden. Der Naturalrabatt ist in den Vereinigten Staaten schon längst im Einsatz und in Deutschland auf dem Vormarsch. Im pharmazeutischen Generikamarkt ist er nicht mehr wegzudenken. Kunden erhalten dadurch einen Vorteil, dass sie zusätzliche Freiprodukte erhalten. Was viele als beispielsweise *„Bezahle 4, erhalte 5"* kennen, bringt dem Kunden einen objektiven Mehrwert in Höhe von 25 Prozent. Auf Unternehmensseite stellt sich dies aus Kostenaspekten allerdings wesentlich günstiger dar. Ähnliches gilt für die Erhöhung des Servicelevels. Aus Kundensicht können schnellere Reaktionszeiten, Verfügbarkeit rund um die Uhr und individuellere Beachtung und Beratung einen erheblichen Mehrwert bieten. Finanziell gesprochen bedeutet dies einen Mehrwert in Höhe des Differenzpreises des alten und neuen Servicelevels.

Wann welche Konditionen zum Einsatz kommen, hängt unmittelbar mit der Wertigkeit des Kunden aus Unternehmenssicht zusammen. Dadurch, dass die Kriterien transparent sind, wird auch für den Kunden verständlich, warum welcher Rabatt gewährleistet wird und welche Kriterien erfüllt sein müssen, um bessere Konditionen zu erhalten. Dem Feilschen um den Preis kann dadurch ein Ende gesetzt werden. Eine solide Vorabkalkulation garantiert gleichzeitig die Wirtschaftlichkeit aus Unternehmenssicht.

4. Stufe: Mapping Kundenklassifizierung/Konditionensystem

In der letzten Stufe werden Kundenklassifizierungen und Konditionensysteme zusammengebracht. Jedem einzelnen Segment aus der Klassifizierungsmatrix wird eine eigene Konditionierung zugewiesen.

Wird die Klassifizierung an das Portfoliomodell angelehnt, ergeben sich vier Segmente. Diese finden sich in vier unterschiedlichen Konditionen wieder. Beispielsweise erhält ein Topkunde einen Preisnachlass von maximal 18 Prozent und kommt in den Genuss des nächsthöheren Servicelevels. Ein Wachstumskunde hingegen erhält maximal 10 Prozent Rabatt sowie das nächsthöhere Servicelevel. Ein Normalkunde profitiert durch einen Naturalrabatt in Form von „Bezahle 10, erhalte 11". Weniger interessante Kunden erhalten keinerlei Vergünstigungen.

Durch die eindeutige Klassifizierung ist sichergestellt, dass jeder Kunde nur die Vergünstigung erhält, die aus Unternehmenssicht sinnvoll und wirtschaftlich erscheint. Durch das Setzen von Maximalwerten kann zusätzlich eine Feinjustierung vom Außendienstmitarbeiter vorgenommen werden. Allerdings ist die Obergrenze von vornherein gesetzt. Durch die Flexibilität im Klassifizierungssystem kann sich ein Kunde während des Verkaufsgesprächs in ein anderes Segment entwickeln. Dies geschieht durch Anpassung einzelner Parameter. Die Flexibilität im Konditionensystem trägt einer Neuklassifizierung wiederum umgehend Rechnung.

Praxisbeispiel aus der pharmazeutischen Industrie

Ein Unternehmen der pharmazeutischen Industrie, das im Generikamarkt tätig ist, möchte die Preisgestaltung für Apotheken wertorientiert durchführen. Um die Wertigkeit der Apotheke zu ermitteln, werden zwei Hauptklassifizierungskriterien identifiziert: *Kundenpotenzial* und *relative Wettbewerbsposition*.

Für die Ermittlung des Kundenpotenzials wird die Wirtschaftskraft (Wk) der Apotheke berücksichtigt und die Einschätzung, ob es sich um einen Top-Verordner im geografischen Umfeld handelt. Die relative Wettbewerbsposition wird durch den Umsatz mit dem eigenen Unternehmen und der Substitutionsbereitschaft für das eigene Unternehmen ausgedrückt. Eine Bewertung wird anhand der nachfolgenden Tabelle 5 vorgenommen.

Eine Apotheke mit einem Gesamtjahresumsatz von 1,2 Mio. Euro und einer hohen Verordnungsanzahl erhält für das Kriterium Kundenpotenzial den Wert 70. Fällt der eigene Umsatz, gemessen am Gesamtjahresumsatz, gering aus und ist eine hohe Substitutionsbereitschaft erkennbar, beträgt die relative Wettbewerbsposition 40.

Das Ergebnis kann durch die Übertragung in ein Koordinatensystem verdeutlicht werden. In Abbildung 35 wird dies, einschließlich der jeweils gültigen Kondition, aufgezeigt.

Im vorliegenden Fall handelt es sich um einen Wachstumskunden. Im Beispiel erhält dieser Kunde einen Rabatt von 20 Prozent und profitiert durch eine persönliche Servicehotline. Durch die hohe Substitutionsbereitschaft könnten gezielte Kampagnen dazu führen, den Kunden zu einen Top-Kunden zu entwickeln.

Klassifizierungs-kriterium	Merkmal	Einschätzung	Bewertung (Punkte)
Kundenpotenzial	Wirtschaftskraft (Wk)	> 1.5 Mio. E 1.0–1.5 Mio. E < 1.0 Mio. E	70 40 10
	Top-Verordner im Umfeld	hoch mittel niedrig	30 20 10
Relative Wettbewerbsposition	Umsatz mit eigenem Unternehmen	> 10 % (Wk) 5–10 % (Wk) < 5 % (Wk)	70 40 10
	Substitutionsbereitschaft für eigenes Unternehmen	hoch mittel niedrig	30 20 10

Tabelle 5: Bewertung einzelner Merkmalsausprägungen

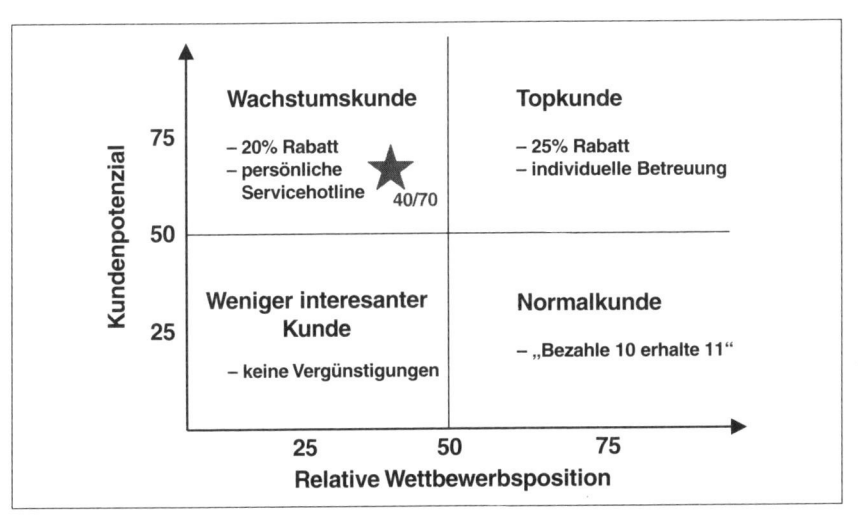

Abbildung 35: Grafische Darstellung einer Kundenklassifizierung

Das dargestellte Praxisbeispiel ist stark vereinfacht. Die Anzahl der Merkmale für die Bestimmung des Kundenpotenzials und der relativen Wettbewerbsposition wurden für die Erklärung reduziert. Eine grafische Verdeutlichung ist insbesondere dann sinnvoll, wenn mehrere Kunden zum direkten Vergleich in ein Koordinatensystem abgetragen werden. Handelt es sich um mehrere tausend Kunden, wird ein Überblick unmöglich. Hier ist der Einsatz eines

Scoring-Modells sinnvoll. Das Beispiel mit dem einzelnen Kunden wurde gewählt, um die Ausführungen verständlicher zu gestalten. Die Praxis hat gezeigt, dass sich ein Außendienstmitarbeiter innerhalb kürzester Zeit auf die Zahlenergebnisse konzentriert und nicht auf die grafische Darstellung.

4. Ergebnisse und Erfahrungen aus der Praxis

Die Einführung einer wertorientierten Preisfindung bietet zahlreiche Chancen für das Unternehmen. Allerdings dürfen auch die Herausforderungen nicht vernachlässigt werden. Sind die Herausforderungen von vornherein bekannt, kann gezielt gegengesteuert werden (vgl. Tabelle 6).

Die Flexibilität der Kundensegmentierung und des Konditionensystems hat klare Vorteile gegenüber klassischer Preisfindung. Die Grenze der Wirtschaftlichkeit ist bekannt, Preisdiskussionen werden auf ein Minimum reduziert.

Damit sich neue Kundeninformationen „in Echtzeit" in einer neuen Kundenkondition niederschlagen, ist eine technologische Unterstützung unabdingbar. Fordert der Kunde nach dem Verkaufsgespräch ein konkretes Angebot, wird der Einsatz eines PDAs oder Laptops vor Ort zwangsläufig Normalität. Dies wiederum erfordert hochqualifiziertes Personal, das es trotz des Technologieeinsatzes vor Ort versteht, den Kunden in den Mittelpunkt zu stellen. Entscheidend ist, dass die Technologie lediglich der Unterstützung dient und nicht vom eigentlichen Verkaufsgespräch ablenkt.

Die Ansprüche an eine unterstützende Software sind entsprechend hoch. Exzellente Performance, intuitive Benutzerführung und zusammenfassende, kundenbezogene Datenansichten werden zukünftig eine zentrale Rolle spielen.

Um sinnvolle Ergebnisse für die Kundenklassifizierung zu erhalten, ist die Datenqualität von entscheidender Bedeutung. Redundante Daten durch dezentrale Speicherung in verschiedenen Unternehmensbereichen gehören damit der Vergangenheit an. Daten müssen zentralisiert und Informationsbarrieren durchbrochen werden, um eine 360-Grad-Sicht auf den Kunden zu erhalten. Gleichzeitig gewinnt die Selbstverantwortung des Außendienstmitarbeiters an Bedeutung. Erfahrene Außendienstmitarbeiter helfen, Informationslücken zu füllen. Mitarbeiter, die ihr Verkaufsgebiet bestens kennen, sind die beste Voraussetzung für hochwertige Kundeninformationen.

Die Praxis hat gezeigt, dass es sich empfiehlt, mit einem einfachen und klar verständlichen Modell für die Kundenklassifizierung zu beginnen. Die Beschränkung auf zwei Hauptkriterien und vier Segmente reduziert die Komplexität und erleichtert dadurch die Zuordnung eindeutiger Konditionen. Eine Erweiterung auf weitere Segmente lässt das flexible Modell durchaus zu. Dies

Chancen	Herausforderungen
• Strukturiertes Vier-Stufen-Modell ermöglicht einfache Umsetzung. • Das Modell ist erweiterbar und lässt sich bei veränderten Rahmenbedingungen einfach anpassen. • Das Modell ist zukunftsorientiert und beschränkt sich nicht nur auf vergangenheitsbezogene Daten. • Eine klare Kundenstruktur wird etabliert und die wichtigsten Kunden werden identifiziert. • Konditionen passen sich flexibel dem aktuellen Kundenwert an. Gleichzeitig bleibt die Wirtschaftlichkeit durch vordefinierte Grenzen gewährleistet. • Konditionensystem ist für Kunde und Mitarbeiter verständlich. • Das Modell bezieht sich nicht nur auf Preisnachlässe, sondern berücksichtigt alle Elemente, die einen Mehrwert für den Kunden darstellen. • Die Einbeziehung aller Bereiche mit Kundeninformationen liefert eine 360-Grad-Sicht auf den Kunden. • Informationsinseln einzelner Bereiche werden aufgelöst. • Preisdiskussionen werden auf ein Minimum reduziert. • Obergrenzen anstelle fester Werte ermöglichen eine zusätzliche Feinjustierung.	• Technologieeinsatz während des Verkaufsgesprächs erfordert hochqualifizierte Mitarbeiter und einfach zu bedienende Software. • Gefahr, die Technologie in den Mittelpunkt zu stellen, anstelle des Verkaufsgesprächs und den Kunden selbst. • Unqualifizierte Kundeninformationen können das Ergebnis beträchtlich verfälschen. • Eigenverantwortung des Außendienstmitarbeiters muss in der Unternehmenskultur verankert sein.

Tabelle 6: Chancen und Herausforderungen wertorientierter Preisfindung

darf allerdings nicht auf Kosten der Verständlichkeit und inneren Schlüssigkeit geschehen.

Durch die entstandene Transparenz kann ein Unternehmen sich klar auf seine wichtigsten Kunden konzentrieren und diese durch entsprechende Konditionen wertschätzen. Mittels etablierter Entwicklungspfade für Normal- und Wachstumskunden können diese in höherwertigere Segmente überführt werden. Dies kann zum Beispiel durch segmentspezifische Kampagnen erreicht werden.

Die Umsetzung im eigenen Unternehmen kann anhand des definierten Vier-Stufen-Modells vorgenommen werden. Die nachfolgende Checkliste unterstützt durch ihre offenen Fragestellungen, das Thema greifbarer zu gestalten, zügig voranzutreiben und sich dabei auf das Wesentliche zu konzentrieren. Die eigenen Antworten können in der dafür vorgesehenen Spalte eingetragen werden. Kann die Mehrzahl der Fragen nicht beantwortet werden, so sollte die Implementierung des Vier-Stufen-Modells noch einmal diskutiert werden. Nur bei hinreichend verfügbaren Informationen ist eine Implementierung ratsam.

Checkliste für die Umsetzung des Vier-Stufen-Modells

1. Stufe: Ermittlung und Gewichtung branchenindividueller Klassifizierungskriterien

Fragestellung	Beispielantwort	Antwort
Wie lauten die branchenindividuellen Klassifizierungskriterien?	Verordnungszahl, Substitutionsbereitschaft, Umsatzentwicklung, Kundentreue	
Welche verwandten Branchen könnten bei der Ermittlung innovativer Kriterien mittels Benchmarking unterstützen?	Lebensmittelbranche, Energiebranche	
Welche Kriterien beeinflussen das Geschäftsergebnis nachhaltig positiv bei Erfüllung?	Hohe Verordnungszahl und Substitutionsbereitschaft für eigenes Unternehmen	

2. Stufe: Durchführung der Kundenklassifizierung

Fragestellung	Beispielantwort	Antwort
Welche Kriterien, die in der ersten Stufe ermittelt wurden, werden momentan noch nicht erfasst und wie kann eine zukünftige Erhebung gewährleistet werden?	Die Kundentreue wird momentan noch nicht erfasst. Für die Definition des Begriffes „Kundentreue" wird ein Workshop durchgeführt, der die entscheidenden Elemente für die Kundentreue identifiziert. Anschließend findet eine Integration in das Informationssystem statt.	
Wie kann sichergestellt werden, dass Kundendaten in allen Systemen identisch sind?	Durch die Einführung einer zentralisierten Datenhaltung sollen Redundanzen vermieden werden.	

Checkliste für die Umsetzung des Vier-Stufen-Modells (Fortsetzung)

2. Stufe: Durchführung der Kundenklassifizierung (Fortsetzung)

Fragestellung	Beispielantwort	Antwort
Wie kann eine 360-Grad-Sicht auf den Kunden erreicht werden?	Marketing- und Vertriebsabteilung sind bereits vernetzt, die Serviceabteilung wird zukünftig voll integriert.	

3. Stufe: Entwicklung eines kundenorientierten Konditionensystems

Fragestellung	Beispielantwort	Antwort
Wie muss das bestehende Konditionensystem abgeändert werden, um die definierten Kriterien zu berücksichtigen?	Das bislang bestehende Konditionensystem orientiert sich ausschließlich am Umsatz. In einem ersten Schritt soll die definierte Kundentreue und Umsatzentwicklung gewichtet (40/60) berücksichtigt werden. In zweiten Schritt folgen Substitutionsbereitschaft und Umsatzentwicklung im Zeitverlauf.	
Bietet das definierte Konditionensystem die Flexibilität einer ständigen Erweiterung und wie kann dies vorgenommen werden?	Das definierte Konditionensystem kann durch die Hinzunahme weiterer Kriterien einschließlich Gewichtungsfaktoren erweitert werden. Subjektive Elemente werden lediglich durch die „Feinjustierung" ermöglicht. Zusätzliche Investitionen in die unterstützende Applikation sind nötig, um gewünschte Flexibilität zu ermöglichen.	
Wie lässt sich das Konditionensystem verständlich an Mitarbeiter und Kunden kommunizieren?	Durch gezielte Mitarbeiterschulungen wird das Konditionensystem vermittelt. Das Modell mit seiner Einfachheit und hohen Transparenz wird in Informationsbroschüren für den Kunden zusammengefasst.	

Checkliste für die Umsetzung des Vier-Stufen-Modells (Fortsetzung)

4. Stufe: Mapping Kundenklassifizierung / Konditionensystem

Fragestellung	Beispielantwort	Antwort
Wie wird sichergestellt, dass eine individuelle Preisfindung direkt beim Kunden vor Ort durchgeführt werden kann?	Die Auftragserfassung erfolgt mittels Laptop beim Kunden vor Ort. Die hinterlegten Kundenkonditionen werden für den Auftrag direkt berücksichtigt.	
Wodurch können neu gewonnene Informationen beim Kunden vor Ort für den nächsten Auftrag berücksichtigt werden?	Berechnungen von Konditionen und Rechnungsbeträgen erfolgen direkt beim Kunden mithilfe des programmierten Konditionensystems.	
Wo liegen die Grenzen der Wirtschaftlichkeit und wie wird ein Überschreiten verhindert?	Die Konditionen und Kundensegmente sind sorgfältig aufeinander abgestimmt. Einfache Kriterien und hohe Transparenz stellen sicher, dass es keine Kombination gibt, die für das Unternehmen einen wirtschaftlichen Nachteil darstellt. Damit dies auch nicht durch die „Feinjustierung" durchbrochen werden kann, wurde eine Sicherheit von 5 Prozent einkalkuliert.	

Literatur

Meffert, H./Bolz, J.: Internationales Marketing-Management, Stuttgart, Berlin, Köln 1998.

Personentrends

Trend 9: Work-Life-Balance

Blended Learning – Effiziente Mischung für Mitarbeiterqualifizierung im Vertrieb
Felicitas Schwarz (Thomson NETg)

Trend 10: Wertewandel

Zukunftsweisende Mitarbeiterprofile
Oliver Barth (Kienbaum Executive Consultants GmbH)

Glaubwürdigkeit im Vertrieb – Chancen zu mehr Erfolg
Harry Wessling (axentiv AG)

Blended Learning – Effiziente Mischung für Mitarbeiterqualifizierung im Vertrieb

Felicitas Schwarz (Thomson NETg)

1. Es lebe der Methoden-Mix

Wissen ist Macht.

Wohl zu keinem Zeitpunkt der Weltgeschichte war diese Formel so aktuell wie heute. Denn im fortschreitenden Informationszeitalter gewinnt die breite Verteilung und schnelle Vermittlung des dynamisch wachsenden Wissensschatzes erfolgsentscheidenden Stellenwert. Im Zuge der wachsenden Anforderungen und permanenten Weiterentwicklung der Produktportfolios bis hin zu Produktionsabläufen, stellen Unternehmen wesentlich höhere Ansprüche an Engagement und Lernbereitschaft ihrer Mitarbeiter als bisher.

Nach einhelliger Expertenmeinung bietet „E-Learning im selbstgesteuerten Lernprozess die beste Lösung, um den Bedarf des lebenslangen Lernens zu decken" – so zum Beispiel die Studie „Chancen neuer Bildungsstrategien für das Beschäftigungspotenzial in Deutschland" der renommierten Initiative D21. E-Learning wurde zum Erfolgskriterium für den Bildungs- und Wirtschaftsstandort Deutschland benannt. Die PISA-Studie und andere internationale Qualifikationsvergleiche signalisieren akuten, seit Jahren bekannten Handlungsbedarf in Bildungswesen und betrieblicher Aus- und Weiterbildung.

Trotz des enormen Bedarfs aus Wirtschaft und Bildungswesen erlebte der E-Learning-Markt nicht die vorhergesagte Durchdringung in den Unternehmen. Die dringend benötigten, neuen Bildungsstrategien schafften ihren Durchbruch nicht und scheiterten oft an veralteten Lernkulturen und der geringen Bereitschaft der Mitarbeiter, sich offen gegenüber neuen Lernangeboten zu verhalten. Jedoch zeigen Erfahrungen mit E-Learning der letzten Jahre, dass nicht die Methode „an sich" falsch war, in der Regel mangelte es an gelungener konzeptioneller Einbindung.

> *Lernangebote haben nur eine Chance, wenn sie passgenau auf die Bedürfnisse der Menschen zugeschnitten sind.* Bertelsmann Stiftung

Zu den klassischen Lernformen und -medien zählen unter anderem
- in Printform: Bücher und Skripte
- in Präsenzform: Seminare, Trainings und Vorträge
- in audiovisueller Form: Schulungsfilme und Business TV

Im Zusammenhang mit technologiegestütztem Lernen spielen CBT (Computer Based Training), WBT (Web Based Training), Online-Seminare und virtuelle Klassenzimmer eine Rolle. Synchrone Kommunikationsmöglichkeiten, wie zum Beispiel Chat, und asynchrone, wie etwa Foren, E-Mails und Newsgroups, unterstützen zusätzlich den Lernprozess. Lern-Management-Systeme stellen eine Lernumgebung für das individuelle Lernangebot und die Kommunikationsinfrastruktur bereit.

Die Antwort auf die optimale konzeptionelle Einbindung von E-Learning-Inhalten in bestehende Schulungskonzepte heißt: **Blended Learning.**

Blended Learning

Blended Learning (engl. blender = Mixer) ist ein integriertes Lernkonzept, das die heute verfügbaren Möglichkeiten der Vernetzung über Internet oder Intranet in Verbindung mit „klassischen" Lernmethoden und -medien in einem sinnvollen Lernarrangement optimal nutzt. Es ermöglicht Lernen, Kommunizieren, Informieren und Wissensmanagement, losgelöst von Ort und Zeit in Kombination mit Erfahrungsaustausch, Rollenspiel und persönlichen Begegnungen in klassischen Präsenztrainings.

Quelle: Sauter/Sauter, 1997

Die Kombinationsmöglichkeiten für ein Lernarrangement sind sehr vielfältig und komplex. Einen so genannten „Standardmix" für den optimalen Lernerfolg gibt es nicht. Der Methoden- und Medienmix muss individuell auf die Organisation, die Infrastruktur, die Zielgruppe, das Thema und die Ziele abgestimmt werden. Unabhängig davon bestimmt natürlich das Budget, wie sich das Lernarrangement zusammensetzt.

Den Beweis der Effektivität solcher Blended-Learning-Konzepte bietet die im Jahr 2002 abgeschlossene Studie: „Thomson Job Impact Study: Die nächste Generation des Lernens in Unternehmen". Diese über zwei Jahre durchgeführte Studie wurde von der Thomson Corporation unterstützt. Die Ergebnisse der Studie zeigen, dass der strukturierte Ansatz bei der Entwicklung einer maßgeschneiderten Kombination von Schulungsinhalten (Blended Learning) im Vergleich mit nicht kombinierten Lösungen zu einem 30-prozentigen Anstieg der Präzision in der Arbeitsleistung und zu einem 41-prozentigen Anstieg in der Leistungsgeschwindigkeit der trainierten Mitarbeiter führte. Die Studie untersuchte über 100 Mitarbeiter auf allen Organisationsebenen und in einer Vielzahl von verschiedenen Branchen (vgl. Thomson, 2004).

2. Blended Learning im Vertrieb

> Moderne Blended-Learning-Trainingskonzepte helfen, Aktivität und Erfolg des Außendiensts nachhaltig zu steigern und dabei gegenüber althergebrachten Verkaufsschulungen gleichzeitig die Trainingskosten zu senken. Die jeweils richtige Kombination von Coaching, E-Learning und Präsenztraining wird dabei individuell für Kunden maßgeschneidert und umgesetzt.

Auch wenn die Internet-Euphorie vorbei ist: Blended Learning kann Vertriebsprozesse optimieren und für mehr Effizienz im Verkaufsalltag sorgen. Mit Blended Learning kann Know-how über Produkte und Strategien gezielt und individuell an den Mann bzw. die Frau gebracht werden. Solche Informationsvorsprünge wirken sich, wie Beispiele aus dem Handel zeigen, nicht nur auf weiche Faktoren, sondern auch auf den Umsatz aus.

In der Flut der Information

„Das Marketing ist zu weit weg vom Vertrieb". Diese in der Praxis vielfach gemachte Feststellung liefert bereits einen Grund für das Informationsloch in vielen Verkaufsgesprächen. Solche hausgemachten Kommunikationsschwierigkeiten sind aber nur die Oberfläche des Problems. Die Wurzel des Übels liegt woanders.

Viele Unternehmen haben nicht nur erklärungsbedürftige Produkte, sondern auch komplexe Produktportfolios. Vertriebsmitarbeiter der Telekom haben zum Beispiel gleich mehr als 100 Produkte im Gepäck, die vom Telefonanschluss bis zum Lernmanagement-System reichen. Gezielte Schulungen zu einzelnen Produkten und den dazugehörigen Abwicklungssystemen sowie ein breiteres Verständnis des Produktportfolios können über Marktanteile entscheiden.

Jeder vertrieblich orientierte Mitarbeiter sollte nicht nur über Leistungen und Möglichkeiten der eigenen Produkte informiert sein. Vor allem die richtige Kombination von Produkten und Produktpaketen ist für die maßgeschneiderte Befriedigung von Kundenbedürfnissen unumgänglich. Und gerade in diesem Punkt gibt es innerhalb der Vertriebsmannschaften einen erheblichen Nachholbedarf. Denn bei ständig wechselnden Produktpaletten müssen sich die Mitarbeiter in einem ständigen Lernprozess über ihr eigenes Angebot und dessen Folgen für den Kunden auf dem Laufenden halten. Aber Lernen am Arbeitsplatz, das Wissen um die Bedeutung neuer Kompetenzen, Strategien und die Verfügbarkeit neuer medialer Wissenszugänge sind Faktoren, die in den Unternehmen noch zu wenig verankert sind.

In den vergangenen Jahren sind viele Milliarden in den Aufbau von Customer-Relationship-Management-Systemen (CRM) geflossen, die durch Analyse von Kundendaten Kaufbedürfnisse ermitteln und strategische Entscheidungsgrundlagen liefern sollen. Statt sich auf die Gewinnung von Neukunden zu fokussieren, wie in den 80er Jahren, konzentrieren sich moderne Vertriebsstrategien auf die Stärkung profitabler Kundensegmente und die optimale Nutzung existierender Kundenpotenziale. Aber selbst wenn bis ins letzte Detail bekannt ist, was ein Kunde erwartet, muss jeder Vertriebsmitarbeiter noch immer wissen, ob und wie er dieses Bedürfnis am besten befriedigen kann. Auf diese Fragen kann auch CRM derzeit keine Antworten geben, weil der Abgleich zwischen Kundenwunsch und Angebotspalette letztlich im Kopf des Vertriebsmitarbeiters stattfindet (vgl. Dannenberg, 1997).

Um dem Problem des Informationsüberflusses zu begegnen, sollten die spezifischen Informationsbedarfe für den Vertrieb ermittelt werden. Dadurch sollen die Vertriebsmannschaften nicht nach dem Gießkannenverfahren mit Fakten bombardiert werden, sondern nach ihren Bedürfnissen mit dem nötigen Know-how versorgt werden.

3. Blended Learning als Lösung

Die ermittelten Informationsbedürfnisse können anschließend durch eine Reihe von Schulungsmethoden gedeckt werden. Die Bandbreite der Möglichkeiten reicht vom Dokument bis zur personalen Schulung. Allerdings sollte ein Schulungskonzept die dezentrale Struktur der meisten Vertriebsorganisationen berücksichtigen.

Blended-Learning-Konzepte eignen sich aufgrund der Kombination aus computergestützter Wissensvermittlung und internetbasierter Kommunikation besonders zur regelmäßigen Vermittlung von Produkt- und Marktdaten. Durch die weltweite Verfügbarkeit von E-Learning via Internet oder per Voicestream fallen im dezentral operierenden Vertrieb kaum Distributionsprobleme an. Auch große Nutzerzahlen können klug aufgebaute Blended-Learning-Konzepte nicht schrecken, über das Medium Internet in Online-Seminaren können weltweit große Anwendergruppen nahezu zeitgleich erreicht werden, auch wenn es für den ein oder anderen ortsabhängig „recht früh" oder auch „ziemlich spät" sein kann. Darüber hinaus können Schulungsangebote durch die Analyse von CRM-Daten dem unternehmensweiten Bedarf und durch Personalisierung den individuellen Bedürfnissen der Vertriebsmitarbeiter angepasst werden. Auf diese Weise bekommt jeder nur die Inhalte angeboten, die er unmittelbar einsetzen kann.

Bislang galten die Kosten für die Aufbereitung von computergestützten Inhalten als größter Hemmschuh für den Einsatz von E-Learning. In der Vertriebsschulung kommt noch das Problem der Dauerhaftigkeit dazu. Denn es ist nicht mit einem einmaligen Projekt getan. Produktwissen muss regelmäßig für den E-Learning-Einsatz aufbereitet werden und produziert damit auch, so scheint es, regelmäßig hohe Kosten. In der Wiederholung liegt aber gleichzeitig auch das eigentlich Einsparungspotenzial.

Auch hier gehört die richtige Kombination zu den kritischen Erfolgsfaktoren von effektiven Schulungskonzepten. Die auf dem Markt verfügbaren, meist kostengünstigeren Standardprodukte sollten im idealen Verhältnis zu unternehmensspezifischen Eigenentwicklungen – Content-Erstellung ist wegen der arbeitsintensiven Drehbuchentwicklung meist kostenintensiver – stehen. Ein optimales Konzept, bei dem Online- und Präsenzphasen im gesunden Mix zu einander stehen, bieten sicherlich die bestmöglichste Plattform für erfolgreiche Schulungsprojekte.

4. Der optimale Mix

Das Besondere am Lernen im Business-Kontext ist, dass mit einem sehr klaren Focus gelernt wird. Es geht darum, die vom Vorstand jährlich festgelegten Unternehmensziele möglichst schnell zu erreichen. Jedoch darf nicht vergessen werden, dass die Fähigkeit der Nutzung von neuen multimedialen Lernmethoden noch nicht bei allen Zielgruppen vorausgesetzt werden kann. Erstes Lernziel sollte also die Förderung der Selbstlernkompetenz sein, die mit einem E-Learning-Modul erreicht werden kann. Sind die ersten Hemmschwellen überwunden, können die Vertriebsmitarbeiter in eigener Verantwortung das jeweilige Schulungsthema bearbeiten.

Die Verteilung der jeweiligen Methoden auf den Inhalt ist sicherlich von Thema zu Thema unterschiedlich. Nach wie vor bieten sich Inhalte rund um das Thema IT, Applikationstrainings und Produktschulungen (allgemein) an, überwiegend in Selbstlernphasen zu schulen, hierbei ist die Verteilung idealerweise ein Drittel Präsenzphase und zwei Drittel E-Learning. Aber auch Softskillthemen wie Präsentationstrainings oder auch Verkaufstrainings lassen sich in Blended-Learning-Konzepte gut einbinden, dabei verschiebt sich der Anteil E-Learning auf ein Drittel und die Präsenzphasen machen zwei Drittel der Schulungsphase aus. Aber wie schon eingangs erwähnt, es gibt keinen Standard-Mix, der für sämtliche Inhalte zielgruppenübergreifend anzuwenden wäre. Jedes Schulungsthema braucht seinen eigenen „blend" und muss den entsprechenden Unternehmenszielen angepasst werden (vgl. Kerres, 2001).

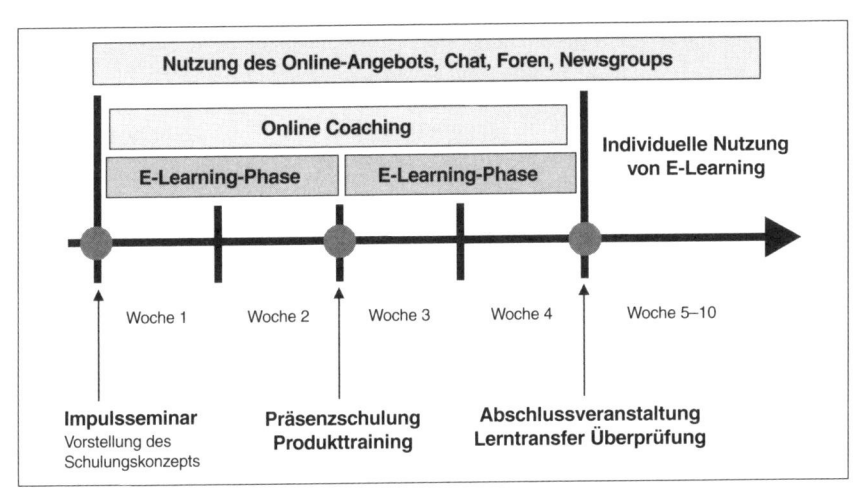

Abbildung 36: Optimaler Mix am Beispiel

Ein gelungener Start

Der Start erfolgt mit einem Impulsseminar. Dabei sollte das Schulungsvorhaben, die Methode, die damit verbundenen Unternehmensziele und der Nutzen des Weiterbildungsvorhabens für die Mitarbeiter auf den Punkt gebracht werden. Zusätzlich sollten mit jedem einzelnen Mitarbeiter individuelle Trainingsziele erarbeitet werden. Dazu können „harte" Ziele wie Verbesserung des Know-hows über die Produktpalette gehören, aber auch „weiche" Ziele definiert werden, wie zum Beispiel „eigenen Gesprächsanteil beim Kunden reduzieren" oder „Gespräch mit mehr Fragen führen". Anhand der unterschiedlichen Trainingsziele ergeben sich dann auch unterschiedliche Trainingspläne, die bedarfsgerecht auf die Bedürfnisse der Mitarbeiter abgestimmt sind und nur durch die hohe Flexibilität eines E-Learning-Angebots zu befriedigen sind. Parallel zu E-Learning und Präsenzphasen gibt es ein zusätzliches Online-Coaching-Angebot, bei dem Online-Trainer Ergänzungs- und Vertiefungsfragen beantworten, gleichzeitig aber auch motivierend den Lernenden zur Seite stehen.

Abschluss einer jeden Schulungsphase ist natürlich die Evaluation des Gelernten. Idealerweise erfolgt die Lerntransferüberprüfung in Praxissituationen und individuellen Review-Gesprächen mit Trainern und Vorgesetzten.

Ein weiterer positiver Nebeneffekt: Das Schulungsvorhaben endet nicht mit Abschluss des Seminars, sowohl E-Learning als auch die Nutzung von Chat, Foren und Newsgroup kann den Mitarbeitern weit darüber hinaus als ständige Einrichtung und Nachschlagewerk zur Verfügung gestellt werden (vgl. Schimmel, 2003).

Die Vorteile eines gelungenen Blended-Learning-Konzepts:
- ▶ Training wird individueller und damit effektiver.
- ▶ Grundlagen-Training kann in Selbstlernphasen mittels E-Learning erarbeitet werden. Präsenzphasen bekommen echten Workshop-Charakter auf gleich hohem Niveau aller Beteiligten.
- ▶ Impulsartige Präsenzphasen können einen größeren Praxisbezug gewährleisten.
- ▶ Der Gesamtzeitaufwand wird reduziert.
- ▶ Begleitkosten für Weiterbildungsmaßnahmen sinken drastisch.

5. Ausblick

Die zukünftige Aufgabe der Weiterbildungsabteilungen wird zwangsläufig immer mehr in der passgenauen Zusammenstellung von Trainingsinhalten und Methoden zu optimalen Gesamtkonzepten liegen. Für nachfolgende Generationen, für die das Medium PC und Internet keine großen Herausforderungen mehr darstellen, findet Lernen selbstgesteuert und organisiert statt, unabhängig von der Methodenwahl.

Von Unternehmensseite müssen flexible, kostengünstige und schnell reagierende Trainingskonzepte entwickelt werden, um im Wettbewerb um Absatzmärkte und Umsatzzahlen weiterhin der Konkurrenz den entscheidenden Schritt voraus zu sein. Bei wachsenden Produktportfolios und immer häufigeren Entwicklungen vom Produktverkauf zum Lösungsverkauf sind gut ausgebildete Mitarbeiter, insbesondere Vertriebsmitarbeiter, dafür eine Grundvorausetzung. Die Erfahrungen der letzten Jahre haben gezeigt, dass es nicht eine Methode der Wahl geben kann. Entscheidend auch für zukünftige Schulungsprojekte wird der optimale, auf das jeweilige Schulungsthema abgestimmte Mix sein.

Innovative Aus- und Weiterbildung erfolgreicher Unternehmen kommt heutzutage nicht mehr ohne die Nutzung von modernen Technologien und Konzepten aus. Nur sinnvolle Schulungskonzepte, die flexibel auf die Situation des Unternehmens, die Mitarbeiter, den Schulungsbedarf sowie die Schulungsanforderungen eingehen, sind in der Lage, die gesetzten Unternehmensziele, wie beispielsweise die Qualität und Effizienz der Geschäftsprozesse zu steigern oder schneller als die Konkurrenz am Markt zu sein, zu erreichen. Blended Learning ist ein integratives Schulungskonzept mit besonderem Fokus auf die Methodenvielfalt. Innovatives Vertriebsmanagement braucht optimal geschulte Mitarbeiter, die den wechselnden Anforderungen des Geschäftslebens gewachsen sind.

Die folgende Checkliste für eine Projektplanung gibt konkrete Anhaltspunkte, wie Blended-Learning-Konzepte erfolgreich in der Praxis integriert werden können.

Checkliste: Praktische Umsetzung von Blended Learning

1. Zielsetzung

Welches Hauptziel verfolgen Sie mit dem Einsatz von Blended Learning?
- ☐ Reduzierung der Ausbildungskosten
- ☐ Bereitstellung flexibler Ausbildungsmöglichkeiten für die Mitarbeiter
- ☐ Zertifizierung der Mitarbeiter
- ☐ Reduzierung der Helpdesk-Anfragen – just in time learning
- ☐ Erhöhung der Eigenverantwortung, Selbstkontrolle der Mitarbeiter
- ☐ Wandel der Firmenkultur

2. Aufgabenstellung

Definition der zu erledigenden Aufgaben
- ☐ Ausarbeitung der Grundstrukturen/Ausarbeitung eines Ausbildungskonzepts
- ☐ Technische Infrastruktur – Bereitstellung der technischen Voraussetzungen, Installation der Kurse
- ☐ Interne Kommunikation

3. Zuständigkeiten

Definition der Rollen und Zuständigkeiten der einzubeziehenden Mitarbeiter

**Grundstrukturen/Ausbildungskonzept/
Betreuung des Ausbildungsangebots:**
- ☐ Ausbildungs-/Personalabteilung
- ☐ Ausbildungsbeauftragte

Deployment
- ☐ IT-Abteilung

Interne Kommunikation
- ☐ Interne PR/Marketingabteilung
- ☐ Mediengestalter (Intranetgestaltung)

4. Meilensteine

Festlegung von wichtigen Terminen/Meilensteinen
- ☐ Termin für die Information an die Projektmitglieder – Rollen- und Aufgabenverteilung
- ☐ Festsetzung der Termine für die verteilten Aufgaben
- ☐ Festsetzung der Events wie Kick-off, Informationsveranstaltungen etc.
- ☐ Festsetzung des Starts des neuen/erweiterten Ausbildungsangebots

Literatur

Sauter, A./Sauter, W.: Blended Learning, Luchterhand, Neuwied 2002.

Thomson Job Impact Study: Die nächste Generation des Lernens in Unternehmen URL: http://www.netg.com/content.asp?link=232

Dannenberg, H.: Vertriebsmarketing – wie Strategien laufen lernen, Luchterhand, Berlin 1997.

Prof. Dr. Kerres, Michael: Multimediale und telemediale Lernumgebungen; München 2001.

Trendbook E-Learning 2003, Würzburg 2003.

Zukunftsweisende Mitarbeiterprofile

Oliver Barth (Kienbaum Management Consultants GmbH)

1. Einleitung

Seine Produkte an den Mann oder die Frau zu bringen stellt in Zeiten schwieriger konjunktureller Rahmenbedingungen eine große Herausforderung dar. Hier kommt den Vertriebsmitarbeitern eine besondere Rolle zu, denn kein Bereich im Unternehmen hat einen solchen Einfluss auf das Unternehmensergebnis wie der Vertrieb.

Während in einem herkömmlichen Verständnis der Vertrieb weitestgehend nur als „Verkaufsabteilung" gesehen wurde, hat sich hier in den vergangenen Jahren Entscheidendes verändert. Der Vertrieb ist ein dem R&D oder der Produktion gleichgestellter Unternehmensbereich, der nicht nur die Produkte vertreibt, sondern auch – durch seine Rolle an der Front – maßgeblich an der Produktentwicklung beteiligt wird. Der Vertrieb sieht sich in der Verantwortung, das im täglichen Kontakt gewonnene Kundenwissen innerhalb des gesamten Unternehmens zu kommunizieren, und trägt somit entscheidend zu der kundenorientierten Gesamtausrichtung des Unternehmens bei.

Da aber die Vertriebskosten im Unternehmen ca. 16 Prozent des Umsatzes betragen und Vertriebsmitarbeiter nur etwa 20 bis 40 Prozent ihrer Zeit damit verbringen, die entscheidenden Verkaufs- und Beratungsgespräche zu führen, gerät der Vertrieb auch im gleichen Atemzug unter Druck und wird entsprechend von außen wie auch von innen analysiert. Folglich unterliegt der Vertrieb inzwischen dem gleichen Druck zur Produktivitätssteigerung, wie alle anderen Teile des Unternehmens. Nun schlägt die Zeit der „Top-Vertriebsmitarbeiter", die auch in wirtschaftlich schwierigen Zeiten ihre Produkte an den Mann bringen. Was sind die Erfolgsstrategien dieser Spezies? Wird diesen „Top-Vertriebsmitarbeitern" das Verkaufen in die Wiege gelegt? Eine Antwort auf diese Fragen ist sicherlich, dass Verkaufen heutzutage nicht nur eine Aufgabe des Vertriebs ist, sondern die des Unternehmens; jeder einzelne Mitarbeiter im Unternehmen muss kundenorientiert denken und handeln. Jede einzelne Abteilung, alle Mitarbeiter müssen den Kunden in ihr Denken und Handeln integrieren. Dennoch steht eine Person an der „Front" und macht den „Deal". Dieser Person muss es gelingen, den potenziellen Kunden zu überzeugen und die Vertragsverhandlungen zum Abschluss zu bringen.

Welche Persönlichkeitsmerkmale machen nun den Verkaufsprofi aus? Auf jeden Fall sollte der Vertriebsmitarbeiter die notwendige Offenheit, eine gesunde Portion Optimismus, persönliche und soziale Kompetenz, Kontaktstärke und das notwendige Selbstwertgefühl mitbringen, neben der nicht zu vergessenden notwendigen Fachkompetenz. Jedoch, wer sich den Herausforderungen des Marktes stellen will, muss seine Fachkompetenz mit dem notwendigen betriebswirtschaftlichen Know-how unterlegen. Der Vertriebsmitarbeiter muss sich ein wirkliches Bild der wirtschaftlichen Situation seines Gegenübers machen können. Er muss in der Lage sein, nicht nur seine eigenen Kostenstrukturen, sondern auch die Kostenstrukturen des Kunden analysieren zu können. Er darf die Situation des Kunden nicht eindimensional aus der Perspektive des eigenen Produkts verstehen, sondern muss ein Gesamtverständnis für die Bedürfnisse des Kunden entwickeln.

Perspektivenübernahme heißt hier das Schlagwort. Der Vertriebsmitarbeiter muss Sparringspartner seines Kunden werden und für diesen den entsprechenden Mehrwert schaffen. So brauchen Vertriebsmitarbeiter ein solides Wissen bezüglich gesamtwirtschaftlicher Zusammenhänge und betriebswirtschaftliches Know-how. Der Beruf des Vertriebsmitarbeiters unterliegt einem enormen Veränderungsdruck. Der noch vor einigen Jahren proklamierte Paradigmenwechsel vom Verkäufer- zum Käufermarkt hat sich im Lauf der vergangenen Jahre in einigen Branchen wieder zu einem Verkäufermarkt entwickelt. Dies liegt unter anderem an der Übersättigung der Märkte und einem in seiner Vielfalt verwirrenden Produktangebot, in dem der Vertriebsmitarbeiter sich als Lösungsanbieter für individuelle Problemstellungen positionieren kann. Während vor einigen Jahren beispielsweise noch Standardantworten bezogen auf den Return on Investment eines Produkts möglich waren, muss der Vertriebsmitarbeiter heutzutage innerhalb kürzester Zeit in der Lage sein, Modellberechnungen für seinen Kunden für verschiedene Szenarien durchführen können. Der Vertriebsmitarbeiter muss ein ganzheitliches Verständnis des Kunden und seiner Probleme entwickeln. Denn oftmals weiß der Kunde entgegen der herkömmlichen Annahme nicht, was er braucht. Wer als Vertriebsmitarbeiter diesen Aspekt vernachlässigt, verschenkt bis zu 50 Prozent seines Umsatzes. Vielmehr gilt es, ein Verkaufsgespräch mehrdimensional anzugehen und mithilfe eines umfassenden Kunden-, Markt- und Produktverständnisses die Bedarfe des Kunden zu erkennen, sie dem Kunden zu verdeutlichen und sie zu erfüllen. Also ist die Kunden- und Marktexpertise genauso entscheidend wie die Produktexpertise.

Perspektivenübernahme heißt aber auch, interne Prozesse des eigenen Unternehmens zu verstehen und zu berücksichtigen sowie die Fähigkeit zu haben, das beim Kunden gewonnene Wissen über Bedarfe intern zu kommunizieren und bei den Kollegen anderer Abteilungen die notwendige Sensibilität und Begeisterung für kundenorientiertes Handeln zu wecken. Vernetztes Denken und Handeln sowie Team- und Begeisterungsfähigkeit gehören auch zu den Kompetenzen, die ein erfolgreicher Vertriebler mitbringen sollte.

Vertriebsmitarbeiter, die über diese umfassenden Erfolgskompetenzen verfügen, sind leider nicht ganz so einfach zu finden. Im Recruiting-Prozess einfach Anzeigen zu schalten und Interviews zu führen reicht nicht aus, um sich eine kompetente und erfolgreiche Vertriebsmannschaft zusammenzustellen, die nicht nur gut verkaufen kann, sondern den Kunden als zuverlässiger, mitdenkender Problemlöser zur Verfügung steht und sich intern aktiv an der Entwicklung der Problemlösungen (Produkte) beteiligt.

Ein solcher Auswahlprozess darf nicht nur von Seiten der damit verbundenen Kosten betrachtet werden, immerhin liegen Kosten für Fehleinstellungen im Bereich von zwei Jahresgehältern und bedeuten auch einen nicht zu unterschätzenden Imageverlust für das Unternehmen. Sicherlich wird es kundenseitig kritisch aufgefasst, wenn man sich immer wieder neuen Ansprechpartnern gegenüber sieht. Das hierdurch entgangene Geschäft aufgrund „falscher" Vertriebsmitarbeiter kann leicht zu einem nicht zu unterschätzenden Problem für das Unternehmen werden. Entsprechend ist ein strategiegeleitetes Auswahlverfahren zu wählen.

2. Anforderungen an den Top-Vertriebsmitarbeiter

Die Fragestellung ist also: Wie finden wir den Top-Vertriebsmitarbeiter? Hier gibt es nun eine gute und eine schlechte Nachricht. Die schlechte Nachricht ist, dass wir uns von dem Bild des Star-Vertriebsmitarbeiters verabschieden müssen. Die eine Person, die sowohl Babywäsche als auch Flugzeuge erfolgreich verkauft, wird es in dieser Form in Zukunft nicht mehr geben. Selbstverständlich gelten die herkömmlichen Erfolgsfaktoren über verschiedene Vertriebsmitarbeiterschichten hinweg, aber der erfolgreiche Vertriebsprofi muss in sein Erfolgsumfeld passen und genau die Erfolgsfaktoren mitbringen, die ihn in diesem Unternehmen zu einem „Top-Vertriebsmitarbeiter" machen. Wie finden wir nun die Mitarbeiter? Wie verläuft der Auswahlprozess? Worauf ist beim Recruiting-Prozess genau zu achten?

Da die Vertriebsposition zu den entscheidenden Positionen im Unternehmen zählt, brauchen wir für diese Position ein Profil, das diese Anforderungen genau widerspiegelt. Analysen der Schlüsselaufgaben (Key Task Analyse) müssen genau aufzeigen, welche verschiedenen Aufgaben in dieser Position zu bewältigen sind. Die Key Task Analyse ist in diesem Kontext also eine positionsbezogene Anforderungsanalyse. In diesem Schritt ist jedoch nicht nur eine genaue Analyse der Tätigkeit entscheidend, sondern ebenso die strategische Ausrichtung des Unternehmens und die Frage, welche Aufgabenstellungen sich aus der strategischen Ausrichtung des Unternehmens für den Vertrieb ergeben.

Ein bewährter Lösungsansatz ist das so genannte *Strategy and Value Deployment*, das die richtungsweisenden Vorgaben enthält. Bezeichnend für diesen Ansatz ist es, dass nicht gängige Erfolgsfaktoren (universeller Vertriebsprofi), sondern die Ableitung personalrelevanter Aussagen aus den strategischen Vorgaben und dokumentierten Steuerungsrichtlinien der Unternehmungen entscheidend sind. Strategieverankerung (Strategy Deployment) bedeutet demnach, aus der Unternehmensstrategie die Sollanforderungen an Mitarbeiter und Führungskräfte, in diesem Fall für die Vertriebsmitarbeiter, zu entwickeln.

Solche Sollanforderungen können beispielsweise bestimmte umfassende Markt- und Produktkenntnisse, aus der Strategie abgeleitete Fach- und Sachkenntnisse, Verhaltens- und Persönlichkeitsmerkmale sein, aber auch Eigenschaften wie Offenheit für Neues sowie Lernfähigkeit und -bereitschaft, die es den Vertriebsmitarbeitern ermöglichen, sich immer wieder neu an veränderte Bedingungen anzupassen. Diesen Ableitungsprozess sollte man dann auf verschiedene Stellentypen im Vertrieb beziehen, die sich für Führungskräfte und weitere Mitarbeiter im Vertrieb sicherlich unterscheiden. Dieses Vorgehen bildet die Grundlage für eine optimale Allokation der Mitarbeiter auf verschiedene Positionen.

Bereits Anfang der achtziger Jahre konnten US-amerikanische Forschungen aufzeigen, dass die richtige Positionierung von Mitarbeitern einen entscheidenden Einfluss auf die Leistungsentfaltung der Mitarbeiter hat. „In ihrer Untersuchung stellten die Autoren den Vergleich zwischen einer Zufallsallokation von Personen zu Positionen mit einer systematischen Zuweisung nach wissenschaftlichen Kriterien der Anforderungs- und Eignungsanalyse und fanden, dass in den USA bei letzteren Vorgehen jährlich 43 bis 54 Milliarden Dollar an Fehlbesetzungen eingespart werden könnten" (vgl. Etzel/Küppers, 2003). Diese Zahlen zeigen eindrucksvoll auf, wie wichtig eine genaue Definition der Anforderungen für eine adäquate Leistungsbeurteilung ist.

Prozess des Auswahlverfahrens

Der Erfolg liegt folglich in der professionellen Auswahl des Mitarbeiters. Wie aber geht diese Auswahl vonstatten? Der Prozess richtet sich – wie bereits erwähnt – nicht nur an der Darstellung der herkömmlichen Kompetenzen für Vertriebsmitarbeiter aus, sondern auch an der Unternehmensstrategie und dem Unternehmensumfeld.

Der erste Schritt in diesem Auswahlprozess sollte nach unserem Vorgehen die Anforderungsanalyse sein. Die Konzeption einer Anforderungsanalyse erfolgt in fest definierten Schritten.

Der Prozess beginnt mit der Auswertung im Unternehmen vorhandener Daten und Informationen. Diese können beispielsweise Unternehmensleitbilder sein, Gesprächs- oder Interviewleitfäden, derzeitige verwendete Bewertungsmodelle etc. Ziel dieses Projektschrittes ist es, zu einem unternehmensweit gültigen, unternehmensspezifischen Beurteilungsmodell zu gelangen.

Entscheidend ist es im nächsten Prozessschritt, verschiedene Meinungsbilder zusammenzuführen. In einem Kick-off-Workshop werden die im ersten

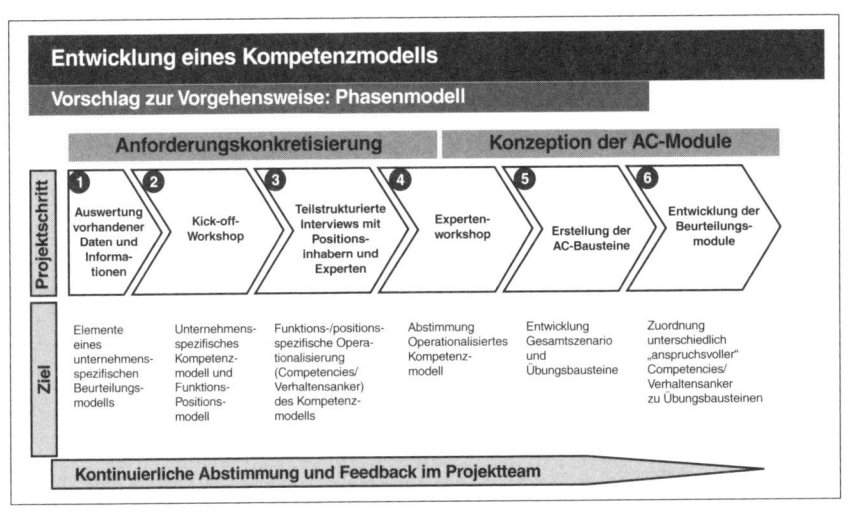

Quelle: Kienbaum Management Consultants, 2004

Abbildung 37: *Entwicklung eines Kompetenzmodells*

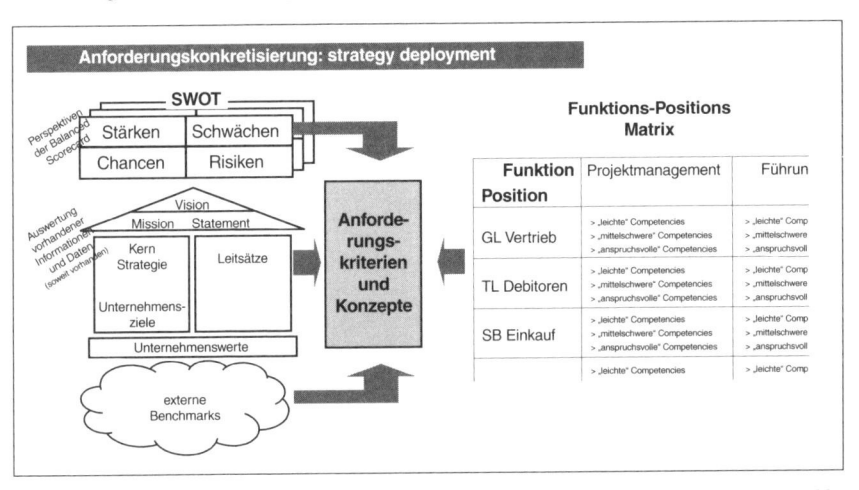

Quelle: Kienbaum Management Consultants, 2004

Abbildung 38: *Anforderungskonkretisierung*

Schritt gesammelten Daten präsentiert und auch die Grundlagen für ein gemeinsam zu tragendes unternehmensspezifisches Kompetenzmodell erarbeitet.

Die Unternehmensstrategie gibt hier die Leitrichtung vor und bildet die Grundlagen des Kompetenzmodells. Mittels einer SWOT-Analyse werden die Stärken, Schwächen, Chancen und Risiken des Unternehmens ermittelt.

Zukunftsweisende Mitarbeiterprofile **203**

Aus diesem Datenpool werden Anforderungskriterien und die darauf aufbauenden Konzepte erstellt. Entscheidender Vorteil und Mehrwert dieses Vorgehens ist es, dass strategiegeleitete Anforderungsprofile gleichzeitig für verschiedene Positionen erstellt werden können.

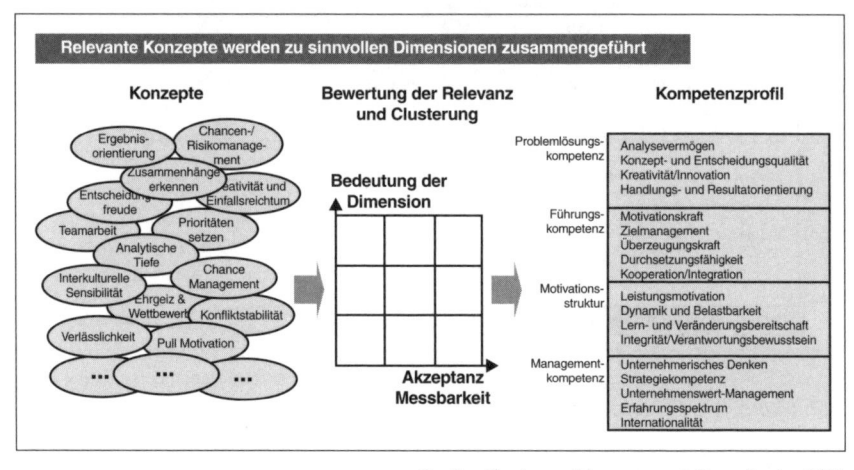

Relevante Konzepte werden zu sinnvollen Dimensionen zusammengeführt

Konzepte	Bewertung der Relevanz und Clusterung	Kompetenzprofil
Ergebnisorientierung, Chancen-/Risikomanagement, Zusammenhänge erkennen, Entscheidungsfreude, Kreativität und Einfallsreichtum, Teamarbeit, Prioritäten setzen, Analytische Tiefe, Interkulturelle Sensibilität, Chance Management, Ehrgeiz & Wettbewerb, Konfliktstabilität, Verlässlichkeit, Pull Motivation, ...	Bedeutung der Dimension / Akzeptanz Messbarkeit	Problemlösungskompetenz: Analysevermögen, Konzept- und Entscheidungsqualität, Kreativität/Innovation, Handlungs- und Resultatorientierung Führungskompetenz: Motivationskraft, Zielmanagement, Überzeugungskraft, Durchsetzungsfähigkeit, Kooperation/Integration Motivationsstruktur: Leistungsmotivation, Dynamik und Belastbarkeit, Lern- und Veränderungsbereitschaft, Integrität/Verantwortungsbewusstsein Managementkompetenz: Unternehmerisches Denken, Strategiekompetenz, Unternehmenswert-Management, Erfahrungsspektrum, Internationalität

Quelle: Kienbaum Management Consultants, 2004

Abbildung 39: Bewertungskonzepte

Zusätzlich sollte man simultan in dieser Phase mit der Erarbeitung eines Funktions-Positions-Modells beginnen. Dies hat den Vorteil, dass die in den beiden vorgenannten Prozessschritten generierten Daten nicht nur die Gültigkeit für eine, sondern für verschiedene Positionen haben und so die strategiegeleitete Personalauswahl auf das ganze Unternehmen ausgeweitet werden kann. Im weiteren Prozessschritt werden die gewonnenen Informationen durch teilstrukturierte Interviews mit Experten und Positionsinhabern vertieft. Die Daten aus den Interviews, die nochmals wichtige Informationen bieten, werden in einem Experten-Workshop nochmals verdichtet, mit dem Ziel, das endgültige Kompetenzmodell zu entwickeln. Das Kompetenzmodell bildet die Grundlage für verschiedene Formen der Personalauswahl. Verfahren, die in diesem Kontext angewendet werden können, können beispielsweise durch Management Audits, Assessment-Center-Verfahren und mittels e-Diagnostik die richtigen Mitarbeiter ausgewählt werden.

Alternative Auswahlverfahren

Um die beschriebenen Kompetenzen im Auswahlprozess für die Vertriebsmannschaft sichtbar und messbar zu machen, stellen wir im Folgenden zwei Verfahren vor: das Assessment-Center-Verfahren und das Online-Assessment-Center-Verfahren.

Für beide Assessment-Center-Verfahren werden auf Grundlage der Anforderungsanalyse (Strategy Deployment) die erfolgsrelevanten Schlüsselaufgaben extrahiert. Diese Aufgaben müssen selbstverständlich die relevanten Key-Tasks abbilden. Relevante Schlüsselaufgaben heißt also in diesem Zusammenhang: Aufgaben und Verhaltensweisen, die entscheidend den Berufsalltag – beispielsweise eines Key-Account-Managers – in diesem spezifischen Unternehmen und somit dem spezifischem Marktumfeld prägen. Dementsprechend kann von den Ergebnissen des Assessment Centers auf Erfolg und Misserfolg im Berufsalltag geschlossen werden.

Beispielaufgaben für ein Assessment zur Auswahl eines Key-Account-Managers:

- Produktanalysen
- Kundenanalysen
- Entwicklung einer Vertriebsstrategie
- Führen von Kundengesprächen
- Gespräche mit Kollegen aus verschiedenen Unternehmensbereichen
- Interview

Klassisches Assessment Center

Die hier aufgeführten Aufgabenstellungen werden, je nach Vorgaben durch das Anforderungsprofil, in das Assessment Center integriert. So können beispielsweise allgemeine Themen bzw. Informationen rund um die Person im Interview gesammelt werden. In einem Mitarbeitergespräch kann der Kandidat in einem problemzentrierten Gespräch seine Führungsfähigkeit beweisen. In einer Fallstudie kann er zeigen, wie er mit komplexen Business-Situationen umgeht.

Das ganze Verfahren kann noch durch Business-Szenarien unterlegt werden, die eine Art Klammer bilden, indem alle Übungen in diesem Kontext spielen. Entscheidend ist, dass im Bewertungsverfahren die Integration unternehmensbezogener und fachlicher Komponenten gelingt. Deshalb ist ein entscheidender Erfolgsfaktor, dass bei der Konzeption des Assessment-Center-Verfahrens eine enge Abstimmung mit dem Auftraggeber erfolgt. Denn nur so ist es gewährleistet, dass bestimmte Situationen aus dem Unternehmen bzw. kulturelle Facetten der Firma im Assessment Center den zu erwartenden Raum finden. Der Teilnehmer kann also in dem ein- oder zweitägigen Verfahren aufzeigen, wie er sich in bestimmten, herausfordernden Situationen, die sich auf den Kontext des Berufsalltags beziehen, verhalten würde.

Das während des Assessments generierte Fremdbild des Kandidaten sollte im Vorfeld durch ein Selbstbild des Kandidaten abgerundet werden. Dieses Selbstbild basiert auf einem Fragebogen, den der Teilnehmer im Vorfeld des Verfahrens ausfüllt. Der Vorteil dieses Vorgehens ist es, dass die Beobachter im Feedback nach dem Verfahren Unterschiede im Selbst- und im Fremdbild ausführlich mit dem Kandidaten diskutieren können. Dies bietet ebenso die Möglichkeit, dem Kandidaten Entscheidungen und Verhaltensweisen zu erläutern und darüber hinaus seine Verhaltensweisen in einem Gesamtzusammenhang zu präsentieren. Ebenso können die Beobachter abschließend entscheiden, ob sie den Kandidaten, im Sinne des Kompetenzmodells und aufgrund der erbrachten Leistungen im Assessment Center, für fähig erachten, die angestrebte Position zu bekleiden. Wir sprechen in diesem Kontext von der Eignung für eine konkrete Position bzw. für einen bestimmten Einsatz.

Online Assessment Center

Da die Durchführung von Assessment Centern mit Kosten für das Unternehmen und entsprechendem zeitlichem Aufwand für die Beteiligten verbunden ist, kann als Alternative auch ein Online Assessment Center durchgeführt werden. Durch entsprechendes Customizing wird auch im Online Assessment Center die Unternehmensrealität überzeugend dargestellt. Auch hier basiert die Bewertung auf einem im Vorfeld entwickelten Kompetenzmodell, ebenso werden auch hier die verschiedenen Übungsteile aufgrund der Vorgaben der Anforderungsanalyse zusammengestellt.

In diesem Beitrag soll anhand des Produkts *pro facts* ein Online Assessment Center beschrieben werden. Dieses Produkt besteht aus verschiedenen Szenarien (hier „Sales and Communication"), in welche verschiedene Übungsbausteine eingesetzt werden können. Diese verschiedenen Übungsbausteine werden an die Unternehmensrealität adaptiert. Erfasst werden im Verfahren entscheidende Fähigkeiten, die bei unternehmerischen und in diesem Kontext vor allem bei – den Vertriebsmitarbeiter betreffenden – Aufgabenstellungen relevant sind. Vergleichbar mit einem Plan- bzw. Rollenspiel „schlüpft" der Teilnehmer in einem realitätsnah gestaltetem Szenario in die Rolle eines Vertriebsmitarbeiters, dessen vielfältige Aufgabenstellungen er in diesem Unternehmen zu bewältigen hat. Diese Aufgaben zu den verschiedenen Dimensionen werden, wie bei einem Plan- oder Rollenspiel, abwechselnd vorgegeben. Die Art der Vorgabe geschieht abwechslungsreich, sodass die Aufgabenstellung für den Teilnehmer nie an Herausforderung verliert.

Diese Art von Plan- und Rollenspielen, teilweise versehen mit Videosequenzen, können relativ genau an die Herausforderungen des Vertriebs des jeweiligen Unternehmens angepasst werden. So kann beispielsweise die soziale Kompetenz in Interaktionen in typischen Beratungssituationen getestet werden. Die Teilnehmer des Online Assessment Centers werden zu bestimmten Verhaltensweisen befragt, zum Beispiel: „Wie hätte der Kundenberater sich in dieser Situation verhalten sollen?" Die Antworten der Teilnehmer geben über ihr eigenes Verhalten in ähnlichen Situationen Aufschluss. Neben der Darstellung von Kundengesprächen können ebenso Mitarbeiter- und Kollegengespräche dargestellt werden. Im Anschluss an die Übungen kann die soziale Wahrnehmungskompetenz des Kandidaten durch Fragen wie: „Beschreiben Sie

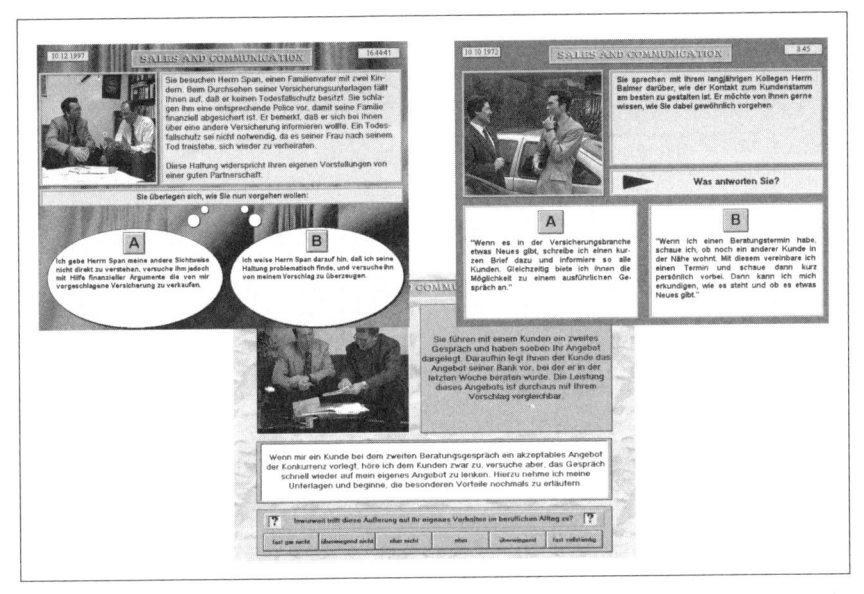

Quelle: Kienbaum Management Consultants, 2004

Abbildung 40: Online Assessment Center

das Verhalten des Verkäufers!" gemessen werden. So können beispielsweise durch bestimmte Szenarien Team- oder Konfliktverhalten getestet werden. Eine Marketingsimulation bietet die Möglichkeit, Aussagen über die Problemlösekompetenz des Kandidaten zu geben. Diese Variationsmöglichkeiten zeigen sehr gut auf, wie das Anforderungsprofil, bezogen auf die Position des Teilnehmers, im Online Assessment Center dargestellt werden kann.

3. Ergebnisse und Erfahrungen

Die Ergebnisse der verschiedenen Verfahren zur Personalauswahl im Vertriebsbereich weisen eine hohe Validität auf. Die Basis, um valide Ergebnisse zu erreichen, ist, wie bereits mehrfach erwähnt, die strategiegeleitete, präzise Definition des Kompetenzprofils, gegen die der Bewerber in einem Auswahlverfahren geprüft und bewertet wird.

Die Studie aus dem Finanzdienstleistungsbereich zeigt, dass eine direkte Verbindung zwischen den Ergebnissen der Teilnehmer im Assessment und ihren Verkaufserfolgen besteht. Diejenigen, die im Assessment gute Ergebnisse erzielt haben, zählen auch tatsächlich zu den Top-Vertriebsmitarbeitern, und diejenigen, die weniger gute Ergebnisse erzielten, zeigten geringere Verkaufserfolge auf.

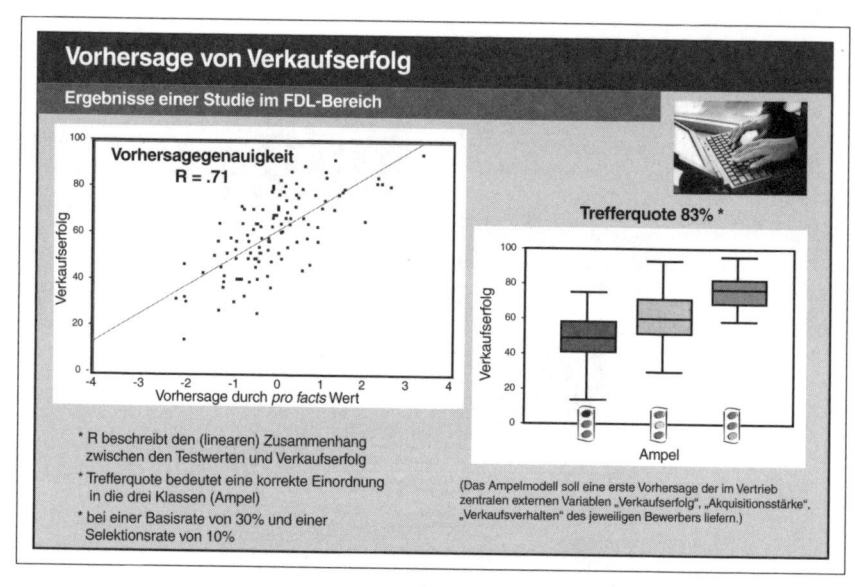

Abbildung 41: Vorhersage von Verkaufserfolg

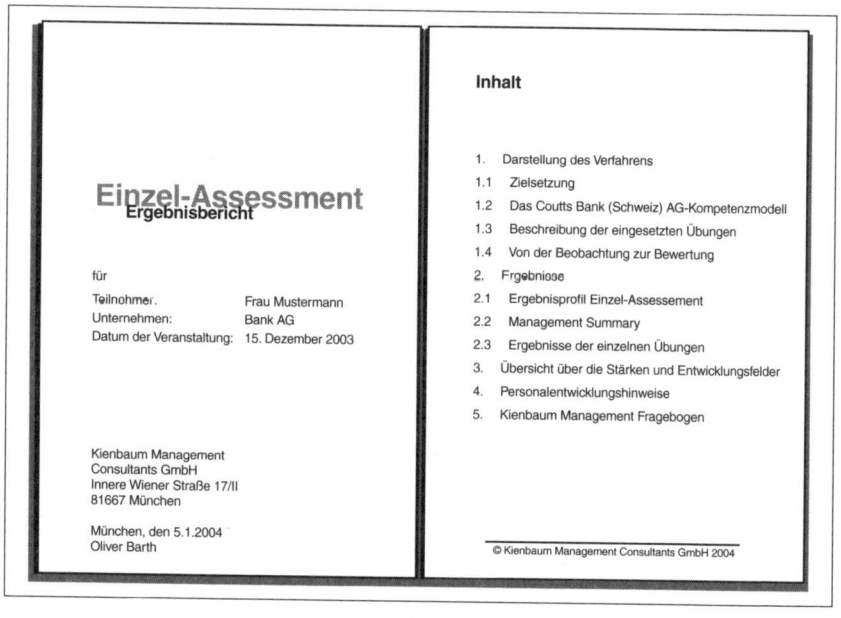

Quelle: Kienbaum Management Consultants, 2004

Abbildung 42: Ergebnisdarstellung im Gutachten

Quelle: Kienbaum Management Consultants, 2004

Die Ergebnisdarstellung eines Assessments erfolgt sowohl individuell für jeden Teilnehmer in Form eines Gutachtens (vgl. Abbildung 42) mit integriertem Individualprofil (vgl. Abbildung 43) als auch in Form eines Portfolios über die Gesamtheit der Teilnehmer (vgl. Abbildung 44).

Die Ergebnisse der Teilnehmer des Assessment-Centers fließen in einen Ergebnisbericht. In den Gutachten wird das beobachtete Verhalten beschrieben und auf dieser Grundlage die Abschlussbeurteilung abgeleitet. Die Ergebnisse des Assessments fließen in ein Ergebnisprofil ein, welches gegen das definierte Anforderungsprofil gespiegelt wird. Durch diese Art der Ergebnisaufbereitung lassen sich die Stärken und Entwicklungsfelder dimensionsbasiert darstellen und die individuellen Entwicklungsbedarfe daraus ableiten, die möglicherweise individuelle Fokuspunkte eines anschließenden Weiterbildungsprogramms ausmachen können.

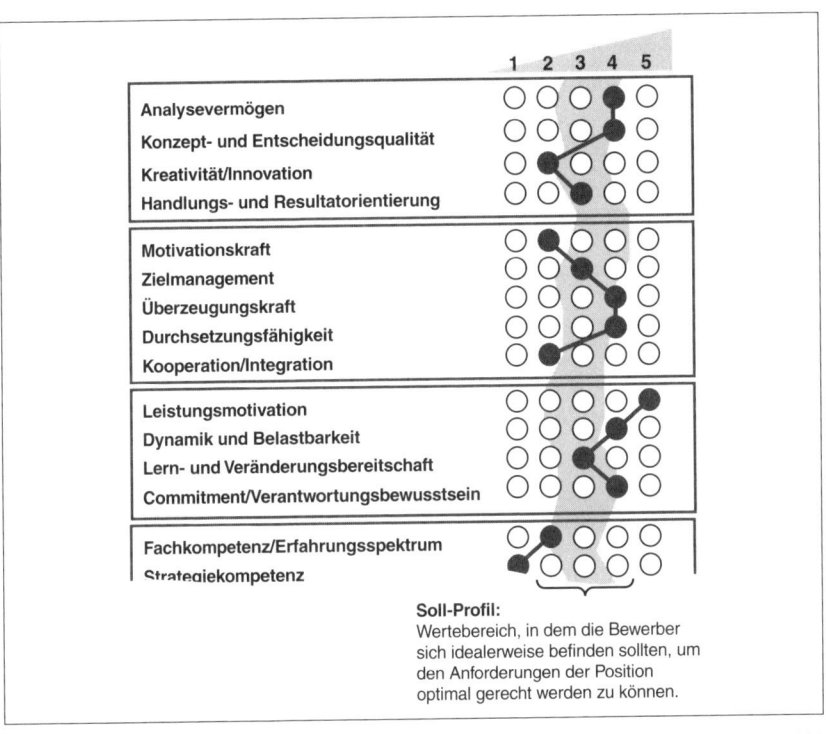

	1	2	3	4	5
Analysevermögen	○	○	○	●	○
Konzept- und Entscheidungsqualität	○	○	●	○	○
Kreativität/Innovation	○	●	○	○	○
Handlungs- und Resultatorientierung	○	○	●	○	○
Motivationskraft	○	●	○	○	○
Zielmanagement	○	○	●	○	○
Überzeugungskraft	○	○	●	○	○
Durchsetzungsfähigkeit	○	○	●	○	○
Kooperation/Integration	○	●	○	○	○
Leistungsmotivation	○	○	○	○	●
Dynamik und Belastbarkeit	○	○	○	●	○
Lern- und Veränderungsbereitschaft	○	○	○	●	○
Commitment/Verantwortungsbewusstsein	○	○	●	○	○
Fachkompetenz/Erfahrungsspektrum	○	●	○	○	○
Strategiekompetenz	●	○	○	○	○

Soll-Profil:
Wertebereich, in dem die Bewerber sich idealerweise befinden sollten, um den Anforderungen der Position optimal gerecht werden zu können.

Quelle: Kienbaum Management Consultants, 2004

Abbildung 43: Ergebnisprofil

In der Gesamtdarstellung der Ergebnisse werden sowohl die Ergebnisse des Assessments als auch die aus den Ergebnissen und den Beobachtungen abgeleiteten Potenziale der Teilnehmer in einem Portfolio dargestellt.

Ergebnisdarstellung
Potenzial Portfolio insgesamt

(4) Kann Aufgaben der nächsten Ebene übernehmen

(3) Kann komplexere Aufgaben der gleichen Ebene übernehmen

(2) Kann derzeitige Aufgaben mit zukünftigen Anforderungen bewältigen

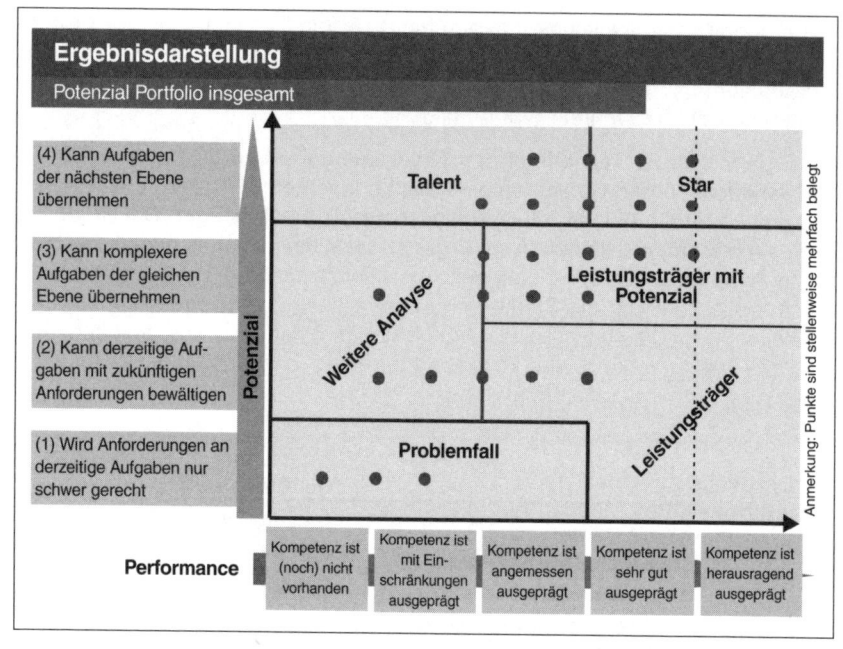

(1) Wird Anforderungen an derzeitige Aufgaben nur schwer gerecht

Talent — Star — Leistungsträger mit Potenzial — Weitere Analyse — Problemfall — Leistungsträger

Performance: Kompetenz ist (noch) nicht vorhanden | Kompetenz ist mit Einschränkungen ausgeprägt | Kompetenz ist angemessen ausgeprägt | Kompetenz ist sehr gut ausgeprägt | Kompetenz ist herausragend ausgeprägt

Anmerkung: Punkte sind stellenweise mehrfach belegt

Quelle: Kienbaum Management Consultants, 2004

Abbildung 44: Ergebnisdarstellung

Auch lassen sich alle erzielten Ergebnisse anhand des Kompetenzmodells und dem definierten Sollprofil clustern. Über diese Clusterung lässt sich der kollektive Entwicklungsbedarf ableiten, und die entsprechenden Maßnahmen können gebündelt werden.

4. Ausblick

Man kann behaupten, dass die einzige Konstante im Vertrieb in den kommenden Jahren die Veränderung sein wird. So gilt es, in regelmäßigen Abständen die Erfolgsfaktoren im Vertrieb zu überprüfen und den Mitarbeitern die Möglichkeit zu bieten, sich mit den Anforderungen zu entwickeln. Unsere Erfahrungen mit derartigen Assessments zeigen, dass sie nicht nur Unternehmen helfen, sich eine für ihren spezifischen Markt, ihr spezifisches Unternehmen und ihre spezifischen Kunden optimale Vertriebsmannschaft zusammenzustellen, sondern auch diese Mannschaft langfristig und erfolgreich zu entwickeln. Um langfristige Erfolge des Vertriebs zu gewährleisten, muss ein fortlaufender Review der Mitarbeiter erfolgen. Sich ändernde Anforderungen sind hierbei genauso zu berücksichtigen wie sich im Umkehrschluss in den

Reviews herauskristallisierende Erfolgsfaktoren. Denn oftmals ist nicht auf den ersten Blick erkennbar, warum der eine oder der andere Mitarbeiter erfolgreicher ist als seine Kollegen. Mithilfe eines diagnostischen Verfahrens lassen sich diese Erfolgsfaktoren im Vergleich mit den Kollegen messbar machen.

Somit kann sich die Vertriebsmannschaft mit den Anforderungen des Marktes weiterentwickeln, und die Mitarbeiter können voneinander lernen. Mithilfe gezielter Trainings lassen sich Entwicklungsfelder ausgleichen und der stabile Erfolg sichern.

Entscheidend ist bei der Auswahl, der Bewertung und der Entwicklung von Mitarbeitern einer erfolgreichen Vertriebsmannschaft, dass nicht die Suche nach einer Typologie, sondern die dynamische, dimensionsorientierte und strategiegeleitete Herangehensweise an den Prozess der Schlüssel zum Erfolg ist.

Zum Abschluss werden die wichtigsten Fragestellungen aufgelistet, um ein zukunftsweisendes Mitarbeiterprofil zu erstellen:

Checkliste: Zukunftsweisende Mitarbeiterprofile

- ☐ Verfügen wir über ein Anforderungsprofil für unsere Mitarbeiter?
- ☐ Kenne ich die zukünftigen Anforderungen an meinen Vertrieb?
- ☐ Verfügen wir über ein standardisiertes und strategiegeleitetes Kompetenzmodell?
- ☐ Kann unsere HR-Abteilung uns in den Auswahl- und Entwicklungsprozessen von Vertriebsmitarbeitern sowie deren Bindung hinreichend unterstützen?
- ☐ Haben wir ein kompetenzbasiertes Performance-Review-System?
- ☐ Können wir unseren Vertrieb hinreichend aus- und weiterbilden, verfügen wir über die entsprechenden Programme?
- ☐ Erfolgt der Rekrutierungsprozess unserer Vertriebsmitarbeiter anhand zukünftiger Herausforderungen und anhand unserer Unternehmensstrategie?

Literatur

Jochman, Walter: Innovationen im Assessment-Center, Stuttgart 1999.

Etzel/Küppers: Innovative Management-Diagnostik, Göttingen 2002.

Glaubwürdigkeit im Vertrieb – Chancen zu mehr Erfolg

Harry Wessling (axentiv AG)

Wieso sind einige Vertriebsorganisationen und deren Mitarbeiter enorm erfolgreich und wieso sind es andere nicht? Warum gewinnt der Anbieter mit einem Drei-Seiten-Angebot gegenüber dem Anbieter mit einem umfangreichen Hundert-Seiten-Dokument? Wieso gewinnt ein Vertriebsmitarbeiter immer direkt das Vertrauen eines Kunden und sein Kollege nicht? Wieso verliert auch mal der „Bessere"? Kennen Sie das, wenn Sie eindeutig das bessere Angebot abgaben und der Wettbewerb gewinnt das Rennen?

So komplex und umfangreich Beschaffungsverhalten und Einflussfaktoren in Organisationen auf dieses Verhalten auch sein mögen, bleibt es dabei, dass „Menschen" Entscheidungen treffen müssen. Entscheidungen, die möglicherweise von viel weniger Faktoren oder ganz anderen Faktoren beeinflusst werden, als bisher angenommen wurde. Wenn wir in uns selbst hineinschauen und an einen Menschen denken, dem wir uneingeschränkt vertrauen, dann geht es doch nicht mehr um Details. Wenn wir einem Menschen vertrauen und er glaubwürdig ist, dann treten komplexe Entscheidungsmechanismen in den Hintergrund. Oder anders formuliert: Es ist nicht mehr ausschlaggebend, welche Informationen verarbeitet werden müssen und wie hoch der Wunsch nach Klarheit in Bezug auf ein Angebot ist. Viel wichtiger ist es, ob der Vertriebsmitarbeiter Glaubwürdigkeit genießt oder nicht. Ist er glaubwürdig, so spielen die vielen Details eines Angebots nicht mehr die entscheidende Rolle.

Ein glaubwürdiger Vertriebsmitarbeiter kann wesentlich erfolgreicher sein als ein unglaubwürdiger Vertriebsmitarbeiter. Das ist klar. Die Frage lautet dann: Wie kann ein Vertriebsmitarbeiter glaubwürdig werden? Kann er das überhaupt steuern, ähnlich wie eine Rede? Ob ein Vertriebsmitarbeiter einen schwarzen Anzug trägt oder einen bunten, das ist ein Faktum und wird von jedem Menschen gleich wahrgenommen. Mit der Glaubwürdigkeit ist es jedoch ganz anders. Je nach Person, Umständen und Stimulus wird einem Vertriebsmitarbeiter mehr oder weniger Glaubwürdigkeit zugeschrieben.

Zur Steigerung Ihrer Glaubwürdigkeit, wie sie von anderen Menschen wahrgenommen wird, stehen Ihnen grundsätzlich sechs Möglichkeiten zur Verfügung (vgl. auch Wessling, 2002), die Sie gezielt steuern und einsetzen können. Sie können die Wahrnehmung anderer Menschen nur indirekt beeinflussen und damit Ihre wahrgenommene Glaubwürdigkeit steigern. Glaubwürdigkeit ist keine Eigenschaft, die Sie besitzen oder nicht. In einer speziellen Situation oder in einem speziellen Kontext müssen Sie sich Ihre Glaubwürdigkeit erst verdienen. Sie können als Sender, im Rahmen der Kommunikation, einiges dafür tun. Der Empfänger Ihrer Verkaufsbotschaften ist jedoch derjenige, der

Ihnen Glaubwürdigkeit attestiert oder auch nicht. Das hat auch etwas mit Chemie in Beziehungen zu tun. Versetzen Sie sich in die Lage des Empfängers. Aus diesem Blickwinkel können Sie die Instrumente gezielter und effizienter einsetzen. Die sechs Instrumente zur Steuerung der Glaubwürdigkeit sind grafisch in Abbildung 45 zusammenfassend dargestellt.

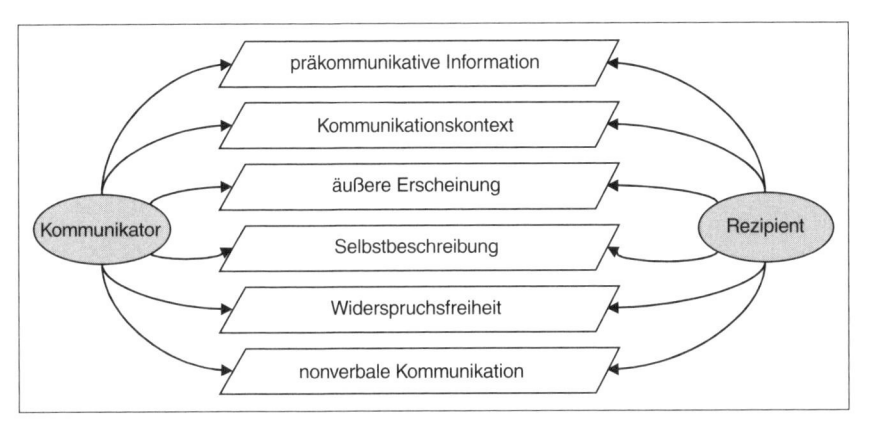

```
                    präkommunikative Information
                    Kommunikationskontext
                    äußere Erscheinung
  Kommunikator                                      Rezipient
                    Selbstbeschreibung
                    Widerspruchsfreiheit
                    nonverbale Kommunikation
```

Abbildung 45: Instrumente zur Steuerung der Glaubwürdigkeit

Steuerung der äußeren Erscheinung

Die äußere Erscheinung ist entscheidend für Ihre Wirkung in den ersten Sekunden im Kontakt mit einem neuen Kunden. In wenigen Sekunden erfolgt die Einordnung in eine Kategorie, die Einfluss auf die Zuschreibung Ihrer Glaubwürdigkeit hat. Ihre äußere Erscheinung muss authentisch sein und der tatsächlichen Rolle entsprechen, denn eine Täuschung wird in der Regel schnell als solche durchschaut. Geben Sie sich, wie Sie wirklich sind, und unterstreichen Sie dies durch Ihre Kleidung, Mimik und Gestik. Ein Account Manager einer großen Unternehmensberatung wird in seinem schwarzen Anzug und seinen wohldurchdachten Bewegungen sehr ernst genommen, während dies bei einem Produktpromoter im Supermarkt für ein Lebensmittel mit Sicherheit dazu führen wird, dass der Promoter in seiner Rolle nicht ernst genommen wird. Dann wird eher ein gespieltes Verhalten vermutet, das sich schon aus der äußeren Erscheinung ableiten lässt. Zur äußeren Erscheinung gehören auch Statussymbole. Wer mit einem Auto vorfährt, das eher Neid erzeugt als Vertrauen, und wer sich mit Spitzenprodukten wie teuren Maßanzügen, exklusiven Schreibwaren, handgefertigten Aktentaschen und exorbitant teuren Uhren schmückt, muss sich nicht wundern, wenn er nicht als vertrauenswürdig eingestuft wird, weil er möglicherweise mehr Geld verdient, als es dem Kunden lieb wäre. Da kann es schon sein, dass der Vertriebsmitarbeiter, der so auftritt, nicht als glaubwürdig wahrgenommen wird, weil er nur sein eigenes Interesse zu verfolgen scheint. Es spielt überhaupt keine Rolle, ob dies dem Einkommen entspricht oder nicht. Die Glaubwürdigkeit eines Vertriebsmitarbeiters kann dadurch massiv abgewertet werden.

Ganz anders kann es dagegen sein, wenn ein Unternehmer oder Vorstandsvorsitzender mit 10 000 Mitarbeitern seine Produkt- oder Serviceleistungen vorstellt. Bescheidenheit, die von Leistungsträgern durch ihre äußere Erscheinung an den Tag gelegt wird, ist sicherlich noch kein Grund, um unglaubwürdig zu erscheinen. Protz und Prunk kann da eher schon mal gefährdend sein und sehr schnell Sympathie verhindern, die für einen erfolgreichen Vertriebsmitarbeiter wichtig ist.

Kontext der Kommunikation

Glaubwürdigkeitszuschreibung erfolgt immer in einem Umfeld oder einem Kontext. Als Vertriebsmitarbeiter oder Account Manager können Sie das Umfeld gezielt einsetzen, um Ihre Glaubwürdigkeit zu erhöhen. Sagen Sie das, was Sie zu sagen haben, am besten in einer Umgebung, die auch zu dem passt, was Sie zu sagen haben. Ein Top-Manager spricht zu einer Menge von Menschen auf einem Kongress. Eigentlich wirkt er bereits glaubwürdig, wenn er die Bühne betritt, da er dort seinen Expertenstatus einnimmt, der einen erheblichen Einfluss auf die wahrgenommene Glaubwürdigkeit hat. Ein Abteilungsleiter spricht mit seinen Mitarbeitern in einem Teammeeting. Verhält er sich gegenüber seiner Familie völlig anders, als den Kollegen gegenüber – und diese bekommen das mit –, dann verspielt sich der Abteilungsleiter einige Punkte auf der Glaubwürdigkeitsskala, weil er offenbar nur Rollen spielt. Als Pre-Sales-Consultant werden Sie in einem Biergarten weniger glaubwürdig wirken als in einem Workshop mit einigen Managern, weil sie dort die Expertenrolle nicht so gut betonen können. Andererseits bietet sich in diesem Umfeld die Möglichkeit, Sympathiewerte zu steigern. Dies wiederum kann die wahrgenommene Glaubwürdigkeit erhöhen. Wählen Sie den richtigen Rahmen zu dem, was Sie sagen wollen, wenn Sie Ihre Glaubwürdigkeit steigern wollen, und vermeiden Sie Botschaften in einem Kontext, der nicht zu Ihrer Botschaft passt.

Widerspruchsfreiheit in den Aussagen

Widerspruchsfreiheit ist eine der wichtigsten Einflussgrößen bei der Wahrnehmung von Glaubwürdigkeit eines Vertriebsmitarbeiters. Verwickeln Sie sich in Widersprüche, so wird das Glaubwürdigkeitsurteil über Sie unmittelbar herabgestuft. Sie verlieren an Überzeugungsstärke und gegenüber Mitarbeitern auch an Führungskompetenz.

Neben inhaltlichen Widersprüchen gibt es auch solche, die aus Ihrem Leben insgesamt resultieren. Sie können als Vertriebsmanager oder -mitarbeiter nicht glaubwürdig für langfristig erfolgreiche Beziehungen einstehen, wenn Sie dies nicht in Ihren eigenen Lebensbereichen realisiert haben. In Deutschland ist das möglicherweise anders als in den USA, wo eine stabile Ehe-Beziehung Basis für Glaubwürdigkeit ist, was in Deutschland möglicherweise weniger von Interesse ist. Vorstände sind im Allgemeinen sehr darum bemüht, ein Bild von Stabilität und Kontinuität aufzuzeigen, um das Vertrauen von Aktionären, Mitarbeitern und Kunden zu behalten. Wer sich in Widersprüche verwickelt, wird auch deshalb in seiner Glaubwürdigkeit herabgestuft, weil eine geringere Fachkompetenz vermutet wird. Die Forderung nach Widerspruchsfreiheit betrifft Ihre Kommunikationsinhalte genauso wie Ihren Lebensstil. Deshalb beruht Glaubwürdigkeit auf Werten und Überzeugungen, die von der betreffenden Person umgesetzt werden. Wer andere Werte kommuniziert als er lebt, muss sich nicht wundern, wenn er an Glaubwürdigkeit verliert. Am einfachsten ist es, authentisch zu sein und jegliche Art von Schauspielerei aufzugeben. Insbesondere dann, wenn die Schauspielerei Widersprüche hervorruft.

Dies gelingt am besten, indem sich ein Vertriebsmitarbeiter an seinen Werten orientiert. Werte sind eine Art Befehlsstand (Szallies/Wiswede, 1991), die Konsistenz und Widerspruchsfreiheit gewährleisten, wenn sie konsequent gelebt werden. Vertriebsmanager und Vertriebsmitarbeiter können sich eine solide Erfolgsbasis bauen, wenn sie ein klares Wertegerüst besitzen. Werte gewinnen in jüngster Zeit wieder an Bedeutung und erleben eine Renaissance. Der letzte Aktien-Hype und die damit verbundene wirtschaftliche Entwicklung, die in einem weltweiten wirtschaftlichen Desaster endete, hat viele Menschen ernüchtert und wieder sensibel für Wertbeständigkeit gemacht. Nutzen Sie das für sich, und schaffen Sie sich eine solide Wertebasis, damit Sie an Glaubwürdigkeit gewinnen. Die Zeiten sind vorbei, wo der Treue der Dumme war. Zuverlässigkeit, Stabilität und Loyalität stehen beispielsweise wieder hoch im Kurs.

Nonverbale Kommunikation/Körpersprache

Vertriebsmitarbeiter wirken besonders glaubwürdig, wenn sie das, was sie zu sagen haben, mit entsprechender Körpersprache gezielt unterstreichen. Eigentlich nichts Neues. Wenn Sie von einer Vision begeistert sind, dann muss sich die Begeisterung auch in Ihrer Körpersprache niederschlagen, indem Sie mit weiten Augen, einem faszinierenden Lächeln und offenen Händen nonverbal kommunizieren. Zahlen dagegen werden besser von ruhigen und reduzierten Körperbewegungen begleitet. Ein Sprung von einem Gemütszustand in den anderen kann, wenn er nicht nachvollzogen wird, eine Abwertung der Glaubwürdigkeit zur Folge haben. Die nonverbale Kommunikation muss der Situation und dem Inhalt der Botschaft entsprechen. Wer in lebhaften Diskussionen schweigt und nachdenklich wirkt, kann beispielsweise als kompetent wahrgenommen werden und seine Glaubwürdigkeit damit steigern. Entscheidend ist es, seine Körpersprache situationsspezifisch einzusetzen.

Präkommunikative Information/Erwartungen und Enttäuschungen

Stellen Sie sich vor, ein Gesprächspartner wird Ihnen als Marketingleiter eines Konzerns in der Konsumgüterindustrie vorgestellt. Wenn der Marketingmanager über Kundentrends spricht, so werden die Botschaften auf diesem Gebiet als glaubwürdig eingestuft. Sollte sich nachher herausstellen, dass er als Sachbearbeiter im Marketing tätig ist, so fällt seine Glaubwürdigkeit sofort ab, weil ihm weniger Kompetenz unterstellt wird. Entscheidend ist die präkommunikative Information, also die Information, die vor dem eigentlichen Auftreten zur Verfügung steht. Diese Art von Information kann gezielt gesteuert werden, um die Glaubwürdigkeit zu steigern. Wichtig ist der Wahrheitsgehalt der Information. Wer versucht, sich im Vorfeld besser darzustellen, als dies der Realität entspricht, der verliert in dem Moment, an dem die Wahrheit ans Licht kommt, mehr Glaubwürdigkeit, als er zuvor aufgebaut hat.

Steigern Sie Ihre Glaubwürdigkeit durch gezielte Informationspolitik, bevor Sie neue Beziehungen herstellen. Dieses Instrument können Sie für sich persönlich, aber auch zur Darstellung Ihres Unternehmens gegenüber Kunden und Partnern einsetzen.

Entscheidend ist es, ob es einem Vertriebsmitarbeiter gelingt, die Erwartungen zu treffen, die vorher im Raum standen. Erwartungsmanagement ist vor diesem Hintergrund ein erfolgskritisches Instrument. Sind die Kundenerwartungen zu hoch und werden nicht erfüllt, so steht es schlecht um Nachverkäufe. Einige Vertriebsmitarbeiter tendieren dazu, den Kunden alles zu versprechen. Hauptsache, sie erhalten den Auftrag. Ist die Pille erst einmal geschluckt, kommt es zu üblen Beschwerden in der Kundenbeziehung, wenn die erhoffte Wirkung nicht einsetzt. Nutzen Sie als Vertriebsmitarbeiter jede Gelegenheit, überzogene Ansprüche mit gezielten und klaren Aussagen auf das Maß des Machbaren zu bringen. In der langfristigen Kundenbeziehung gewinnen Sie dadurch mehr Glaubwürdigkeit und können in Zukunft auf pedantische Details verzichten, weil Ihre Glaubwürdigkeit stärker ins Gewicht fällt als die Einzelheiten.

Selbstbeschreibung

Durch Selbstbeschreibungen können Sie die Wahrnehmung Ihrer Glaubwürdigkeit steigern. Voraussetzung ist auch hier der Wahrheitsgehalt, also objektiv oder besser intersubjektiv nachprüfbare Sachverhalte. Kunden sind stets bemüht, den Wahrheitsgehalt überprüfen zu können. Mit moderner Technologie gelingt es Kunden auch immer besser, sich selbst ein Bild vom Sachverhalt zu machen. Berichten Sie als Vertriebsmitarbeiter beispielsweise von Ihrer tief greifenden Branchenerfahrung und deckt sich diese auch mit nachvollziehbaren Details, so wird Ihre Glaubwürdigkeit aufgewertet. Das vereinfacht für den Kunden seine komplexe Welt. Sind Sie in Ihrer Person mit Ihrer Erfahrung glaubwürdig, so kann der Kunde seine fortwährende Überprüfung

Ihrer Aussagen in Bezug auf Ihr Angebot reduzieren oder sie sich sogar ganz sparen.

Die bisherigen Faktoren beruhen vorwiegend auf dem Kommunikationsmodell von Sender und Empfänger, in dem der Vertriebsmitarbeiter als Sender und der Käufer als Empfänger betrachtet wurde. Es ist aber auch möglich, dies losgelöster zu betrachten und anzuwenden: mit dem Credibility-Approach.

Mit dem Credibility-Approach (vgl. Wessling, 2002) ist es darüber hinaus möglich, konkrete Handlungsempfehlungen für Vertriebsmitarbeiter, Key Account Manager und Vertriebsmanager zu erarbeiten.

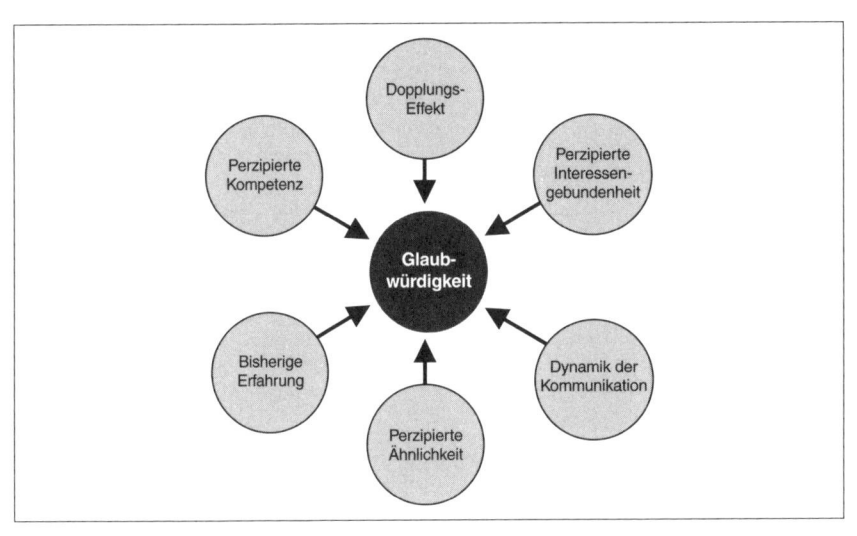

Quelle: Wessling, 2002

Abbildung 46: Credibility-Approach

Dynamik der Kommunikation

Botschaften können völlig starr in Form eines Werbetextes, einer PR-Nachricht oder einer Produktinformation kommuniziert werden, wobei der Dynamik keine Aufmerksamkeit zukommt. Dynamik wird unmittelbar durch den Vertriebsmitarbeiter ausgestrahlt. Ein Vertriebsmitarbeiter kann Botschaften mit einer hohen oder einer geringen Dynamik vermitteln.

Die Dynamik kann von einem Vertriebsmitarbeiter durch Mimik, Gestik, Blickkontakt, Körperbewegung, Stimmhöhe und -qualität sowie durch Reaktionszeiten gezielt gesteuert werden. In Bezug auf Mimik wirkt ein Lächeln grundsätzlich unterstützend in der Glaubwürdigkeitszuschreibung. Es kann aber auch genau die gegenteilige Wirkung erzeugen, wenn der Vertriebsmitarbeiter ständig und grundlos herumlächelt. Beim Blickkontakt ist es wichtig, die richtige Intensität zu finden, die nicht aufdringlich wirkt. Zu wenig Blickkontakt schwächt die Glaubwürdigkeit leicht ab, weil dann von Unredlichkeit ausgegangen wird und das Wegblicken als Ausweichen vor den Tatsachen interpretiert werden kann. Bei der Gestik ist es davon abhängig, ob das Produkt oder der Service, der angeboten wird, emotionalisierend ist oder nicht. Zu heftiges Gestikulieren und zu weite Armbewegungen durch den Vertriebsmitarbeiter können die Glaubwürdigkeit in ihrer Wirkung senken. Genauso kann das vollkommene Fehlen von Körperbewegung als Verklemmtheit wahrgenommen werden, was nicht unbedingt Vertrauen erweckend ist. Auch die Stimmhöhe kann Glaubwürdigkeit unterstreichen. Tiefe Stimmen und langsame Sprechweise erzeugen tendenziell mehr Vertrauen als hohe piepsige Stimmen. Wer sich klar, deutlich und sonor ausdrücken kann, gewinnt an Vertrauen. Authentizität, also die Echtheit der Dynamik, ist auch hier entscheidend. Seien Sie Sie selbst. Das ist in der Regel am glaubwürdigsten.

Die Bedeutung von Erfahrung

Die bisherige Erfahrung eines Menschen mit Vertriebsmitarbeitern prägt die Glaubwürdigkeit der Vertriebsmitarbeiter-Botschaft in erheblichem Maß. Hat sich ein Vertriebsmitarbeiter in der Vergangenheit als unglaubwürdig herausgestellt, so ist die Glaubwürdigkeit seiner Botschaft grundsätzlich gestört. Er kann sich beispielsweise dadurch unglaubwürdig gemacht haben, dass er übertriebene Versprechen abgab, damit überzogene Erwartungen beim Kunden erzeugte, die letztendlich nicht eingehalten wurden. Der Kunde war enttäuscht und wird in Zukunft skeptischer gegenüber Verkaufsversprechungen zu derselben oder ähnlichen Produktkategorien sein. Kunden können dabei auch generalisieren und Vertriebsmitarbeiter als grundsätzlich unglaubwürdig wahrnehmen, weil Vertriebsmitarbeiter nur ihr eigenes Interesse verfolgen und Produkte verkaufen wollen, um einen Gewinn zu erzielen, anstatt einen Nutzen anzubieten.

Dabei spielt es keine Rolle, ob die Botschaft deshalb unglaubwürdig war, weil der Vertriebsmitarbeiter nicht über ausreichend Informationen verfügte oder ob er die potenziellen Kunden ganz bewusst täuschen wollte. Wichtig ist, dass seine Botschaft nicht mit der Wirklichkeit übereinstimmte und Erwartungshaltungen enttäuscht wurden. Besonders katastrophal wirkt sich diese Enttäuschung deshalb aus, weil Emotionen länger gespeichert werden als Sachinhalte bzw. Fakten zu Produkten und Services. Alles, was dann übrig bleibt, ist ein bitterer Nachgeschmack, der eine langfristig ausgerichtete erfolgreiche Kundenbeziehung massiv stört oder sogar völlig zerstört.

Haben Kunden mit einem Vertriebsmitarbeiter in der Vergangenheit jedoch positive Erfahrungen gemacht, so genießt der Vertriebsmitarbeiter eine besonders hohe Glaubwürdigkeit beim nächsten Kauf. Für eine langfristige Kundenbeziehung ist dies entsprechend profitabel für das Unternehmen und den Vertriebsmitarbeiter.

Stellen Sie mit allen Ihnen zur Verfügung stehenden Mitteln sicher, dass Ihre Mitarbeiter nur solche Aussagen treffen, die den Tatsachen entsprechen. Wenn Aussagen eventuell nur vage Vermutungen sind, so sollte darauf lieber verzichtet oder darauf hingewiesen werden, dass diese Information derzeit nicht verfügbar ist. Dies ist ein Eingeständnis, das sich nicht unbedingt als Abwertung der Kompetenz auswirkt, sondern die Chance auf einen Verstoß gegen das Eigeninteresse. Verstößt ein Vertriebsmitarbeiter gegen sein eigenes Interesse und wird dies wahrgenommen, so kann die Glaubwürdigkeit erheblich steigen, weil Kunden lieber Menschen vertrauen, die nicht immer nur aus Eigeninteresse handeln. Möglicherweise gewinnt der Vertriebsmitarbeiter im Wettrennen um die Kunden, der es schafft, am ehesten Vertrauen zu erzeugen. Ein Verstoß gegen das Eigeninteresse ist gleichbedeutend mit einer unabhängigen Aussage in einem Testmagazin.

Wahrgenommene Kompetenz

Kompetenz kann sich auf verschiedene Dimensionen beziehen, und für einen Vertriebsmitarbeiter oder Key Account Manager ist die Produkt- und Branchenkompetenz ausschlaggebend. Wie erfahren er auf anderen Gebieten ist, hat keine besondere Bedeutung. Ein wichtiger Bestandteil ist die Herkunftskompetenz. Vertriebsmitarbeiter marktführender Unternehmen werden kompetenter wahrgenommen als Vertriebsmitarbeiter, die aus Me-too-Unternehmen stammen. Marktführerschaft bezieht sich dabei nicht unbedingt auf die Größe des Unternehmens und absolute Umsatzzahlen. Ein mittelständisches Unternehmen mit einem exklusiven Produktangebot und einem Weltmarktanteil von 70 Prozent bei einem sehr kleinen und eng begrenzten Markt kann durchaus kompetenter wirken als ein Vertriebsmitarbeiter aus einem großen internationalen Konzern. Größe ist für die Kompetenzanmutung der organisatorischen Herkunft nicht unbedingt ausschlaggebend, wenn dies auch unterstützend wirken kann. Besonders auffällig ist dies in der Beraterbranche, in der vorwiegend solche Berater auf Kongresse eingeladen werden, die aus den Big-Five-Unternehmen kommen. Wechselt derselbe Berater in eine kleine, aber für seinen Fachbereich führende Beratungsgesellschaft mit einigen Millionen Euro Umsatz, so wird dieselbe Person am Markt kaum noch wahrgenommen, weil ihr der Stempel des „Gigantischen" fehlt, also der organisatorischen Legitimation, über ein Thema Kompetenz und tief greifendes Wissen zu verfügen, das aus dem Netzwerk der Organisation resultiert.

Andererseits hat Unabhängigkeit, die besonders in kleinen Organisationen wahrgenommen werden kann, unter Umständen eine positive Auswirkung auf die Zuschreibung von Kompetenz. Die individuelle Kompetenz, die auf Wissen, Fähigkeit und Intelligenz basiert, ist unabhängig von der Herkunftskompetenz zu betrachten. Vertriebsmitarbeiter aus einer großen Organisation haben tendenziell die besseren Karten in der Wahrnehmung und Zuschreibung von Kompetenz.

Auf persönlicher Ebene, losgelöst von der Organisation, kann die Vertriebsmitarbeiterkompetenz unter mangelnder Erfahrung oder unter mangelndem Wissen leiden. Stellen Sie sicher, dass das, was Sie zu sagen haben, hundertprozentig den Tatsachen entspricht. Stellt sich heraus, dass der eine oder andere Sachverhalt doch nicht den Gegebenheiten entspricht, so werden Ihre Botschaften in der Kompetenz herabgestuft. Sie vermeiden dies, indem Sie sich immer auf Ihr Fachgebiet konzentrieren und sicherstellen, dass Ihre Aussagen auch umgesetzt werden. Geben Sie ruhig offen und ehrlich zu, dass Sie sich auf einem Gebiet nicht gut auskennen und deshalb lieber keine Aussage dazu machen, bevor Sie sich dazu verleiten lassen, etwas zu sagen, von dessen Richtigkeit Sie nicht überzeugt sind. Das wird die Glaubwürdigkeit Ihrer Botschaften fördern.

Wahrgenommene Ähnlichkeit/soziale Gleichheit

Je ähnlicher ein Vertriebsmitarbeiter einem Kunden ist, desto eher findet er eine gute Einstufung für seine Glaubwürdigkeit und gewinnt das Vertrauen des Kunden. Trainierte Vertriebsmitarbeiter versuchen, ähnliche Merkmale zu ihren Kunden herauszufinden und genau in diese Richtung zu kommunizieren, um den Vorteil des Vertrauens zu erlangen. Genau auf diesem Gebiet werden auch die größten Fehler begangen, weil Kunden sehr oft den Unterschied zwischen Schauspiel, Rolle und Authentizität bemerken. Ist dies der Fall, so verlieren diese Vertriebsmitarbeiter im Kampf um den Kunden in jeglicher Hinsicht.

Ich traf auf einer Software-Messe eines Weltmarktführers einmal einen Key Account Manager, der nach allen Regeln der Verkaufsschule trainiert war. Sein Auftreten war freundlich kompetent, situationsspezifisch, intelligent und doch nicht glaubwürdig. Offenbar kannte er den Trick mit der Ähnlichkeit und betonte besonders, dass er auch schon mal ein Buch geschrieben habe und lobte mich auch noch für dieses Engagement. Obwohl er alle Regeln einhielt, habe ich seine Visitenkarte sofort in die Tasche für den Mülleimer gesteckt. Es gelang ihm nicht, mein Vertrauen zu gewinnen. Obwohl er es versuchte, mir ähnlich zu wirken, verlor er das Rennen, weil er nicht authentisch war. Sein antrainiertes Wissen nützte nichts. Achten Sie darauf, dass Sie gegenüber Kunden die Ähnlichkeitsdimension nicht erpressen. Das richtet mehr Schaden in der Beziehung an als Nutzen.

Eigeninteresse von Vertriebsmitarbeitern

Bei Interessengebundenheit eines Vertriebsmitarbeiters wird unterstellt, dass er nicht den Tatsachen gemäß berichtet, weil er seine eigenen Interessen verfolgt. Dies kann zur fälschlichen Darstellung oder zu Teildarstellungen in Produktleistungen führen. Wie viel Glaubwürdigkeit unterstellen Sie einem Autoverkäufer der Marke A, ein solides Urteil über Marke B abzugeben?

Wahrscheinlich verlassen Sie sich eher auf Urteile von Fachzeitschriften, die Vergleiche vorgenommen haben. Der Vertriebsmitarbeiter der Marke A hat ein Interesse am Verkauf von Fahrzeugen der Marke A und wird diese deshalb immer in einem positiveren Licht erscheinen lassen. Der Vertriebsmitarbeiter kann seine Interessengebundenheit jedoch ganz gezielt herabstufen, also die Glaubwürdigkeit seiner Botschaften steigern, wenn er gelegentlich massiv gegen seine eigenen Interessen verstößt. Wenn er nicht nur offen zugibt, dass Marke B im Punkt Motorleistung überlegen ist, was aufgrund der Fakten schnell zu prüfen ist, sondern auch noch behauptet, dass der Garantie-Service der Marke B-Werkstätten grundsätzlich viel besser ist, dann verstößt er eindeutig gegen sein eigenes Interesse. Die Glaubwürdigkeit des Vertriebsmitarbeiters steigt massiv an, weil der potenzielle Kunde die Unabhängigkeit des Vertriebsmitarbeiters erkennt. Wäre er abhängig, so würde er auf Biegen und Brechen Marke A immer als die Bessere darstellen. Ein klarer Interessenverstoß ist jedoch nur dann sinnvoll, wenn dieses Verhalten im Lauf des Verkaufsgesprächs genutzt werden kann. Dies ist zum Beispiel möglich, wenn der Vertriebsmitarbeiter beweist, dass der Vorwurf auf die Niederlassung, in der er arbeitet, nicht zutrifft.

Ein Verstoß gegen die eigenen Interessen kann gezielt zur Steigerung der eigenen Glaubwürdigkeit eingesetzt werden. In den meisten Fällen wird die Kritik sowieso den Tatsachen entsprechen, weil kein Unternehmen perfekt ist. Die blumige Darstellung von Leistungen kann in diesem Fall eher negativ wirken, während die Darstellung von Wahrheiten, die wahrscheinlich in dem einen oder anderen Fall vordergründig dem Unternehmen schaden, schlussendlich eine bessere Wirkung erzielt. Die Botschaften werden dadurch insgesamt als glaubwürdiger eingestuft.

Seien Sie mutig, und bekennen Sie die Schwachstellen Ihrer Organisation gegenüber Mitarbeitern, Partnern und Kunden. Das wird Ihre Glaubwürdigkeit deutlich erhöhen. Langfristig gesehen gewinnen Sie mit dieser Strategie und schneiden auf jeden Fall besser ab als mit einer Strategie der perfekten Leistung, die Ihnen sowieso niemand abnimmt. Bekennen Sie sich zu Ihren Schwächen. Dies ist ein Verstoß gegen Eigeninteressen, der mit einer höheren Glaubwürdigkeit honoriert wird. Diese Strategie ist sehr vorsichtig anzuwenden und sollte vorher mit einem Kollegen besprochen werden. Achten Sie darauf, dass es um die Wahrheit geht, nicht um den Interessenverstoß. Wenn Sie mit der Wahrheit scheinbar gegen eigene Interessen verstoßen, kann sich dies belebend auf das Geschäft auswirken und nicht, wie bisher immer angenommen, negativ. Auf keinen Fall darf der Interessenverstoß ein Selbstzweck werden.

Der Dopplungseffekt

Der Dopplungseffekt besagt Folgendes: Die Glaubwürdigkeit einer Botschaft ist signifikant höher, wenn Sie von zwei unabhängig wahrgenommenen Quellen stammt, als dieselbe Botschaft aus nur einer Quelle (vgl. Belschak/Wessling, 1999 und Wessling, 1997). Konkret: Sagen ein Vertriebsmitarbeiter und ein Bekannter dasselbe über die Leistung eines Produkts, so wird dies als wesentlich glaubwürdiger wahrgenommen, als wenn diese Aussage nur durch den Vertriebsmitarbeiter getätigt wird. Dieser Effekt kann gezielt zur Steigerung der Glaubwürdigkeit von Botschaften gegenüber Partnern, Mitarbeitern und Kunden eingesetzt werden. Leider ist damit auch der Missbrauch möglich, indem falsche Kommunikationsinhalte als Wahrheit verkauft werden können, wenn die Botschaft aus verschiedenen, mindestens jedoch aus zwei Quellen stammt. Kommt dies ans Tageslicht, so wird das entsprechend abgestraft.

Positiv angewendet lässt sich der Dopplungseffekt jedoch sehr gut nutzen, um Kommunikationsinhalte schneller mit Glaubwürdigkeit zu untermauern. Wichtig dabei ist die Unabhängigkeit der Quellen. Dies kann sowohl durch zwei voneinander unabhängige Personen erfolgen als auch durch den gleichzeitigen Einsatz unterschiedlicher Medien. Die Wirkung des Dopplungseffekts lässt sich am Beispiel von zwei voneinander unabhängigen Finanzberatern darstellen, die einer fiktiven Aktie einen positiven zukünftigen Verlauf voraussagten. Der zukünftige Aktienkurs wird grundsätzlich höher eingestuft, wenn die Empfänger die Einschätzung beider Finanzexperten lesen. Personen, die nur die Einschätzung eines einzigen Finanzberaters erhalten, stufen die Aktienkursentwicklung niedriger ein. Diesen Effekt können Sie gezielt einsetzen, um zukünftige Entwicklungen im Sinne einer selbsterfüllenden Prophezeiung einzusetzen. Achten Sie nur darauf, dass der Effekt auch eine realistische Entwicklungsmöglichkeit hat, damit er sich nicht in sein Gegenteil verkehrt.

Im Kern lässt sich der Credibility-Approach auf einen wesentlichen Nenner bringen: die Tatsachen! Genauso verhält es sich auch in der Glaubwürdigkeitszuschreibung, die ein Kunde für einen Vertriebsmitarbeiter vornimmt. Jeder Versuch der Täuschung wird langfristig offenbar und verkehrt die anvisierte Wirkung in ihr Gegenteil. Täuschungsversuche werden erkannt und schaden der nachhaltigen Glaubwürdigkeit. Auf Basis von Fakten und Tatsachen kann der Credibility-Approach zielgerichtet zur Freisetzung der anvisierten Verkaufserfolge eingesetzt werden. Richtig eingesetzt, unterstützt er die Herstellung und den Erhalt langfristiger Glaubwürdigkeit. Damit schaffen Sie sich und Ihrer Organisation als Vertriebsmanager und -mitarbeiter die wichtigste Basis für einen nachhaltigen und langfristigen Erfolg, auf dem auch für die Zukunft gut aufgesetzt werden kann.

Literatur

Belschak, F./Wessling, H.: „Der Einfluss eines Finanzberaters auf die Beurteilung von Aktienkursen: Glaubwürdigkeit und Dopplungseffekt". In: Fischer, L./Kutsch, T./Stephan, E.: Finanzpsychologie, München 1999.

Szallies,R./Wiswede, G.: Wertewandel und Konsum, Landsberg/Lech 1991.

Wessling, H.: Network Relationship Management, Wiesbaden 2002.

Herausgeber und Autoren

Mario Pufahl

Mario Pufahl, Diplom-Kaufmann, ist Manager und Projektleiter in der auf CRM spezialisierten Unternehmensberatung eC4u. Vorher war er Manager in der pharmazeutischen Industrie und Unternehmensberater für Customer Relationship Management bei Cap Gemini Ernst & Young. Er hat umfangreiche Projekterfahrung im Bereich Sales Force Automation und Business Performance Management. Darüber hinaus ist er Autor der bei Gabler erschienenen Fachbücher „Kosten senken mit CRM" und „Vertriebscontrolling" sowie zahlreicher Fachbeiträge zu seinen Schwerpunktthemen.

Weitere Informationen unter info@pufahl.net

Guido Happe

Guido Happe, Diplom-Sozialwissenschaftler, ist Senior Consultant und verantwortlicher Teamleiter des Competence Centers Advanced Technologies bei Kienbaum Executive Consultants und mit nationalen und internationalen Executive-Search-Projekten betraut. Er hat erfolgreich Start-Up-Unternehmen operativ und vertrieblich beraten und bei deren Markteintritt begleitet.

Weitere Informationen unter guido.happe@kienbaum.de

Dr. Frank Baumgärtner ist geschäftsführender Gesellschafter der TellSell Consulting, der führenden Marketing- und Vertriebsberatung im deutschsprachigen Raum. Neben dem Aufbau neuer Vertriebs- und Servicekonzepte unterstützt TellSell Consulting überwiegend Großunternehmen bei der pragmatischen und schnellen Etablierung neuer Geschäftsfelder im Markt. TellSell Consulting ist Business Incubator der Scout24-Gruppe und gehört zu dem Netzwerk der Beisheim Holding Schweiz.

Weitere Informationen unter http://www.tellsell.de

Oliver Barth, Diplom-Psychologe, ist Senior Consultant und Team Manager bei Kienbaum Management Consultants im Bereich Management Audits, Führungskräfte Training und HR-Strategie-Beratung, speziell für Deutschland und die Schweiz.

Weitere Informationen unter oliver.barth@kienbaum.de

Martin Baumann, Diplom-Wirtschaftsingenieur, ist Senior Berater bei der Capgemini Deutschland GmbH. Er unterstützt Großunternehmen bei der Umsetzung von internationalen CRM-Projekten. Seine Schwerpunkte sind die Prozessdefinition und anschließende Umsetzung.

Weitere Informationen unter martin.baumann@capgemini.com

Joachim Bochberg ist Leiter der Abteilung Consumer Relations Waschmittel bei der Firma Henkel KGaA in Düsseldorf. Zudem ist er seit 2002 Vorsitzender der Call-Center-Initiative CCBenchmarks e.V., die als Non-Profit-Organisation das Benchmarking von Call Centern erforschen und vorantreiben will.

Weitere Informationen unter Joachim.Bochberg@henkel.com

Heiko Gövert, Diplom-Kaufmann, ist Inhaber und Geschäftsführer der Gövert GmbH Lünen, einem Automobilhändler der Marken VW, Audi und SEAT.

Weitere Informationen unter heiko@goevert.de oder http://www.goevert.de

Hannes Haefele, Diplom-Kaufmann, ist als Senior Regional Manager bei Oracle Deutschland GmbH verantwortlich für die Tele Sales Unit in Berlin. Er ist ein ausgewiesener internationaler Spezialist auf dem Gebiet Telesales und innovative Tele-Marketing-Konzepte.

Weitere Informationen unter hannes.haefele@oracle.com

Bodo Herlyn ist als Geschäftsführer von Orenburg (Deutschland) für den Ausbau des Unternehmens und die Gestaltung strategischer Allianzen in Deutschland, Österreich und der Schweiz verantwortlich. Bei Systems Union, einem internationalen Hersteller für Accounting-Software, sammelte er Erfahrung im Aufbau eines indirekten Vertriebs in Zentraleuropa. Zuvor war Bodo Herlyn in Marketing und Vertrieb bei IBM und der Unternehmensberatung ZS Associates als Management Consultant für Mergers in der Pharma-Industrie in Deutschland und England tätig.

Weitere Informationen unter www.board.de

Claudia M. Hügel, Diplom-Kauffrau, ist Leiterin Globale Vertriebssteuerung und Vertriebskanalmanagement bei der Deutschen Lufthansa AG und hier verantwortlich für globales Vertriebscontrolling, -management und -steuerung.

Weitere Informationen unter claudia.huegel@dlh.de

Christoph Mueller ist CEO und Verwaltungsratspräsident der CRIXP Corp., ein dynamischer Generalunternehmer für CRM-Projekte mit komplexen Integrationsaufgaben. CRIXP Corp. ist ein Hauptsponsor von openMDX, der führenden Open Source MDA Plattform, und Initiator von openCRX, der Open Source CRM-Standardlösung.

Weitere Informationen unter http://www.crixp.com und http://www.opencrx.org

Prof. Dr. rer. pol. Matthias Neu ist Professor am Fachbereich Wirtschaft der Fachhochschule Darmstadt, Schwerpunkt Marketing. Seine Arbeitsschwerpunkte sind Strategisches Marketing, Verkaufstraining, Beschwerdemanagement, Marktforschung und Direktmarketing.

Weitere Informationen unter http://www.marketing.fbw.fh-darmstadt.de

Dr. Wolfgang Ober ist promovierter Physiker und seit über 25 Jahren im Vertriebsmanagement tätig. Er hat verschiedene nationale und internationale Führungspositionen besetzt. Er ist Mitbegründer der European Access Group GmbH und verantwortlich für europäisches Vertriebsoutsourcing.

Weitere Informationen unter w.ober@european-access.com

Felicitas Schwarz, Diplom-Psychologin, ist Senior Training Consultant Deutschland, Österreich und Schweiz bei Thomson NETg und Spezialistin für E-Learning und Blended-Learning-Lösungen sowie strategische Auftragsproduktion.

Weitere Informationen unter felicitas.schwarz@thomson.com

Christoph von Stillfried, Diplom-Kaufmann, ist Manager bei dem Beratungs- und Trainingsunternehmen zeb/sales.consult. Das Unternehmen ist spezialisiert auf die Beratung von Finanzdienstleistern, von der Entwicklung grundlegender Vertriebsstrategien bis hin zur operativen Umsetzung. zeb/sales.consult ist ein Tochterunternehmen der Unternehmensberatung zeb/rolfes.schierenbeck.associates. Darüber hinaus ist Christoph von Stillfried Doktorand am wirtschaftswissenschaftlichen Zentrum der Universität Basel, Abteilung für Bankmanagement und Controlling.

Weitere Informationen unter cstillfried@zeb.de

Heinz-Ulrich Stolte, Diplom-Kaufmann, ist Geschäftsführer der OPC – Organisations- und Projekt Consulting GmbH in Düsseldorf. OPC konzentriert sich auf die Beratung von erfolgreichen Mittelständlern und mittelständisch organisierten Strukturen innerhalb großer Unternehmen. OPC entwickelt keine Theorien oder Strategien, sondern konzentriert sich auf realisierbare Lösungen, orientiert an konzeptionellen Strategien.

Weitere Informationen unter http://www.opc-gruppe.de

Harry Wessling, Diplom-Kaufmann, ist Management Consultant bei axentiv AG mit den Beratungsschwerpunkten Strategie, Organisation und Informationstechnologie. axentiv ist zertifizierter Service Partner und Special Expertise Partner der SAP AG. Als international tätiges Beratungsunternehmen betreut axentiv Kunden aus Industrie, Handel und Dienstleistung.

Weitere Informationen unter harry.wessling@axentiv.de

Thomas Zwippel, Diplom-Betriebswirt, ist seit 1999 als Senior Consultant bei der saracus consulting GmbH in Münster beschäftigt. Seine Haupttätigkeitsfelder sind Projektleitung, Analyse der Geschäftsprozesse, Modellierung sowie die Umsetzung von Anforderungen der Kunden unterschiedlicher Branchen im Frontend-Bereich von Data Warehouse und CRM-Lösungen, sowie die Durchführung von Seminaren. Thomas Zwippel ist Certified Decision Support Engineer beim Softwarepartner MicroStrategy.

Weitere Informationen unter t.zwippel@saracus.com

OPC

Verstehen. Verbessern. Vertrauen.

OPC - Organisations & Projekt Consulting GmbH
Prinzenallee 7 - D- 40549 Düsseldorf - Tel.: +49 (0) 211-52 391-424 - Fax: -200 - www.opc-gruppe.de

CAMELOT
Camelot Management Consultants AG
Theodor-Heuss-Anlage 12 · 68165 Mannheim · Germany
Phone: +49 621 86298-0 · Fax: +49 621 86298-250